Weglaufen? Geht nicht!

Mit den besten
Wünschen
Stefanie Rißmann
Okt. 2022

Stefanie Ritzmann 1960 in Osnabrück geboren, Bürokauffrau, von 1989 bis 2002 Verwaltungsangestellte der Stadt Karlsruhe. Als Erste Vorsitzende des Beirats für Menschen mit Behinderungen kümmerte sie sich jahrelang um die Belange der behinderten Bürger der Stadt. Für ihr beeindruckendes ehrenamtliches und soziales Engagement wurde ihr 2014 von Ministerpräsident Winfried Kretschmann der Landesverdienstorden Baden-Württembergs verliehen.

Beate Rygiert 1960 in Tübingen geboren, studierte Theater-, Musikwissenschaft und italienische Literatur in München und Florenz, arbeitete als Musikdramaturgin, ehe sie sich ganz dem Schreiben widmete. Für ihre Romane und Memoirs erhielt sie mehrere renommierte Auszeichnungen. Sie lebt im Schwarzwald und in Stuttgart. www.beaterygiert.de

Stefanie Ritzmann
Beate Rygiert

Weglaufen? Geht nicht!

Ein erzähltes Leben

Mit einem Vorwort von Carmen Würth

k,n

Meiner lieben Omi!

Ihr Lebensmotto
»Mach das Beste draus!«
ist auch meines.

Was wäre wenn?

Anstatt Räder: Beine!
Anstatt Lenkrad: Arme!

Und dann?

Stefanie Ritzmann

Sehr geehrte, liebe Frau Ritzmann,

Ein Vorwort für Ihre Lebensgeschichte zu schreiben, ist fast unmöglich.

Mein Herz jubelt und weint – so sehr kann ich mit Ihnen fühlen, da ich seit über fünfzig Jahren durch meinen Sohn Menschen wie Ihnen so nahe bin.

Ihre Geschichte ist von Anfang bis Ende unglaublich, und doch sind Sie, liebste Stefanie Ritzmann, ein wunderbares Beispiel dafür, was ein Mensch vermag, solange er ein Ziel hat.

Ich freue mich mit Ihnen und Ihren »Kampfgenossen« über die hohe Auszeichnung unseres Landes Baden-Württemberg, die Ihnen zuteilwurde. Herzliche Gratulation.

Das, was Sie ausmacht, liebe Frau Ritzmann, als etwas sehr Besonderes, sind Ihre strahlenden Augen, Ihre ehrliche Freundlichkeit, die aus Ihrem so liebenswerten Gesicht spricht. Warum ist dies so selten? So sehr würde ich mir wünschen, dass es mehr Menschen wie Sie in unserer sogenannten gesunden Gesellschaft gäbe.

Mit Ihrer Kraft.

Mit Ihrer Energie.

Mit Ihrem unsagbaren Durchhaltevermögen und Ihrer großen Liebe zum Leben. Mit einer warmherzigen Umarmung grüße ich Sie und wünsche Ihnen weiterhin all das, was Sie sich wünschen für Ihre Arbeit.

Ihre Carmen Würth

Ein ganzer Mensch

Wenn man mich als Kind fragte, was ich werden wollte, dann antwortete ich: »Hundert!«

Das brachte die einen zum Lachen, die anderen zum Kopfschütteln, und so manchen brachte es in Verlegenheit. So wie meine ganze Existenz viele Menschen in Verlegenheit brachte. Die Ärzte sagten, Kinder wie ich hätten keine hohe Lebenserwartung. Ob wir das Erwachsenenalter erreichen könnten, darüber waren sie sich nicht einig. Hundert werden zu wollen war vor diesem Hintergrund eine Provokation. Und es war der Ausdruck meines unbändigen Lebenswillens.

Als ich am 29. Februar 1960, einem Schalttag, in einem Krankenhaus in Osnabrück auf die Welt kam, geriet die Geburtenstation in Aufruhr. Meine damals erst einundzwanzigjährige Mutter, die sich auf ihr erstes Kind sicherlich gefreut hatte, bekam mich gar nicht erst zu sehen. Das war in jenen Zeiten nicht völlig ungewöhnlich. Dass Mutter und Kind auch nach der Geburt eine Einheit bilden und es daher wichtig ist, sie beieinander zu lassen, damit sie die enge körperliche und emotionale Bindung, die sie in den neun Monaten der Schwangerschaft aufgebaut haben, in der äußeren Welt fortsetzen und verfestigen können, war damals noch wenig bekannt. Ich weiß weder, wann meine

Mutter mich zum ersten Mal zu Gesicht bekam, noch, wie sie auf meinen Anblick reagierte.

Dass er ein Schock für sie war, ist anzunehmen. Ich war zwar ein ausgesprochen hübsches Baby, das mit großen, strahlend blauen Augen interessiert in die Welt blickte. Mit meinen goldenen Locken sah ich aus wie ein kleiner Engel. Doch ansonsten schien nichts mit mir zu stimmen: Die Arme viel zu kurz, weder Ellbogen noch Daumen. Mein rechtes Bein zwar länger als das linke, doch beide nicht so lang, wie sie sein sollten. Die Füße waren nach innen gedreht. Und lange dachte man, ich hätte gar keine Hüfte.

Meine Mutter hatte von ihrem Arzt das Medikament Contergan verschrieben bekommen. Wie viele dieser winzigen Tabletten sie gegen ihre Schwangerschaftsbeschwerden genommen hatte und wann, ist mir nicht bekannt. Heute weiß man, dass es eine große Rolle spielte, in welchem Schwangerschaftsmonat das Gift in den Körper gelangte. Über Umwege ist die kleine, hübsche Metallschachtel mit dem praktischen Schiebedeckel, die mein Schicksal besiegelte, in meinen Besitz gelangt. Noch immer klebt das Preisschild der Apotheke darauf, 1,70 D-Mark kostete das Schlafmittel, das laut Werbung der Firma Grünenthal »so harmlos wie Zuckerplätzchen« sein sollte. Die Schachtel ist leer, mein jüngerer Bruder hat die verbliebenen Tabletten, entsetzt wie er über diesen Fund aus dem Nachlass meines Vaters war, spontan weggeworfen.

Mir ist nicht bekannt, ob meine Eltern den Zusammenhang zwischen diesem Medikament und meiner Behinderung sofort erkannten, leider sprachen wir nie über diese Dinge. Doch ich gehe davon aus, dass mein Vater etwas ahnte, warum sonst sollte er das Pillendöschen überhaupt aufbewahrt haben? Ich kann nur vermuten, dass meine Ankunft das gesamte Lebenskonzept meiner Eltern auf den Kopf stellte. Ob meine Mutter mich in den ersten Tagen und Wochen nach der Geburt nicht sehen wollte oder ob man es ihr schlichtweg nicht erlaubte, weiß ich nicht. Ich wurde nie gestillt. Und vermutlich nahm mich damals niemand in die Arme außer einer Säuglingsschwester, um mich professionell zu versorgen.

Mein Vater erzählte mir später, ein Arzt habe ihm damals gesagt: »Ihre Tochter wird nicht lange lebensfähig sein.« Er habe jedoch entgegnet: »Sie wird mich noch überleben.«

Ich wertete dies immer als ein Zeichen, dass er mich in sein Herz geschlossen hatte. Auch wenn es offenbar nicht in Frage kam, dass ich das Kinderzimmer, das zuhause ganz sicherlich liebevoll vorbereitet worden war, je beziehen sollte. Für ein Kind wie mich war kein Platz in der Welt meiner Eltern. Rund zwei Wochen nach meiner Geburt brachte man mich in ein Säuglingsheim. »Nach Hause« kam ich Zeit meines Lebens nur zu Besuch.

Es folgten Zeiten, in denen ich mich fragte, warum das so sein musste. Und doch gelangte ich schließlich zu der Erkenntnis, dass es für uns alle das Beste war, für mich vielleicht noch mehr als für die Familie. Warum, das wird sich im Verlauf meiner Erzählung zeigen.

Wann mir bewusst wurde, dass ich eines der rund 5.000 »Contergan-Kinder« bin, die in Deutschland zwischen 1957 und 1961 geboren wurden, weiß ich nicht mehr. Lange Zeit habe ich nur gesehen, dass ich anders bin. Die Hände sind anders, die Beine sind anders – nur meine Träume und Wünsche sind genau dieselben wie die aller Menschen.

Was in den ersten Monaten meines Lebens mit mir geschah, darüber kann ich nur Vermutungen anstellen, es wurde nirgendwo dokumentiert, und wenn doch, sind die Unterlagen verloren gegangen. Ich schreibe auf, was mir erzählt wurde und woran ich mich erinnere. Sicher ist, dass ich nicht im Haus meiner Eltern lebte. Meine Eltern übergaben mich in die Obhut eines privaten Säuglingsheims in Sendenhorst bei Münster, das einen ausgezeichneten Ruf hatte.

Dabei hatte ich großes Glück: Die Adoptivtochter der Direktorin, eine gelernte Kinderkrankenschwester, schloss mich sofort in ihr Herz und kümmerte sich in besonderer Weise um mich. Gisela übernahm in den folgenden Jahren die Rolle einer Ziehmutter und fühlte sich für mich und mein Schicksal verantwortlich. So griff sie immer wieder ein und überschritt mitunter ihre Kompetenzen, zum Beispiel, als ich irgendwann während meines ersten Lebensjahres Giselas Pflege entzogen wurde und in ein Münsteraner Krankenhaus kam, wo man eine »Sammelstelle« für contergangeschädigte Kinder eingerichtet hatte, um das Phänomen unserer besonderen und ganz und gar individuellen Behinderungen genauer zu untersuchen. So klein ich damals auch war, so habe ich aus dieser Zeit doch ein recht klares Erinnerungsbild, wie eine Momentaufnahme: Ich sehe mich in einer langen Reihe von Kinderbetten liegen, vor uns eine hohe Glasfensterfront.

»Ich hab dich dort herausgeholt«, erzählte mir Gisela später. »Zwar gegen den Willen deines Vaters, aber ich konnte das einfach nicht mit ansehen. Ihr wart dort Versuchsobjekte, keiner kümmerte sich um eure Entwicklung.«

Sie holte mich zu sich nach Hause, und tatsächlich bekam sie riesigen Ärger mit meinem Vater.

Glücklicherweise begegnete ich in meinem Leben immer wieder Menschen, die sich meiner annahmen und mich förderten, allen voran Gisela. Sie war damals kaum älter als meine Mutter, und doch scheute sie den Kampf mit meinem Vater nicht, der sich ihrer Meinung nach viel zu schnell mit dem Urteil abfand, dass mir mit meinen kurzen Armen und Beinen ein »normales« Leben nicht möglich sein würde. Gisela dagegen forderte und förderte mich, wo es nur ging, und zwar sowohl, was die Beweglichkeit meines Körpers anbelangte, als auch, was meine geistige Entwicklung betraf.

Nicht unterkriegen lassen

Als ich zum Kleinkind heranwuchs, wusste Gisela zunächst nicht, ob ich in der Lage sein würde, ohne Hilfe zu sitzen und das Gleichgewicht zu halten, denn meine Hüfte war nicht ganz ausgebildet, und im Falle eines Sturzes konnte ich mich mit meinen kurzen Armen nicht abfangen. Darum ließ sie ein Gestell konstruieren, das aussah wie ein runder Mini-Laufstall auf Rädern. Dieser kleine Laufstall war gerade so hoch, dass ich mich mit meinen Händen am oberen Rand festhalten konnte. Und dort hinein setzte mich Gisela. Mit dieser Hilfe lernte ich nicht nur zu sitzen, sondern begann auch bald, mich auf meinen Pobacken voran zu bewegen, den Laufstall mit mir schiebend.

Schnell wie der Blitz im Sackkleid

»Irgendwann war dir das aber zu dumm«, erzählte mir Gisela stolz. »Eines Tages sah ich dich ganz allein auf dem Boden herumrutschen, und das Ding lag in der Ecke. Wie du da rausgekommen bist, war mir lange ein Rätsel.«

Mit meinen kurzen Armen war es mir nicht möglich gewesen, das Gestell über meinen Kopf zu heben. Doch die senkrechten Verstrebungen waren weit genug voneinander entfernt, dass ich mich hindurchzwängen konnte.

Laufen konnte ich mit meinen ungleich langen Beinen und den nach innen gedrehten Füßen nicht. Meine Fähigkeit aber, auf dem Hosenboden sitzend eine Pobacke nach der anderen nach vorne zu schieben und mich so fortzubewegen, perfektionierte ich mit der Zeit und entwickelte darin eine unglaubliche Geschwindigkeit und Geschicklichkeit: Wie ein geölter Blitz flitzte ich auf meinem Popo durch die Gegend.

Damit ich mich nicht so schmutzig machte, wenn ich wie ein Wischmopp über den Boden fegte, bekam ich eine Art Sackkleid, dessen Saum unten zugenäht war. Ich war begeistert, darin rutschte es sich nämlich noch viel besser. Irgendwann fand ich heraus, dass ich noch schneller war, wenn ich im Bedarfsfall hoppelte wie ein Hase, was ich mit großem Vergnügen tat. Dafür spannte ich meine Gesäßmuskeln fest an und katapultierte mich Stück für Stück voran.

»Egal wie«, pflegte Gisela zu sagen, »es ist wichtig, dass du lernst, dich selbst fortzubewegen. Du musst so selbstständig wie möglich werden. Schließlich willst du nicht in allem von anderen Menschen abhängig sein, oder?«

Nein, das wollte ich nicht. Von klein auf steckte in mir der Ehrgeiz, so weit wie möglich alles alleine hinzukriegen. Wenn ich etwas in die Hand nehmen wollte, dann rutschte ich hin und beugte mich so weit vor wie nötig. Auch ohne Daumen war ich ziemlich geschickt mit meinen vier Fingern, und wenn es sein musste, konnte ich mich stundenlang mit der Lösung eines Problems beschäftigen und herumprobieren, wie ich einen Gegenstand am besten anpacken konnte.

Das war nicht immer einfach. Wenn beispielsweise eine Flasche zu fest zugedreht war, nahm ich meine Zähne zur Hilfe. Da war ich nicht die einzige: Viele contergangeschädigte Menschen haben auf diese Weise ihre Zähne ruiniert, und auch ich musste mir das bald abgewöhnen.

Ohne Daumen einen Zeichenstift zu halten, ist in der Tat eine Herausforderung. Ich stellte fest, dass es mir mit der linken Hand besser gelang als mit der rechten. Stundenlang übte ich Schönschrift, das war mir enorm wichtig – auch wenn ich eingestehen muss, dass meine schönste Schrift meinem eigenen Ideal weit hinterherhinkt. Mit einer Schere umzugehen lernte ich dagegen schnell. Und doch übte ich lange, um möglichst gerade Schnitte hinzukriegen.

Schon als Kleinkind war es mir wichtig, alles so gut zu bewerkstelligen wie Menschen ohne Behinderung. Darum lehnte ich speziell konstruierte Hilfsmittel auch instinktiv ab. Einmal brachte mir Gisela einen gebogenen Löffel mit, dessen Stiel um 90 Grad abgewinkelt war.

»Damit kannst du leichter essen«, meinte sie.

Ich schaute mir das Teil an und warf es dann in die Ecke. Ich wollte mit demselben Besteck essen wie meine Familie. Ich wollte ihnen zeigen, dass ich das alles genauso gut konnte wie sie. Ich übte und übte, bis ich mich auch mit Suppe nicht mehr bekleckerte.

Heute ist mir klar, dass ich es ganz besonders meinem Vater zeigen wollte. Mit jedem noch so kleinen Fortschritt wollte ich beweisen, dass ich trotz meiner Behinderung ein vollwertiger Mensch war, mit dem man sich zeigen konnte ohne sich schämen zu müssen. Mit jedem Bild, das ich malte, mit jedem Buchstaben, den ich in Schönschrift übte, mit jeder Blume, die ich aus Papier ausschnitt und jeder Flasche, die ich zu öffnen lernte, wünschte ich mir seine Anerkennung.

Einmal schenkte er mir ein Malbuch.

»Aber nicht über die Linien hinaus«, wies er mich streng an. Sein Wort war für mich Gesetz. Viele Stunden verbrachte ich damit, das ganze Buch in den schönsten Farben auszumalen – aber niemals mit dem Stift über die vorgegebenen Umrisslinien hinweg zu fahren. Bei meinem nächsten Besuch zuhause zeigte ich es ihm: »Schau mal, Vati! Ist das gut so?«

Er sah sich das Malbuch flüchtig an und nickte.

»Ja«, sagte er, »das hast du gut gemacht.«

Und doch hatte ich nie das Gefühl, dass meine Anstrengungen so gewürdigt wurden wie ich es mir wünschte. Hatte er denn nicht bemerkt, welch eine Leistung das für mich war? Natürlich ahnte ich damals auch noch lange nicht, dass es mir eigentlich um seine Liebe ging.

Zuhause fühlte ich mich bei Gisela im Säuglingsheim, hier verbrachte ich den Großteil meiner ersten fünf Lebensjahre. Zwar war auch Gisela keine Frau, die vor Herzlichkeit sprühte, sie war eher zurückhaltend und kühl, Umarmungen waren nicht ihre Sache. Ich vermisste es nicht, denn wie kann man etwas vermissen, das man nicht kennt? Zärtlichkeiten war ja auch ich nicht gewohnt. Auch innerhalb meiner Familie erlebte ich äußerst selten körperliche Berührungen. Ich kann mich an genau zwei Situationen erinnern, in denen mein Vater mich in seinen Armen hielt – und das war, weil er mich tragen musste.

Deutlich in Erinnerung habe ich zum Beispiel eine Situation, in der mich mein Vater aus dem dunklen Treppenhaus des »alten Hauses«, das seit Generationen meiner Familie gehörte, in das warme Licht der Küche trug. Das »alte Haus«, wie wir es nannten, befand sich im Zentrum von Ibbenbüren und beherbergte außer uns auch den Zeitungsverlag unserer Familie. Auch Omi, die Mutter meines Vaters, lebte hier, im Gegensatz zu »Anderomi«, wie wir meine Großmutter mütterlicherseits nannten. Die wohnte zwar ebenfalls in Ibbenbüren, jedoch in ihrem eigenen Haus.

Rund ein Vierteljahr nach meiner Geburt wurde meine Mutter erneut schwanger und brachte am 2. März 1961 meine Schwester zur Welt. Ich kann mir vorstellen, dass diese zweite Schwangerschaft keine einfache Zeit für meine Mutter war. Sicherlich war die Erleichterung groß, als meine Schwester ohne Behinderung geboren wurde. Umso entsetzlicher muss das Leid gewesen sein, als das Baby sich noch im Krankenhaus mit Meningitis ansteckte.

»Das war sehr schlimm für deine Eltern«, erzählte mir meine Tante, die Schwester meines Vaters, und das glaube ich ihr aufs Wort.

Es war sicherlich eine Zeit des Bangens, vielleicht auch eine Zeit des Haderns mit dem Schicksal. Die erste Tochter behindert – würde die zweite die Hirnhautentzündung überleben? Und wenn ja, würde sie unter Folgen zu leiden haben? Ebenfalls behindert sein?

Während ich unter Giselas Obhut lernte, mich fortzubewegen und mit meinen kurzen Armen die Welt zu erobern, während Gisela mehr und mehr zu meiner Bezugsperson wurde und meine geistige Entwicklung förderte, fürchtete man in meinem Elternhaus um das Leben der Zweitgeborenen.

All dies habe ich erst vor kurzem erfahren, denn wie schon erwähnt: Über die wirklich wichtigen Dinge des Lebens wurde in unserer Familie nicht gesprochen. Dies empfand ich als eherne Regel, die man auf keinen Fall brechen durfte. Und darum getraute ich mich auch nie, Fragen zu stellen. Heute aber, wo ich meine Geschichte erzählen möchte, komme ich um diese Fragen nicht mehr herum.

Wie lange meine Schwester zwischen Leben und Tod schwebte, weiß ich nicht. Das Wunder geschah, sie erholte sich und wurde wieder gesund. Die Angst, dass die Hirnhautentzündung Folgeschäden hinterlassen könnte, schwebte sicherlich noch weiter über unserer Familie. Wie wächst man als kleines Mädchen auf, das immer wieder verstohlen beobachtet wird, ob nicht vielleicht doch »etwas geblieben« ist? Ob es sich auch richtig entwickelt oder etwa hinter Gleichaltrigen »zurückbleibt«? Wie geht man damit um, wenn die Eltern bei jedem schulischen Fehlschlag denken: »Also doch ...«?

Ob es sich so verhalten hat, weiß ich nicht, es ist nichts weiter als eine Vermutung.

Und wie geht man als junge Mutter mit derartigen Schicksalsschlägen um? Wie reagiert man als Frau eines angesehenen Unternehmers in einer Kleinstadt auf das Gerede der Leute angesichts meiner Behinderung, die ja nicht naturgegeben, sondern durch ein Medikament verursacht worden war? Wie verkraftet man den Zwiespalt, sich über ein gesund geborenes, zweites Kind zu freuen und zugleich tief verzweifelt zu sein über dessen lebensbedrohenden Erkrankung? Und wie belastend waren diese Jahre für die noch junge Ehe meiner Eltern?

Es gibt Paare, die unter solch schwierigen Umständen auseinandergehen. Nicht so meine Eltern. Im Gegenteil: Meine Schwester war acht Monate alt, als meine Mutter zum dritten Mal schwanger wurde. Am 23. August 1962 kam mein Bruder Robert zur Welt, und ich nehme an, dass die Freude über den männlichen Erben groß war in unserer Familie. Robert war außerdem ein gesundes Kind, und mit Sicherheit war das eine große Erleichterung für meine Eltern.

Ich habe mich lange gefragt, wie es kam, dass zwischen mir und meiner Mutter nach meinem Empfinden nie ein herzliches Verhältnis wachsen konnte, warum ich sie als distanziert und kühl erlebte, auch wenn sie stets freundlich zu mir war und nie ein böses Wort fiel. Sie hat sich immer vorbildlich verhalten und getan, was sie konnte. Und doch fühlte ich, wenn sie mich versorgte, nie Zärtlichkeit in ihren Berührungen. Je mehr ich mich aber mit den Geschehnissen während der ersten Jahre nach meiner Geburt beschäftige, je mehr ich dazu bereit bin, mich in ihre Situation zu versetzen oder es zumindest zu versuchen, desto mehr Ahnung bekomme ich davon, wo die Wurzeln für ihr Verhalten mir gegenüber liegen könnten.

Vielleicht war ihre Distanziertheit die Außenwirkung eines Selbstschutzes, den sie sich in diesen schweren Jahren zulegen musste, um an ihrem Schmerz nicht zu zerbrechen? Vielleicht war es ihr nur so möglich, ihre Rolle als Ehefrau und Mutter weiter auszufüllen, indem sie ihr Herz nicht zu sehr an uns Kinder hängte, deren Gesundheit und Leben sie als so zerbrechlich erleben musste? Und nicht zuletzt: Vielleicht war es ihr wie Gisela einfach nicht gegeben, ihre Liebe und die Zärtlichkeit, die sie empfand, zu zeigen?

So kam es, dass außer meinen Geschwistern, die mich von klein auf von meinen Besuchen nicht anders kannten und mit kindlicher Unbefangenheit mit meiner Behinderung umgingen, Omi die einzige war, die mir zuhause das Gefühl gab, in Ordnung zu sein, so, wie ich war. Ich liebte sie heiß und innig, und die schönsten Erinnerungen sind mit ihr verbunden. Ganz besonders genoss ich es, wenn sie mich und meine Geschwister badete.

»Hör mal, Omi«, sagte ich dann oft, »ich hab im Heim ein neues Lied gelernt. Willst du es hören?« Und dann trällerte ich es ihr vor. Ich hatte eine glockenhelle Stimme, in der Wärme des Wassers, in dem wir alle nacheinander gebadet wurden, fühlte ich mich schwerelos und frei, ich plantschte nach Herzenslust, wir lachten viel miteinander und hatten eine Menge Spaß. Danach packte Omi jeden von uns in ein großes Badetuch, setzte uns an den Küchentisch und servierte Grießbrei mit Himbeersirup. Das waren Momente des Glücks und eine Ahnung von der Geborgenheit, die ich sonst selten hatte.

Unterwegs auf vier Rädern

Omi fuhr mich auch im Kinderwagen in Ibbenbüren spazieren, da kannte sie keine Scheu. Anfang der 1960er-Jahre war der Umgang mit behinderten Menschen noch nicht so aufgeklärt wie heute, das Dritte Reich war erst seit gut fünfzehn Jahren Vergangenheit und die Vorstellung vom »Unwerten Leben« saß noch in allerhand Köpfen fest. Es gab in der Stadt ein weiteres Contergan-Kind, einen kleinen Jungen. Mitunter trafen wir ihn und seine Mutter, und während die Erwachsenen miteinander plauderten, schoben sie unsere Kinderwagen nebeneinander. Da saßen wir, der Junge und ich, und starrten einander wortlos an.

Dann schob mich Omi weiter zum Aasee, wo wir von Ferne ein paar Enten sahen. Sie machte »Pieeele piele piele«, und zu meiner großen Freude kamen sie in Scharen angeschwommen, obwohl wir gar kein Brot dabeihatten. Ich hatte einen solchen Spaß, dass wir immer wieder hingingen und das nächste Mal auch ein paar Brotkanten mitnahmen.

Im »alten Haus« gab es noch eine verlässliche Größe, nämlich »Tanti«. Sie war schon das Kindermädchen meines Vaters gewesen und gehörte fast zur Familie. Wenn wir nach dem Essen unsere Mittagsruhe halten mussten, brachte stets sie uns zu Bett und steckte die Decke sorgsam um uns fest.

»Deckt euch nur recht schön zu«, sagte sie dann jedesmal. »Und wenn ihr aufwacht, schauen wir mal, wer von euch die wärmsten Füßchen hat.«

Das war so schön kuschelig, und gerne wollte ich stets die wärmsten Füße haben, damit sie zufrieden war. Noch heute höre ich manchmal im Halbschlaf ihre Stimme, die wissen will, ob ich es auch schön warm habe.

Mit Tanti verbinde ich auch eine Geschichte, die wir wieder und wieder von ihr hören wollten. Die ältere Dame hatte eine wunderbare Art, diese Geschichte immer aufs Neue zu variieren und spannend zu machen. Und das Schönste war: Wir alle kamen darin vor:

»Es war einmal im tiefsten Winter«, so höre ich noch heute Tantis Stimme, »als ein Vater seine drei Kinder mit auf den Weihnachtsmarkt nahm. Die Kinder wohnten mit ihren Eltern am Rande eines Waldes, und da alles tief verschneit war, spannte der Vater seine zwei Pferde vor den Schlitten. Die Mutter packte die drei Kinder warm ein, und so wurden sie auf den Schlitten verfrachtet. Hei, wie war das herrlich, als sich der Vater auf den Kutschbock setzte und die Pferde in Trab verfielen. Genauso wie der Schlitten waren auch sie über und über mit Glöckchen behängt, das klingelte so fein, während sie durch die Winterlandschaft dahinglitten.

Als ihr endlich in der Stadt ankamt, packte euch der Vater aus den dicken Wolldecken, und los ging es zum Weihnachtsmarkt. Da war ein Karussell, und sofort wollte jeder von euch damit fahren.

›Wo willst du denn einsteigen, Robert?‹, fragte der Vater.«

Und in diesem Moment wartete Tanti tatsächlich ab, was sich mein Bruder Robert aussuchte. Es war ein magischer Moment, denn Geschichte, Fantasie und Wirklichkeit vermischten sich. Wir waren selbst mitten in der Geschichte angelangt, und schienen alles genau so zu erleben, wie Tanti es beschrieb.

»Ich will in dem Polizeiauto sitzen«, sagte Robert andächtig.

»Und ich auf dem Pferd«, rief meine Schwester.

»Ich möchte auf dem Schwan reiten«, sagte ich leise.

Von allen möglichen Tieren schien mir der Schwan am schönsten.

Und so drehten wir uns in unserer Fantasie im Kreise, um uns funkelte die Winterlandschaft des imaginären Weihnachtsmarkts, und als die Runde zu Ende war, riefen wir: »Noch einmal, bitte bitte, noch einmal!«

»Irgendwann aber«, fuhr Tanti in ihrer Erzählung fort, »sagte der Vater: ›Jetzt ist es genug. Es ist schon spät. Seht ihr nicht, dass es schon dunkel geworden ist? Mutti wartet sicher schon auf uns. Wir müssen nach Hause‹.

Und so packte er euch wieder in die warmen Decken, setzte jeden Einzelnen in den Schlitten, und flott ging die Fahrt zurück. Die Lichter der Stadt blieben hinter euch, über euch leuchteten die Sterne so hell und klar. Und dort – habt ihr es gesehen? – zog eine wunderschöne Sternschnuppe ihre Bahn über das Firmament und verglühte.«

Und so ging es weiter, Tanti ließ uns wieder gut zuhause ankommen, wo unsere Mutti bereits mit heißem Kakao auf uns wartete und wir begeistert von unserem Ausflug erzählten.

Die Macht der Imagination, die Tanti mit ihrer Erzählung in uns erweckte, prägte mich tief. Alles war so deutlich, als würde ich es tatsächlich erleben. Es schien mir, als könnte ich die leise Berührung der Schneeflocken spüren, die warmen Decken fühlen, die Silberglöckchen der Pferde hören. Ich saß wirklich auf meinem Schwan und bewegte mich stolz auf seinem Rücken im Kreis, roch die weihnachtlichen Düfte nach Zimt und Lebkuchen, sah die Sternschnuppe, und mit jeder Wiederholung wurde sie klarer und schöner.

Vielleicht wurde mit Tantis immer gleicher Geschichte die Gabe, mich in eine Fantasiewelt zu flüchten, schon damals geweckt. Viele Jahre lang waren fantasievoll ausgedachte Traumwelten die einzige Zuflucht, in der ich Trost und Freude fand.

Im »alten Haus« hatte ich ein eigenes Zimmer oben unter dem Dach mit einer schrägen Wand. Hier schlief ich alleine. Das war ungewohnt, im Heim hatte ich immer andere Kinder um mich herum, und doch mochte ich mein Zimmer, dort fühlte ich mich sicher.

Ich hatte eine Spielecke mit einem kleinen Tisch, hier waren alle meine Spielsachen untergebracht. Zum Beispiel »Schnipp Schnapp«, ein Kartenspiel, das Omi gern mit uns spielte und das ich über alles liebte, konnte ich doch hier sowohl meine rasche Auffassungsgabe wie auch meine Geschicklichkeit demonstrieren.

Omi mit meiner Tante Nanni

Jeder bekam eine Handvoll Karten, auf denen kindliche Symbole abgebildet waren, zum Beispiel ein Schmetterling, ein Stiefel oder eine Blüte. Wie bei »Memory« gab es von jedem Symbol zwei Karten, und tauchte ein solches Paar auf, rief man ganz schnell »Schnipp Schnapp« und holte sich alle Karten vom Tisch. Meine Geschwister und ich hätten das stundenlang spielen können.

In meinem Zimmer gab es sogar ein etwas separiertes Waschbecken, das ich, als ich größer wurde, benutzen konnte, indem ich auf einen Stuhl stieg, was nicht einfach für mich war. Runter ging es immer leicht, da ließ ich mich einfach fallen. Doch schon aufs Bett zu klettern war eine Herausforderung.

Anfangs, als ich noch ein Kleinkind war, schlief ich in einem Gitterbettchen, saß auch sonst viel darin, sang meine Lieder und wiegte mich dazu im Takt, wie es Heimkinder oft tun.

Doch es dauerte nicht lange und ich schaffte es, mich

daraus zu befreien. Mich konnte man nicht gefangen halten, das ließ ich nicht zu, es reichte, dass mir meine körperlichen Einschränkungen Grenzen setzen, Gitterstäbe konnte ich nicht auch noch akzeptierten. Über das Geländer zu klettern war mir natürlich nicht möglich, doch ich fand einen anderen Weg, schließlich war ich auf diese Weise schon aus dem Laufstall entkommen: Einer der Stäbe saß locker und ließ sich mit viel Geduld entfernen. Und geduldig war ich, wenn es darum ging, meine Wünsche umzusetzen. Nachdem ich so lange an dem Stab herumgebosselt hatte, bis ich ihn entfernen konnte, war es einfach: Ich ließ mich auf den Boden plumpsen, und schon war ich auf meinem Hosenboden unterwegs.

Ich war von Anfang an ein ziemlicher Wildfang. Streiche spielte ich für mein Leben gern. Meine Geschwister fanden das toll, mit mir gab es immer etwas zu lachen. Wenn ich da war, so sagten sie, war 'was los im Haus. Ansonsten war die Atmosphäre in meinem Elternhaus eher streng, ich zumindest empfand eine große Schwere. Darum war ich brav wie ein Lamm, sobald meine Mutter oder gar mein Vater auf der Bildfläche erschienen. Vor meinen Eltern hatte ich einen Riesenrespekt, denn sie wirkten auf mich ungeheuer mächtig. Auch wenn man nie mit mir schimpfte und mich schon gar nicht schlug, fühlte ich, dass es besser war, keinen Ärger zu machen. Mein Platz war in der Küche, nur selten, zum Beispiel an Weihnachten, durfte ich in die »gute Stube.«

Im Vergleich zu den anderen Kindern im Heim war ich nicht sehr oft zuhause. Weihnachten jedoch war für mich der Höhepunkt des Jahres, und mit einer Ausnahme verbrachte ich während meiner Kindheit jedes dieser Lichterfeste in meinem Elternhaus. Besonders schön fand ich auch, dass in diesen Tagen Verwandte zu Besuch kamen, die ich sonst das ganze Jahr über nicht sah.

Im Mittelpunkt des Ganzen stand der Weihnachtsbaum. Meine Eltern besaßen etwas ganz Besonderes, nämlich einen Christbaumständer, der Musik machte und den gesamten Baum um die eigene Achse drehte wie eine gigantische Spieluhr. Dazu benötigte der Baum natürlich viel Platz und wurde in der Mitte eines großen Raumes aufgestellt, und das war bei uns die »gute Stube«, die für uns Kinder nur zu besonderen Feiern geöffnet wurde.

Nur eine rundherum perfekt gewachsene und ordentlich geschmückte Tanne kam da in Frage. Das Schmücken übernahm Omi, die mit jeder Menge Lametta, Kugeln und Kerzen zugange war, bis der Baum nur so glänzte. War es endlich soweit, dann spielte sie auf ihrem Harmonium, das direkt in der Diele vor dem Eingang zur »guten Stube« stand, die altbekannten Lieder. Wir sangen »Stille Nacht« und »Oh du fröhliche«, »Oh Tannenbaum« und »Ihr Kinderlein kommet«, das ganze wunderbare weihnachtliche Repertoire rauf und runter, und mein glockenheller Sopran schwebte über den anderen Stimmen wie der Lichterschein, der aus der noch verschlossenen »guten Stube« drang.

Schließlich wurde die Schiebetür geöffnet, der Baum drehte sich und Omi spielte weiter, während wir hineindurften. Dann bekam mein Bruder seine Eisenbahn oder später eine Carrera-Bahn, die drehte unter dem Baum ihre Runden, und auf einmal legten sich alle bäuchlings zu mir auf den Boden, sogar mein Vater.

So vergingen die Festtage. Wenn meine Eltern nicht da waren, stiftete ich meine Geschwister dazu an, Lametta vom

Baum zu zupfen und auf die Schienen der Modelleisenbahn zu legen, um zu sehen, was passierte, wenn sie unter die Räder kamen. Mit den Puppen meiner Schwester konnte ich wenig anfangen, die typischen Jungenspielsachen meines Bruders faszinierten mich weit mehr. Immer fiel mir noch etwas ein, was wir unbedingt ausprobieren mussten, und die Zeit verflog schnell. Zu irgendeinem Fest bekam ich eine große Plüsch-Schildkröte auf vier Rädern, die groß genug war, dass ich mich bäuchlings auf sie legen konnte. Mit meinem längeren Bein stieß ich mich vom Boden ab, und auf diesem fahrbaren Untersatz schoss ich von nun an durch die Wohnung.

»Wenn man die Treppe runterfällt und sich das Genick bricht«, erklärte mir meine Schwester, als ich wieder einmal wie wild unterwegs war, »dann stirbt man«.

Vermutlich hatte Tanti sie auf diese Weise vor der großen Treppe gewarnt, die unsere beiden Stockwerke miteinander verband. Mich beeindruckte das wenn überhaupt, dann nur kurzfristig. Es war einfach zu schön, durch die Flure zu brausen.

Eines Abends gingen meine Eltern aus. Meine Mutter hatte sich wie immer schön gemacht. Ich begleitete die beiden noch bis zur Treppe und sah ihnen nach. Flur und Treppe waren mit einem weinroten Sisalteppich belegt, und als meine Eltern längst weg waren, probierte ich aus, wie weit ich mich am Treppenabsatz vorwagen konnte. Noch ein Stück und noch ein Stück ..., bis ich auf einmal das Gleichgewicht verlor und holterdiepolter die gesamte Treppe hinunterstürzte. Da lag ich nun wie ein Käfer auf dem Rücken. Noch spürte ich keinen Schmerz. Dafür sah ich meine Schwester, die sich oben über das Geländer beugte, um zu sehen, was passiert war. Plötzlich erinnerte ich mich an das, was sie übers Treppenstürzen gesagt hatte.

»Sterb' ich jetzt?«, fragte ich sie.

»Nö!«, war ihre Antwort.

Nachdem das geklärt war, fing ich an zu heulen. Schließlich hatte ich mir an dem rauen Bodenbelag das Gesicht aufgeschürft und mein rechtes, längeres Bein verrenkt. Von meinem Geschrei herbeigerufen, kamen Omi und Tanti angelaufen. Ich wurde aufgehoben, verarztet und liebevoll gehätschelt. Das fand ich dann eigentlich ganz schön. Bei allen Blessuren hatte so ein Treppensturz doch auch manche Annehmlichkeit.

Die Möbel im »alten Haus« waren alle ehrwürdig, dunkel und mächtig, besonders an einen großen Tisch kann ich mich erinnern, der zwischen den gedrechselten Beinen Querverstrebungen hatte. Hier versteckte ich mich gerne. Ich war als Kind sehr zart und dünn und passte eigentlich fast überall hindurch.

So zum Beispiel auch unter der hölzernen, geschwungenen Armlehne der Küchenbank. Natürlich musste ich meinem Bruder demonstrieren, wie elegant ich mich durch diese kleine Öffnung hindurchschlängeln konnte. Und natürlich musste er es mir auf der Stelle nachmachen. Vielleicht sagte ich auch: »Das schaffst du nie!« und stachelte ihn damit an. Falls das so war, behielt ich leider Recht: Denn obwohl zwei Jahre jünger als ich, war Robert ein kräftiger Kerl. Irgendwie gelang es ihm zwar, seinen Kopf durch die Öffnung hindurch zu schieben, doch dann war Schluss: Seine Schultern waren einfach zu breit.

Das alles wäre ja kein Problem gewesen, hätte er seinen Kopf wieder unter der Armlehne hervorziehen können. Das war aber nicht möglich, seine Ohren waren im Weg. Hatte er die beim Durchschlüpfen offenbar irgendwie »anlegen« können, so boten sie bei der Rückwärtsbewegung Widerstand. So sehr er es auch versuchte, es gelang ihm nicht: Mit brennenden Ohren und dunkelrotem Kopf steckte Robert in der Küchenbank fest.

Irgendwann kamen die Erwachsenen hinzu. Fett wurde geholt, um Roberts Ohren damit einzuschmieren, in der Hoffnung, dass sie dann besser flutschten. Doch da war nichts zu machen. Mein Bruder hatte sich derart verkeilt, dass nur noch eines blieb: Man musste die Armlehne absägen.

Mein Bruder weinte bitterlich, während ich mich unsäglich schuldig fühlte. Hätte ich ihm nicht dauernd vorgemacht, wie leicht ich durch dieses Nadelöhr gleiten konnte, wäre das alles nie passiert. An Schimpftiraden oder Strafen kann ich mich nicht erinnern. Ich glaube, alle waren einfach sehr erleichtert, als Roberts Kopf wieder frei auf seinen Schultern saß und nicht mehr in der Küchenbank feststeckte.

Dort in der Küche aßen wir jeden Tag alle gemeinsam zu Mittag. Dazu kam mein Vater aus dem Verlag, der sich in den unteren Stockwerken des Hauses befand, herauf in die Wohnung. Vor ihm hatte ich großen Respekt, und so empfand ich alles, was er tat, als ungeheuer bedeutsam. Fasziniert beobachtete ich, wie er sich zuerst sorgfältig die Hände wusch und sich dann zu uns an den Tisch setzte. Sein Erscheinen war das Zeichen für uns Kinder, so still zu sein wie möglich. Mein Vater schätzte es nicht, wenn wir bei Tisch zu viel redeten oder gar Blödsinn machten. Ich

Mein Vater mit meinem Großvater Carl

kann mich nicht erinnern, dass dies je der Fall gewesen wäre, meine Geschwister und ich verstummten augenblicklich, sobald er die Küche betrat.

Manchmal sprach er während des Mittagessens mit meiner Mutter, erzählte etwas aus dem Verlag. Oder er fragte uns, wie unser Morgen gewesen sei. Ich legte Wert darauf, mit ganz normalem Besteck formvollendet zu essen, besonders bei der Suppe war es nicht einfach für mich, nicht zu kleckern. Mein Vater strahlte höchstmögliche Korrektheit aus, und ich bin mir sicher, dass ich meinen Hang zum Perfektionismus von ihm geerbt habe.

Auf den Schultern meines Vaters ruhte viel Verantwortung. Nach dem Tod seines Vaters hatte er recht jung die Leitung des Verlagshauses übernommen, das damals in den 1960er-Jahren noch in der Aufbauphase nach dem Krieg steckte.

Bereits 1837 war das Unternehmen als Wochenzeitung gegründet und 1887 von meinem Urgroßvater übernommen worden. Von einem Foto blickt er uns bis heute mit modisch gestutztem Vollbart aus klugen Augen streng und hoheitsvoll an. Unter seiner Leitung expandierte das Unternehmen, aus dem Wochenblatt wurde eine Tageszeitung. War bis dahin jeder einzelne Buchstabe für die Artikel von Hand gesetzt worden, so führte mein Urgroßvater Ende des 19. Jahrhunderts bereits die ersten Setzmaschinen und eine Doppelschnellpresse ein, der bald eine zweite folgte.

Mein Großvater führte das Unternehmen durch die Weimarer Republik bis in die Nachkriegszeit, mit allen Höhen und Tiefen und zwangsläufigen Pausen. Der Neustart nach dem Ende des Zweiten Weltkriegs war nicht einfach, und doch gelang es, das Familienunternehmen zu konsolidieren und auszubauen. Ein Jahr vor meiner Geburt starb mein Großvater, und mein damals erst dreiundzwanzigjähriger Vater übernahm die Leitung des Verlags. Er übernahm auch rote Zahlen, und sicherlich waren diese Jahre auch in geschäftlicher Hinsicht nicht einfach. Das alles wusste ich damals natürlich nicht, und doch erfasste ich mit dem sicheren Gespür eines Kindes schon früh die angespannte Atmosphäre in meinem Elternhaus.

Die Familie meine Mutter dagegen kam nicht aus Ibbenbüren, sondern war nach dem Ende des Zweiten Weltkriegs aus der DDR nach Nordrhein-Westfalen geflüchtet. Ich kann mich noch an meinen Urgroßvater Recke erinnern, den Großvater meiner Mutter, der stets nach Zigarren roch. Der hatte mir, als ich noch ganz klein war, einen Teddybären geschenkt, den ich sehr liebte.

Wie haben sich meine Eltern, die aus so unterschiedlichen Gesellschaftskreisen stammten, damals kennengelernt? Diese Frage beschäftigte mich lange.

Meine Eltern danach zu fragen war völlig undenkbar. Wir sprachen nicht miteinander über unsere Gefühle oder über das, was uns tief in unserem Inneren bewegte. Mein Bruder allerdings kannte die Geschichte und erzählte sie mir eines Tages: Meine Mutter arbeitete in Ibbenbüren an der Kinokasse, und dort sah mein Vater sie zum ersten Mal. Sie war und ist noch heute eine ausgesprochen schöne Frau, und offenbar war es Liebe auf den ersten Blick. Es gibt ein Foto, auf dem mein Vater meine Mutter voller Hingabe und Zärtlichkeit betrachtet, und seit ich dieses Bild zum ersten Mal sah, stand für mich fest, dass es eine Liebesheirat gewesen sein musste – jedenfalls vonseiten meines Vaters. Meine Mutter schaut auf dem Foto in eine andere Richtung.

Von meinen Geschwistern weiß ich, dass es häufig Streit zwischen den Eltern gab. Wenn ich da war, hielten sie sich zurück, und auch das war ein Grund für Robert und meine Schwester, meine Anwesenheit zu genießen.

Aber auch ich hörte hin und wieder ihre lauten, erregten Stimmen, vor allem die meines Vaters. Er stand in dem Ruf, ein Choleriker zu sein, meine Mutter dagegen empfand ich als zurückhaltend, fast schüchtern. Was der Anlass für die Auseinandersetzungen war, davon hatte ich keine Ahnung. Ich fühlte mich schuldig, fürchtete, möglicherweise der Grund für die Unstimmigkeiten zu sein. Später erzählte mir mein Bruder, mein Vater sei schrecklich eifersüchtig gewesen. Dabei bin ich mir sicher, dass meine Mutter ihm nie irgendeinen Anlass dazu lieferte.

Auch wenn sich nur selten ein Gewitter entlud, wenn ich zuhause war, so hing doch stets eine dunkle Wolke über uns.

Kann man einen Menschen zu sehr lieben? Wenn ja, war dies der Grund für die Streitereien zwischen meinem Vater und meiner Mutter? Ich sollte am eigenen Leib erfahren, wie besitzergreifend und stur mein Vater sein konnte. Und doch habe ich immer sehr viel Weiches und Sensibles in ihm gesehen, einen Lausbub, der vor der Zeit erwachsen werden musste und der nicht anders konnte, als die Strenge, die er am eigenen Leib erfahren hatte, an seine Frau und seine Kinder weiterzugeben.

Es gibt noch ein anderes Erinnerungsbild, das erst vor kurzem aus dem Meer der Vergessenheit wieder an mein Bewusstsein emporgespült wurde. Es ist die Erinnerung an einen Familienausflug in eine Waldlandschaft. Ich sehe eine große Wiese, die über und über mit blühendem Heidekraut bewachsen war. Riesige Tannen und zu hohen Stößen übereinander gestapelte Baumstämme. Ich fühle noch die Aufregung, die Neugier vermischt mit einer Spur von Ängstlichkeit, denn ein Ausflug mit der gesamten Familie war etwas völlig Ungewöhnliches, und ich hatte keine

Ahnung, was mich erwarten würde. Und doch war ich neugierig und voller Freude, endlich einmal mit von der Partie sein zu dürfen.

Mein Bruder kann mir heute helfen, diese Bilder einzuordnen. Von ihm erfuhr ich, dass mein Vater eine Hütte im Wald besaß. Er war Mitglied des Schützenvereins und trug auch hin und wieder dessen typische Kluft aus grünem und grauem Loden.

Warum ich später nie wieder mit meiner Familie in Ferien fahren durfte oder auch nur auf einen Ausflug mitgenommen wurde – darauf habe ich keine Antwort. Wahrscheinlich war es meinen Eltern zu umständlich, vielleicht wollten sie sich auch nicht mit mir zeigen.

Je länger ich mich mit meiner Vergangenheit beschäftige, desto mehr Fragen kommen auf. Fragen, die nie gestellt werden konnten und auf die es keine Antworten gibt. Nur Vermutungen. Und schmerzhafte Erinnerungen, denen ich mich endlich stellen möchte.

Als ich vor ein paar Jahren von einem Fahrdienst von A nach B gebracht worden war und gerade mit meinem Rollstuhl von der Rampe fuhr, sah ich einen kleinen Jungen an der Hand seiner Mutter. Er war stehen geblieben und starrte mich mit offenem Mund an. Dann rief er: »Sieh mal Mutti, ein halber Mensch!«

Damals habe ich herzlich gelacht. Ja, ich bin bekannt dafür, selbst Witze über mich und meine Körperlichkeit zu machen. Ich bin dem Kind nicht böse, es beschrieb lediglich, was es zu sehen glaubte.

Und doch bin ich kein halber Mensch, ich bin ein ganzer. Meine Arme und Beine sind kürzer als bei anderen

Menschen, an meinen Händen fehlen die Daumen. Doch mein Herz ist ganz und es ist groß. Mein Gehirn ist wach und klar. Meine Seele ist voller Sehnsucht und von dem Wunsch erfüllt, dass all das, was mir seit meiner Zeugung widerfuhr, einen Sinn haben möge. Oder richtiger gesagt: Ich bin mir ganz sicher, dass es einen Sinn hat, dass ich so bin, wie ich bin – weder Zufall noch Unfall, sondern in einen größeren Plan gehörend, als Teil eines großen Ganzen.

Und darum habe ich beschlossen, meine Geschichte zu erzählen. So, wie ich selbst sie kenne, voller Bruchstücke und voller Widersprüche. Ein ganz normales Leben eben mit Ecken und Kanten, mit schönen und mit traurigen Ereignissen. Andere, die dabei waren, mögen es anders erlebt haben. Ich jedoch kann nur für mich selbst sprechen.

Frühe Jahre

Wiederkehrender Schmerz

Ich war allein,
es hat mich keiner
in die Arme genommen!

Ich habe geweint,
es ist keiner
mich trösten gekommen!

Ich hatte Durst nach Zärtlichkeit,
doch wer sollte sie mir geben,
wem durfte ich sie geben?

Ich hatte Hunger nach Liebe,
doch ich war nicht allein im Leben!

Stefanie Ritzmann

Früh musste ich lernen, dass Verlust und Abschied die einzigen verlässlichen Größen in meinem Leben waren. Heute weiß man, dass es für ein Kind von äußerster Wichtigkeit ist, in den ersten Lebensjahren eine feste Bezugsperson zu haben.

Mit meiner »Pflegemutter« Gisela

Zumindest während meiner ersten fünf Lebensjahre im Säuglingsheim Sendenhorst hatte ich außerordentliches Glück, dass sich Gisela meiner so annahm.

»Ich hätte dich gern adoptiert«, erzählte sie mir später. »Doch deine Eltern wollten das nicht.« Gisela war ja selbst ein Adoptivkind. Viele Jahre später nahm sie tatsächlich einen contergangeschädigten Jungen an Sohnesstatt an, außerdem kümmerte sie sich um Pflegekinder. Sie gehörte zu einer inzwischen leider seltener gewordenen Gattung von Frauen, die ihr Leben für das Wohl anderer einsetzen und für jene kämpfen, die das selbst nicht können. Und kämpferisch musste in der Tat sein, wer es mit meinem Vater aufnehmen wollte.

Für mich war sie ganz einfach ein Segen.

Sie brachte mir eine Menge bei, doch das Wichtigste von allem war die Fähigkeit, eigenständig zu denken. Sie sprach viel mit mir, beantwortete geduldig meine zahlreichen Fragen und ließ mich an allem, was sie den Tag über beschäftigte, teilhaben. Auf diese Weise konnte sich mein Wortschatz entwickeln, ich lernte, mich auszudrücken. Selbst wenn sich meine Pflegemutti um andere Kinder kümmerte, war ich stets dabei. Sogar bei den Visiten des Hausarztes, der das Kinderheim regelmäßig besuchte und dessen Holzbein mich ungemein faszinierte, durfte ich anwesend sein. Ich habe mich nie getraut zu fragen, aber ich denke, er hat sein Bein wahrscheinlich im Krieg verloren. Wenn Gisela eine Art zweite Mutter für mich war, so kümmerte sich der Hausarzt vor allem in medizinischer Hinsicht wie ein Vater um mich.

Über die genauen Auswirkungen des Wirkstoffs, der in dem Beruhigungs- und Schlafmittel Contergan weltweit für rund 10.000 behinderte Menschen gesorgt hatte, war damals noch so gut wie nichts bekannt. Jeder »Fall« war verschieden, keine Behinderung glich der anderen. Auch wusste man nicht, wie sich die körperlichen Gegebenheiten im Verlauf des Wachstums verändern würden. Das war der Grund, warum sich der Arzt gemeinsam mit Gisela immer wieder einen Eindruck von meinen Sehnen und Gelenken machen wollte, um ja keine Maßnahme zu versäumen, die für meine körperliche Entwicklung vorteilhaft gewesen wäre. Das war der Grund, warum ich viel Aufmerksamkeit von beiden erhielt.

Und Gisela hatte mich ganz einfach gern um sich. Das war ihre Art, mir ihre Liebe zu zeigen, und ich bin ihr unendlich dankbar dafür. Auf diese Weise war ich nicht ein Heimkind unter vielen, ich besaß eine Sonderrolle, und das war mir damals bereits bewusst. Kinder haben eine feine Antenne für Liebe und Zuneigung. Ich war außerdem die einzige, die Gisela immer wieder mit in ihre Privatwohnung innerhalb des Säuglingsheims nahm.

Mithilfe von Mickymaus-Heftchen brachte sie mir schon mit fünf Jahren das Lesen bei. Spätestens da wurde klar, dass meine Tage im Säuglingsheim gezählt waren.

»Du musst zur Schule«, erklärte mir Gisela, »und das kannst du hier nicht. Dies ist ein Heim für Säuglinge und Kleinkinder, aus dem Alter wächst du langsam raus, Steffi.«

Sie war traurig, auch wenn sie mir das nicht zeigen wollte. Die meisten anderen Kinder in meinem Alter hatten das Heim schon verlassen. Ein Leben ohne Gisela konnte ich mir aber nicht vorstellen. Sie war meine eigentliche Mutter, meine Bezugsperson und Mentorin. Gemeinsam mit dem Hausarzt hatte sie meine ersten fünf Jahre begleitet und entscheidend geprägt.

»Ich werde mich immer um dich kümmern«, versprach sie mir, »auch wenn du im St. Josef-Stift bist. Und dafür sorgen, dass du auch ordentlich gefördert wirst.«

Ich weiß nicht mehr, ob es mit diesem Wechsel zusammenhing, aber damals bekam ich ein Stofftier, das ich innig liebte und das ich bis heute besitze, auch wenn man ihm seine Beanspruchung als Seelentröster deutlich ansieht: Arco, einen Schäferhund. Er passte genau in meine kleine Armbeuge, und seines Trostes bedurfte ich in den folgenden Jahren häufig: Ich trug ihn immer bei mir, wenn ich traurig war, und dementsprechend sieht er auch aus.

Warum die Wahl für meinen künftigen Aufenthaltsort auf das St. Josef-Stift fiel, weiß ich nicht genau. Vielleicht weil es in der Nähe lag, im selben kleinen Städtchen Sendenhorst bei Münster, wo sich auch das Säuglingsheim von Giselas Mutter befand. Und sicherlich auch, weil seine orthopädische Abteilung schon damals deutschlandweit einen guten Ruf hatte. Denn in diesem Kleinstädtchen mit nur 2.000 Einwohnern hatte der Gründer Josef Spithöver mit dem St. Josef-Stift im Jahr 1889 ein großes Belegkrankenhaus für die damals mehrheitlich arme Bevölkerung geschaffen. Außerdem beherbergte der imposante, neugotische Gebäudekomplex aus rotem Klinkerstein damals auch eine Nähschule, ein Waisenhaus mit zwölf Plätzen, einen Kindergarten und, für die damalige Zeit sehr fortschrittlich, eine Badeeinrichtung »zur Hebung der hygienischen Verhältnisse«.

In diesen Mauern entstand nach einer wechselvollen Geschichte in den 1950er-Jahren eine orthopädische Klinik. Da hier auch viele Kinder Operationen unterzogen wurden, die einen langwierigen Heilungsprozess nach sich zogen, gab es eine krankenhausinterne Schule.

Heute denke ich, dass meine Eltern, vermutlich von Gisela und dem Hausarzt beraten, auch bei mir chirurgische Eingriffe planten. All das sprach dafür, mich vom Säuglingsheim in ein orthopädisches Krankenhaus zu verlegen. Auf diese Weise konnte Gisela weiterhin ein Auge auf mich haben, und von Ibbenbüren war der Weg auch nicht allzu weit, in einer guten Stunde konnten meine Eltern mich besuchen. Nicht, dass sie davon sehr oft Gebrauch gemacht hätten. Doch davon später.

Es gibt ein Foto, das aus meiner ersten Zeit im St. Josef-Stift stammen muss. Darauf sieht man mich an den Trägern einer Gipshose an einem Gestell hängen, dabei lächle ich allerliebst in die Kamera und sehe ein bisschen aus, wie ein gestrandeter Engel. Vermutlich um meine breite Hüftstellung zu korrigieren und dafür zu sorgen, dass meine Beine enger beieinanderblieben, hatte man mich in einen leichten Baumwollanzug gesteckt, und diesen dann vom Bauchnabel abwärts mit feuchten Gipsbinden umwickelt. Ich nehme an, dass man mich samt Gipshose dort in dem Gestell »zum Trocknen aufgehängt« hatte. Wie genau man diese später anwendete, weiß ich nicht mehr, vielleicht schnitt man das Ganze seitlich auf, um eine feste Schale zu haben, in die man

Schweben, bis die Gipshose trocken ist

mich hineinlegen konnte. Viele Wochen musste ich nämlich tatsächlich in einer solchen harten Schale liegen.

Außer mir lebten noch drei weitere Mädchen mit Behinderungen ständig im St. Josef-Stift. Da war die ernste und zurückhaltende Heike mit kurzen dunklen Haaren und die dunkelblonde Juliane, die ich als eher nachdenklich in Erinnerung habe. Am besten befreundet war ich mit Elisa. Wie die beiden anderen Mädchen litt auch Elisa unter spastischen Lähmungen, die auf Schädigungen des zentralen Nervensystems zurückgehen und unter anderem auch die Folge einer frühkindlichen Meningitis sein können. Obwohl Elisa von diesen Lähmungen besonders stark betroffen war und zum Beispiel ihre Hände kaum benutzen konnte, blieb sie doch eine außerordentliche Frohnatur und hätte, wenn sie dazu körperlich nur in der Lage gewesen wäre, sicherlich zusammen mit mir noch viel mehr Streiche ausgeheckt, als wir es ohnehin schon taten.

Man nannte uns »das Kleeblatt«, denn wir vier steckten natürlich die meiste Zeit zusammen. Wir waren die »Vierer-Konstante«, die ständig im Krankenhaus wohnte, während die anderen Kinder irgendwann von ihren Operationen genesen waren, wenn es noch so lange dauern mochte, und dann wieder nach Hause gingen.

Im Archiv des St. Josef-Stift fand ich eine Fotographie, die aus den Anfangsjahren meiner Zeit dort stammen muss: Es zeigt die »Krankenhausschule«. An der Tafel steht eine Nonne im weißen Habit, die offenbar gerade eine Frage stellt. Sieben Kinder sind zu sehen, ich selbst sitze im vordersten Bett. Offenbar kenne ich die Antwort auf die Frage der Lehrerin, denn ich hebe meinen linken Arm, was nur auf den zweiten Blick erkennbar ist, denn er ist ja viel kürzer als der des Kindes, das sich hinter mir meldet. Mein Gesicht ist der Nonne zugewandt, so dass man meinen akkuraten Kurzhaarschnitt, einen modischen Bob, gut sehen kann. Vor mir ist die ausziehbare Ablage des Krankenhaus-Nachtkästchens ein wenig schräg gestellt, damit ich meine

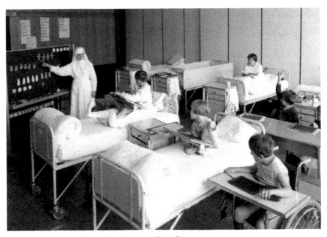

Krankenhausschule im St. Josef-Stift

Hefte und Bücher besser darauflegen kann. Die Zudecke ist zurückgeschlagen, und unter dem »Pult« kann man meine Füße sehen.

Es gibt noch ein ähnliches Foto, bei dem die Trennwand zwischen dem hinteren und dem vorderen Raum aufgeschoben ist. Hier posiere ich lächelnd mit meinem Teddybären, vermutlich jenem, den ich von meinem Urgroßvater Recke, dem Opa meiner Mutter, bekommen hatte.

Die Zeit im St. Josef-Stift habe ich durch meine Freundschaften und durch wunderbare Lehrer in größtenteils guter Erinnerung. Vor allem Margot Meyer, mit der ich heute noch Kontakt habe, kümmerte sich liebevoll um mich, obwohl sie nie meine Lehrerin war. Und doch gab es auch viel Leid und Schmerz für mich in jenen Jahren. Gleich zu Beginn, als ich noch in der Gruppe der kleinsten Kinder zwischen drei und sechs Jahren war, hatte ich ein

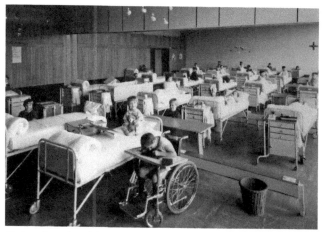

Stolz präsentiere ich meinen Teddy

schlimmes Erlebnis, das ich bis heute nicht vergessen konnte.

Nach dem Mittagessen mussten wir Kinder zu unserem Leidwesen Mittagschlaf halten, und eine Pflegerin, die wir Tante Martha nannten, hatte die Aufsicht über uns. Sie setzte sich in den Schlafsaal an einen Tisch, strickte und passte auf, dass wir uns auch ja nicht rührten. Keiner von uns war müde, schließlich verbrachten wir ohnehin die meiste Zeit in unseren Betten, und das Stillliegen war für uns Kinder eine Qual. Eines Tages musste ich während dieser Mittagsruhe auf einmal ganz dringend pinkeln. Lange wagte ich es nicht, mich zu melden und Tante Martha um die Bettpfanne zu bitten, denn ich wusste, wie streng sie war. Schließlich hielt ich es nicht mehr aus.

»Tante Martha«, sagte ich schüchtern, »ich muss ganz dringend auf den Topf.«

Sie sah auf. Tante Martha trug ihr dunkles Haar zu einem

strengen Dutt zurückgekämmt, ihre Augen empfand ich immer als äußerst hart.

»Ja«, sagte sie, »ich komme gleich.«

Doch sie rührte sich nicht. Die Zeit verging und nichts geschah. Der Druck auf meine kleine Blase wurde immer unerträglicher. Ob sie mich vergessen hatte? Vorsichtshalber meldete ich mich nochmal.

»Ja«, sagte sie wieder, »ich komme gleich.«

Und wieder passierte nichts. Ich bat sie noch ein drittes und ein viertes Mal, mir endlich die Bettpfanne zu bringen, doch sie schien entschlossen, mich warten zu lassen. Schließlich konnte ich es nicht mehr zurückhalten, und das Pipi ging ins Bett.

Als hätte sie nur darauf gewartet, erhob sich die Pflegerin endlich und kam mit der Bettpfanne. Als sie die Bescherung sah, wurde sie sehr böse. Sie packte mich, warf mich grob ans Fußende des Bettes, als sei ich nichts weiter als ein Säckchen Äpfel, zog das Bett ab und machte es frisch.

»Dafür bekommst du Bettarrest«, herrschte sie mich an. »Du bist doch schon so groß. Da macht man doch nicht mehr ins Bett.«

Nie vergesse ich dieses Gefühl, ungerecht behandelt worden zu sein. Ich vergoss keine Träne, diesen Triumph wollte ich dieser bösen Frau nicht auch noch gönnen. Sie hatte mich gedemütigt, denn welches Kind macht schon gern ins Bett. Und nun bestrafte sie mich auch noch, obwohl sie doch Schuld war an dem Malheur. Ich war so unendlich sauer auf sie, alles in mir bäumte sich gegen diese Willkür auf.

Als die anderen Kinder ihre Betten verlassen durften, musste ich liegenbleiben. Bettarrest war für mich das Schlimmste überhaupt. Ich war ein quirliges Kind, ich brauchte Abwechslung und Stimulation. Im Bett wartete wieder Langeweile auf mich. Vor allem aber wollte ich mich dieser Ungerechtigkeit nicht beugen.

Unsere Station wurde von Nonnen geleitet, und diese Ordensschwestern waren durchweg liebevoll und freundlich zu uns, was man von den anderen weiblichen Pflegekräften, die wir »Tanten« nannten, nicht immer sagen konnte. Als Sr. Reinhilde, die ich gerne mochte, am Nachmittag Tante Martha ablöste, schüttete ich ihr mein Herz aus.

»Ich wollte doch gar nicht ins Bett machen«, erklärte ich ihr empört. »Ich hab Tante Martha mehrmals gerufen. Aber sie ist einfach nicht gekommen. Und dann war es zu spät.«

Sr. Reinhilde sah mich lange an. Dann seufzte sie.

»Ich glaube dir«, sagte sie schließlich, »dass sich das so zugetragen hat. Und dass du keine Schuld hast, Steffi. Aber ich kann Tante Marthas Entscheidung nicht korrigieren, auch wenn sie falsch ist. Es tut mir leid, mein Kind.«

Auch wenn sie die Strafe nicht mildern konnte, so trösteten mich ihre Worte und ihr freundliches, verständnisvolles Wesen. Und ich lernte, dass auch die Erwachsenen nicht immer so können wie sie gerne wollen.

Diese Pflegerin wurde einige Zeit später von der Station »wegbefördert«. Ich nehme an, dass es irgendwann doch bis zur Krankenhausleitung durchgedrungen war, dass diese Frau für die Pflege von Kindern nicht geeignet war.

Natürlich war ich nicht immer ein Engel. Ich verbrachte so manche Zeit im Bettarrest, denn ich liebte es viel zu sehr, andere zum Lachen zu bringen und selbst meinen Spaß zu haben. Meine Spezialität war es zum Beispiel, einen bestimmten Hebel am Fußende eines fremden Krankenbettes zu lösen, so dass das Bett am unteren Ende absackte und in eine gefährliche Schieflage geriet. Die darin liegenden kleine Patientinnen quiekten vor Schreck laut auf, denn sie drohten nun nach unten zu rutschen, und das entzückte mich ungemein. Dabei achtete ich stets darauf, dass keine frisch Operierten in den betreffenden Betten lagen.

Eines Nachts führten meine Freundinnen und ich ein Experiment durch. Und zwar hatten wir folgende Sache gehört: Taucht man den Finger eines Schlafenden in kaltes Wasser, so muss der Betreffende pinkeln. Und genau das probierten wir bei einem schlafenden Mädchen aus – und siehe da, zu unserem großen Vergnügen funktionierte es.

Ein weiterer beliebter Streich für die Nacht war es, Pfeffer auf das Kopfkissen eines Schlafenden zu streuen. Am Niesen unseres armen Opfers wachte allerdings die ganze Station auf, das war also keine so gute Idee.

Abends stellten die Ordensschwestern immer eine Schüssel mit kaltem Wasser auf ein Schränkchen an unserem Fußende, mit dem wir uns am nächsten Morgen wuschen. Da wir meist zu wenig zu trinken bekamen, wachte ich nachts regelmäßig durstig auf. Dann rutschte ich zum Fußende des Bettes, um aus der Waschschüssel trinken zu können. Da ich die Schüssel ja nicht anheben konnte, lernte ich, vorsichtig wie eine Katze das Wasser mit der Zunge aus der Schüssel zu schlabbern. Im Sommer bekamen wir an sehr heißen Tagen Essigwasser zu trinken, damit wir nicht so viel Durst hatten.

Eine Zeitlang musste ich einmal pro Woche einen Reistag einlegen, angeblich wurde ich zu dick. Ich hasste diese Tage, an denen es morgens einen einzigen Zwieback mit etwas Milch für mich gab, ansonsten aber nur pappigen Reis, mal mit Apfel- und mal mit Pflaumenkompott. Aß man nicht, was auf dem Teller war, dann zwangen die Pflegerinnen das Essen richtiggehend hinunter. Auch dem Trick, das ungeliebte Essen in den Backen zu hamstern, bis sich eine Gelegenheit ergab, alles wieder auszuspucken, kamen die »Tanten« zuvor: Sie pressen mit beiden Händen die Backen zusammen, so dass einem nichts anderes übrig blieb, als das ganze Zeug hinunterzuschlucken.

Dennoch gelang es mir eines Tages, einen Löffel voll Milchreis, den ich besonders hasste und bis heute nicht ausstehen kann, ganz hinten in meiner Backe zu verstecken. Ich weigerte mich stumm, diesen klebrigen Klumpen zu schlucken, und da ich keine Gelegenheit fand, ihn auszuspucken, behielt ich ihn die ganze Nacht im Mund. Erst am nächsten Morgen beim Zähneputzen kam die Sache an den Tag. Ich hatte Glück: Die Pflegerin, die gerade Dienst hatte, zog es vor, mir und ihr das Leben einfach zu machen: »Komm«, sagte sie, »spuck es halt aus.«

Einmal beobachtete ich begeistert, wie ein anderes Mädchen, das seine Suppe nicht essen wollte, alles in das Gesicht der »Tante« spuckte, als diese wieder einmal mit beiden Händen gegen ihre Backen drückte. Alle, die es sahen, lachten, und es war, als hätten wir es selbst getan. Sicherlich hat das Mädchen Bettarrest bekommen. Doch wir sprachen noch lange begeistert über das Gesicht der »Tante« mit der ganzen Suppe überall.

Schon recht früh hatte man versucht, mir Beinprothesen anzupassen, ob das noch im Säuglingsheim war oder schon im St. Josef-Stift, weiß ich nicht mehr. Man erzählte mir, dass ich mich jedesmal, wenn sie mir angelegt wurden, übergeben musste, so groß waren die Schmerzen.

Heute ist bekannt, dass in diesen Jahren mit allen contergangeschädigten Kindern eine Menge Versuche angestellt wurden. Auch mit mir hat man experimentiert. Nach der Gipsschale musste ich viele Wochen lang in einem Streckverband liegen. Mithilfe eines angehängten Gewichts versuchte man, mein längeres Bein zu strecken. Welchen Sinn das haben sollte, weiß ich nicht. Man hat mich ja nicht gefragt, und mir wurde nichts erklärt. Das alles war natürlich äußerst schmerzhaft.

Ich war ein sehr lebendiges Kind, und bald begnügte ich mich nicht mehr damit, ausschließlich auf dem Hosenboden herum zu rutschen. Im Alter von acht Jahren bekam ich meinen ersten Rollstuhl, und zwar eine sogenannte Hebeldraisine. Er hatte drei Räder, über der Achse der beiden Hinterräder war der Sitz angebracht, und mithilfe eines verlängerten Hebels konnte ich das eine Vorderrad ausgezeichnet lenken. Bewegte ich den Hebel auf und ab, setzte sich das Gefährt in Bewegung.

Noch heute benutze ich zuhause einen Rollstuhl, der auf diesem genialen Prinzip beruht. Damit bin ich unabhängig, sowohl von einer Stromquelle als auch von einem Menschen, der schiebt. Durch den langen Lenkerstand lässt sich die Draisine einfach steuern und manövrieren, und die Geschwindigkeit mit dem Auf- und Abbewegen des Hebels perfekt regulieren. Nur leider fällt mir genau dies mit meinen kurzen Armen inzwischen immer schwerer. Die Beanspruchung meiner Muskeln und Gelenke in meiner Jugend hat ihre Spuren hinterlassen. Damals jedoch läutete die Hebeldraisine ein neues Zeitalter für mich ein:

Ich konnte mich viel einfacher fortbewegen, und das ganz allein.

»Mit deinem Tempo konnte kaum einer Schritt halten», erzählte mir Margot Meyer vor kurzem lachend. Besonders in langen, geraden Gängen nahm ich Fahrt auf und war kaum zu bremsen.

Irgendwie musste ich allerdings auf den Sitz gelangen. Natürlich versuchte ich auch meine Beine zu benutzen, einfach so, wie sie waren. Meine Füße waren nach innen gewachsen, und so trat ich statt auf den Fußsohlen auf den Außenknochen des Unterschenkels auf, direkt über dem abgeknickten Fußgelenk. Das war auf die Dauer natürlich alles andere als optimal, und darum wurde ich im Alter von neun Jahren mehrmals operiert. Es brauchte drei Eingriffe, bis mein rechter Fuß gerade war und benutzt werden konnte. Dasselbe geschah mit dem linken, doch während sich die Geradestellung meines rechten Knöchels als gute Sache erwies, so entwickelte sich der linke mit den Jahren wieder in seine alte Ausgangslage zurück. Auch mit geraden Fußgelenken konnte ich auf meinen ungleich langen Beinen nur schwer gehen – außer auf einer einzigen Bahn: Im Krankenhaus gab es eine Metallleiste, in der alle Stromanschlüsse von Bett zu Bett verliefen. Diese Leiste hatte genau die richtige Höhe, um die Differenz von rund zwanzig Zentimetern zwischen meinen beiden Beinen auszugleichen. Besonders als ich noch klein war, wanderte ich auf dieser Leiste gerne umher: das lange Bein am Boden und das kurze oben aufsetzend.

Leider blieb der Radius, den ich auf dieser Elektroleiste im Krankenhaus zurücklegen konnte, viel zu begrenzt für ein unternehmungslustiges Kind wie mich. Die Füße standen zwar gerade, doch die große Ungleichheit in der Länge machte mir das Gehen unmöglich. Unter diesen Umständen war es verständlich, dass sich die Erwachsenen viel von einer Prothese für mein kurzes Bein versprachen. Und damit begann eine Tortur für mich.

Wen ich auch fragte, alle contergangeschädigten Menschen, die ich traf und denen Prothesen angepasst wurden, sagten dasselbe: Diese Dinger taten unmenschlich weh. Zu meinem Pech betraute man im St. Josef-Stift ausgerechnet eine Pflegerin mit der Aufgabe, mit mir das Gehen auf diesem Ding zu üben, die selbst eine Prothese trug und ähnlich wie Tante Martha eine harte, unnachgiebige Natur hatte. Tante Gerlinde kannte kein Pardon, schließlich hatte sie selbst durchgehalten und kam mit ihrer Prothese angeblich gut zurecht.

Ich war zehn Jahre alt, als man mir das Ding anpasste. Schon allein das Anziehen war äußerst schmerzhaft. Zuerst musste ich in einen Spezialstrumpf schlüpfen, der mein Bein wie ein Stützstrumpf fest zusammenzwängte. Dann quetschte man es in die Prothese, und zwar so tief wie möglich. An der Leiste bohrten sich bei jedem Schritt die Ränder des Schafts in mein Fleisch. Aufzustehen und mein gesamtes Gewicht vom rechten Bein auf das kurze linke zu verlagern war unter diesen Umständen die reinste Qual.

Man gab mir ein kleines Gehwägelchen, an dem ich mich festhalten konnte, und so zwang mich Tante Gerlinde, einen schier endlos langen Flur entlangzugehen. Ich konnte jammern und klagen so viel ich wollte, erbarmungslos hieß es nur immer wieder: »Schau, ich habe auch eine Prothese. Ich hab das gelernt. Und mir tat das auch weh.«

Worauf ich im Stillen dachte: ›Aber deswegen muss *ich* das doch nicht auch aushalten!‹

Irgendwann konnte ich nicht mehr. Ich ließ mich, wo ich war, auf den Boden plumpsen.

»Steh sofort wieder auf«, schrie Tante Gerlinde. Doch das konnte ich ja nicht. Tante Gerlinde schimpfte und zeterte, zog mich wieder hoch und stellte mich hin – ich ließ mich wieder fallen. So ging es eine Weile, wir lieferten uns einen regelrechten Machtkampf, bis Tante Gerlinde endlich aufgab. Ich hatte gewonnen. Die Prothese sollte ich nie wieder anziehen müssen.

Solche Augenblicke, so schwer sie auch waren, bedeuteten für mich eine ungeheure innere Stärkung.

Ich hatte es gut im St. Josef-Stift, und doch überfiel mich immer wieder eine abgrundtiefe Traurigkeit. Das war vor allem an den Wochenenden der Fall, wenn meine drei Freundinnen von ihren Eltern Besuch erhielten oder sie gar nach Hause durften. Meine Familie besuchte mich selten, und noch seltener holten sie mich ab. Stattdessen durfte ich öfters mit zu Elisa nach Hause, was ich ihren Eltern bis heute hoch anrechne, denn man könnte meinen, dass sie mit ihrer spastisch gelähmten Tochter schon genug zu tun hatten. Das Kinderschlafzimmer befand sich im ersten Stock, und Elisas Vater trug uns beide die Treppe hinauf.

Elisas Eltern waren sehr freundlich zu mir, und so sehr ich es auch genoss, ein wenig von ihrer Liebe abzubekommen, so schmerzhaft war es doch auch, zu sehen wie liebevoll sie ihre Tochter behandelten. Ich konnte nicht umhin, Vergleiche zu ziehen, und diese Überlegungen taten weh. Ich war weit weniger schwer behindert als Elisa, und dennoch empfanden meine Eltern mich offenbar als zu große Last, als dass sie mich regelmäßig abholen wollten.

An einem dieser Wochenenden erschien unangemeldet mein Vater im St. Josef-Stift und wollte mich sehen. Als er hörte, dass ich bei »fremden Leuten« war, regte er sich schrecklich auf.

»Seitdem«, erzählte mir Elisa später einmal, »mussten meine Eltern jedesmal ein Formular unterschreiben, ehe wir dich mitnehmen durften.«

Wie es zu diesem spontanen Besuch meines Vaters im Krankenhaus kommen konnte – ich habe keine Ahnung. Es war allerdings typisch für ihn. Vielleicht hatte er an jenem Sonntag die plötzliche Eingebung, mich mit einem Besuch zu überraschen und fand mich im St. Josef-Stift nicht vor. War es sein schlechtes Gewissen, dass wildfremde Menschen mir am Wochenende ein Zuhause boten, die zu seiner Verärgerung führte? Oder die Tatsache, dass ich ihm »nicht zur Verfügung stand«, wenn er sich doch schon einmal ins Stift bemüht hatte? Ich werde es wohl nie erfahren.

Ich erinnere mich auch noch gerne an eine Pflegerin, die mich in ihr Herz geschlossen haben musste, denn sie lud mich hin und wieder in ihr Elternhaus ein. Sie war auf einem Bauernhof aufgewachsen, und da ich Tiere liebte, war ich überglücklich. Hier gab es Hunde, Katzen und sogar ein Pferd. Mit dem machte ich allerdings eine ganz eigene Erfahrung, denn als ich mit meiner Hebeldraisine ans Gatter fuhr und meine Gastgeberin das Pferd anlockte, kam es tatsächlich auf mich zu. Es bog seinen schönen Hals über die Absperrung, sah mich an und fraß von dem Heu, das

Kurz vor dem Biss

ich ihm hinhielt. Ich trug ein Kleid mit Blumenmuster, und vielleicht verwechselte das Pferd dies mit einer blühenden Wiese, denn ganz unerwartet reckte es seinen Kopf vor und biss mich in den Schenkel. Das tat höllisch weh, und am nächsten Tag hatte ich an dieser Stelle einen heftigen Bluterguss.

»Willst du mal versuchen zu reiten?«, fragte mich die nette Pflegerin.

Zwar war mir die ganze Sache nicht ganz geheuer, doch abenteuerlustig wie ich nun einmal war, ließ ich mich auf den Pferderücken heben. Mit meinen kurzen Beinen konnte ich mich allerdings nicht richtig festhalten, und so blieb es bei einem kurzen Versuch. Ich hatte große Angst herunterzufallen, und vom Fallen hatte ich sozusagen im wahrsten Sinn des Wortes die Schnauze voll. Denn wenn ich stürze, dann immer auf das Gesicht, mit meinen Armen ist es mir unmöglich, mich abzufangen. Ich weiß nicht mehr, wie oft ich geschwollene oder aufgeplatzte Lippen hatte, und darum rief ich, als ich auf dem Pferderücken saß, bald um Hilfe und bat darum, dass man mich wieder herunterholte. Ich zog es vor, aus sicherer Entfernung das Pferd zu zeichnen, das gefiel mir viel besser.

Da ist noch eine Episode, die ich – wie viele andere Ereignisse vermutlich auch – lange verdrängt hatte. Meine damalige Klassenlehrerin erzählte sie mir, als ich sie kürzlich während eines sehr bewegenden Besuchs in Sendenhorst gemeinsam mit Margot Meyer und meinem früheren Musiklehrer nach all den Jahren wiedertraf. Es war an einem 6. Dezember, dem Geburtstag meines Vaters. Wie alt ich damals war, weiß ich nicht mehr, vielleicht acht oder neun Jahre. Ich wollte meinem Vater unbedingt gratulieren, das war mir eine echte Herzensangelegenheit. Ich bat meine Klassenlehrerin, mir dabei zu helfen, und so gingen wir gemeinsam ins Büro und sie wählte die Nummer meiner Eltern, bekam auch meinen Vater an den Apparat und erklärte ihm, dass seine Tochter Steffi neben ihr sei, die ihm gern zum Geburtstag gratulieren wollte. Dann reichte sie mir den Hörer, doch in der Zwischenzeit legte mein Vater einfach auf.

»Du warst so unendlich traurig«, sagte die inzwischen schon alte Dame während eines Besuchs, den ich in Sendenhorst machte.

»Man weiß ja nicht«, wandte ich ein, »wobei wir ihn gerade gestört hatten. Vielleicht hatte er einfach keine Zeit.«

Keine Zeit, um sich von seiner kleinen Tochter zum Geburtstag gratulieren zu lassen und ein paar Worte mit ihr zu wechseln? Und schon wieder hatte ich Gründe gefunden, sein Verhalten zu entschuldigen.

Wie oft wartete ich auf meine Familie, bis sie entweder sehr verspätet oder auch gar nicht kam? Am schlimmsten waren die Sonntage, wenn die anderen Kinder Besuch bekamen und ich nicht. Die Schwestern wurden dann ganz milde mit mir, ich durfte außer der Reihe fernsehen, bekam Kuchen und Eis. Bald kannte ich alle Kindersendungen auswendig, die sonntags ausgestrahlt wurden, ›Die kleinen Strolche‹, ›Die Augsburger Puppenkiste‹, ›Urmel aus dem Eis‹ und wie sie alle hießen. Ich saß ganz allein im Fernsehraum und weinte viel.

Manchmal kommt mir meine Kindheit vor wie eine endlose Wartezeit voller Tränen. Meine Erinnerung mag mir einen Streich spielen, doch wenn ich so zurückdenke, dann haben mich meine Eltern gefühlte zweimal im Jahr besucht. Und wenn sie kamen, dann schafften sie es immer, dass es für das gesamte St. Josef-Stift ein Ereignis war: »Steffi hat Besuch«, so ging es wie ein Lauffeuer durch die gesamte Einrichtung. Ich war hin- und hergerissen zwischen Freude, Stolz, weil ich endlich den anderen Kindern zeigen konnte, dass auch ich Eltern hatte, und dem Gefühl einer gewissen Peinlichkeit. Denn meine Eltern hatten immer einen großen Auftritt, sie waren zwei schöne, stattliche, wohlsituierte Menschen. Nicht nur meine Ziehmutter Gisela aus dem Säuglingsheim, auch das Personal im St. Josef-Stift konnte meine Eltern nicht besonders gut leiden.

Sie kamen stets an einem Wochentag, niemals am Sonntag wie die anderen Eltern. Was sie mitbrachten, teilte ich später immer mit den anderen Kindern. Meistens gingen wir im Park, der zum Krankenhaus gehörte, spazieren. Mein Vater mochte diesen Park sehr gern, vor allem auch deswegen, weil er sicher sein wollte, dass keiner unsere Gespräche belauschte.

»Wie geht es dir«, wollte er dann meist wissen, »was macht die Schule? Hast du neue Freundinnen gefunden? Wie ist das Personal?«

Ich antwortete stets positiv, niemals wäre ich auf den Gedanken gekommen, meinen Eltern, die mir ja doch im Grunde fremd geblieben waren, von meinen tatsächlichen Sorgen und Ängsten zu erzählen. Zum Beispiel davon, wie streng manche Tanten waren, die uns zwangen zu essen, oder von der Quälerei mit der Prothese. Von klein auf war mir klar, dass ich alles alleine regeln musste. Meinen Eltern wollte ich weder Sorgen noch Ärger bereiten. Schließlich kamen sie so selten, dass ich von ihnen eine ernsthafte Hilfe überhaupt nicht erwartete. Ich wollte funktionieren, eine gute Tochter sein, die man vielleicht auch einmal wieder nach Hause holen konnte.

Doch die Wahrheit war: Nicht einmal in den Ferien fanden meine Eltern einen Weg, mich in ihre Urlaubspläne mit einzubeziehen. Sommer für Sommer fuhren sie mit meinen Geschwistern nach Norderney, mich mitzunehmen kam aber nicht in Frage. Und doch konnten oder wollten sie mich während der großen Ferien nicht im St. Josef-Stift lassen, stattdessen hatten sie für mich eine andere Urlaubsplanung vorgesehen: Zwar holten sie mich zu Ferienbeginn ab, um den Schein zu wahren. Doch nach einer Nacht im Elternhaus brachten sie mich nach Sendenhorst zurück und übergaben mich dort Giselas Fürsorge. Während ich meine Ferien bei ihr im Säuglingsheim verbrachte, reiste meine Familie an die Nordsee.

Später entfiel auch der »Umweg« über Ibbenbüren für eine oder zwei Nächte, und meine Eltern brachten mich vom St. Josef-Stift direkt ins Säuglingsheim. Vielleicht hatte ich im St. Josef-Stift erzählt, wo ich meine Ferien tatsächlich verbrachte, und es war nicht mehr notwendig, so zu tun, als verbrächte ich sie mit der Familie? Mit zunehmendem Alter konnte ich nicht umhin, mir die Frage zu stellen, warum ich eigentlich nie richtige Ferien haben durfte. Ich war gern bei Gisela, doch statt bei ihr im Säuglingsheim zu sitzen, wäre auch ich gerne wie andere Kinder mit meiner Familie an die See gefahren, in die Berge oder sonst wohin. Doch das kam für mich nicht in Frage.

Warum nicht? Das fragte ich mich oft.

Die Menschen, die mich umgaben, taten ihr Bestes, mir ihre Liebe zu zeigen und auszugleichen, was meine Familie mir nicht geben konnte. Sr. Ursula zum Beispiel, mit der man herzlich lachen konnte. Auch sie war, ähnlich wie meine Ziehmutter Gisela, nicht unbedingt eine Frau, die ihre Gefühle durch Umarmungen gezeigt hätte, aber sie war herzlich und verständnisvoll. Heute denke ich, dass es nicht einfach für die Betreuer und Pfleger war mit so vielen Kindern: Wem konnten sie ihr Herz schenken und welchem Kind nicht? Sicher waren sie im Umgang mit uns auf Ausgleich und Gerechtigkeit bedacht. Wir Kinder hatten aber alle ein feines Gespür dafür, in wessen Gegenwart die Stimmung gelöst und angenehm war, wer einen mochte und förderte.

Da waren außerdem meine Klassenlehrerin und unser Musiklehrer, mit dem wir an den Orffschen Instrumenten viel Spaß hatten. Ganz besonders hingezogen fühlte ich mich zu der Lehrerin Margot Meyer, in deren Klasse ich eigentlich gar nicht war, die sich aber dennoch liebevoll um mich kümmerte.

»Wie kam es eigentlich«, fragte ich sie neulich, denn wir stehen nach all den Jahren noch immer in Kontakt, »dass wir zusammenkamen?«

»Ich konnte einfach nicht mitansehen, dass du nachmittags ganz alleine im Aufenthaltsraum herumsitzen musstest, während ich im Krankenhaus Näh- und Malunterricht gab«, gestand sie mir. »Du hast immer so traurig ausgesehen. Da hab ich dich gefragt, ob du nicht bei uns mitmachen möchtest.«

Und dieses Angebot nahm ich begeistert an.

Den Mädchen, die sich im St. Josef-Stift von ihren Operationen erholten, stellte man moderne, elektrische Nähmaschinen auf das Ausklappbrett ihrer Nachttische, die Fußpedale betätigten sie mit den Ellbogen. Margot Meyer brachte ihnen das Nähen bei, und auf diese Weise waren sie alle gut beschäftigt und abgelenkt.

Margot Meyer lebte mit ihrer Schwester zusammen, und die beiden Frauen luden mich häufig zu sich nach Hause ein. Noch heute sehe ich mich dort am Klavier sitzen und »Alle meine Entchen« klimpern, stundenlang. Das hat mir Spaß gemacht. Musik war immer ein Begleiter für mich, ein Trost. Ich singe bis heute gerne, und eine Zeitlang war es mein größter Wunsch, Opernsängerin zu werden. Ein paar Jahre lang nahm ich sogar Unterricht, denn wenn ich sang, konnte ich mein Innerstes nach außen geben. Musik gab mir die Möglichkeit, meine Gefühle auszudrücken, die Traurigkeit, den Schmerz, aber auch die übersprudelnde Freude.

Ich genoss die Besuche bei Frau Meyer und ihrer Schwester, fühlte mich von der Herzlichkeit der beiden Frauen geborgen und angenommen. Und obwohl ich sie ja täglich sah, schrieb ich Margot Meyer viele Briefe und malte Bilder

Die Uhr des Kesselarbeiters

für sie. Das war meine Art, ihr meine Zuneigung zu zeigen. Manche davon hat sie bis heute aufbewahrt.

Leider kam es immer wieder vor, dass Pflegerinnen, die ich lieben gelernt hatten, eines Tages weggingen. Ich kann mich noch gut an eine junge Frau erinnern, die ich ganz besonders mochte.

»Dies ist mein letzter Tag hier, Steffi«, sagte sie eines Nachmittags zu mir.

Für mich war es wie ein Schock. Und dann war sie auch schon weg, ich hatte überhaupt keine Gelegenheit, den Verlust dieses liebgewonnen Menschen zu verarbeiten. Dieses und ähnliche Erlebnisse hinterließen in meiner Psyche gravierende Folgen: Wenn nämlich so etwas zweimal passiert im Leben eines kleinen Mädchens, wenn man weiß, dass jeder Tag, den man mit einer Pflegerin zubringt, der letzte sein kann, dann lässt man sich auch nicht mehr wirklich auf jemanden ein. Nie hatten wir ausreichend Zeit, um Abschied zu nehmen, und mit meiner Trauer war ich immer ganz allein.

Was mich dann tröstete und ablenkte, waren die kleinen Wunder, die überall in dem Gebäude versteckt zu sein schienen. Zum Beispiel ein wunderschönes Mosaikbild, das sich im Eingangsbereich befand, und dessen Anblick für mich immer mit der Hoffnung verbunden war, bald Besuch zu bekommen. Oder eine ungewöhnliche Pendeluhr aus schwarzem Metall, die ein Kesselarbeiter für das Stift geschaffen hatte. Wie groß war meine Freude, als ich sie bei einem Besuch im St. Josef-Stift 2016 wiederentdeckte.

Während der sechs Jahre, die ich im St. Josef-Stift verbrachte, habe ich auch das Gelände lieben gelernt. Zur Parkseite hin gab es eine große Terrasse, und dorthin schoben die Pflegerinnen die Betten der operierten Kinder, auch ich brachte ja nach meinen zahlreichen Operationen viele Monate im Bett zu. Da lagen wir im Sommer unter Sonnenschirmen und beobachteten die Schwäne, die auf dem großen und dem kleinen Teich ihre Kreise zogen, und im Winter sahen wir durch die hohen Fenster in die verschneite Landschaft hinaus.

Auch wurde allerhand auf die Beine gestellt, um uns Kindern Abwechslung zu bieten. Eine Attraktion war für uns zum Beispiel ein Tag mit der Freiwilligen Feuerwehr, die mit einem großen, roten Löschzug in den Park einfuhr und uns die Wasserspritzen vorführte. Ein anderes Mal durften wir ein großes Zeltlager auf der großen Wiese im Park veranstalten. Bundeswehrsoldaten waren abkommandiert, um riesige Zelte für uns aufzubauen, die kranken Kinder samt ihrer Betten dorthin zu tragen. Das war aufregend, besonders als am Abend Lagerfeuer entzündet wurden.

In Sendenhorst gab und gibt es bis heute einen traditionsreichen Schützenverein, der 1864 gegründet wurde. An Fronleichnam jeden Jahres findet ein großes, mehrere Tage währendes Fest statt, bei dem der neue Schützenkönig ermittelt wird. Auch bei uns im St. Josef-Stift veranstaltete das Pflegepersonal zu unserer Freude ein internes und natürlich ein wenig abgewandeltes Kinder-Schützenfest.

An jenem Morgen wurden wir von den Klängen des Radetzky-Marsches geweckt. Schon Tage zuvor hatten wir einen Vogel aus Pappmaché gebastelt und ihm mit Krepppapier ein farbenfrohes Gefieder verpasst. Diesen Vogel befestigten unsere Pfleger an einem Holzpflock, quasi als Zielscheibe. Die Jungen, die sich beim Wettschießen mit Pfeil und Bogen messen wollten, trugen sich in eine Liste ein. Mit den Pfeilen, die vorne keine Spitze, sondern einen weichen Gummipfropfen hatten, beschossen sie den Vogel so lange, bis er nachgab und herunterfiel. Wem dieser letzte Schuss gelang, der bekam eine selbstgebastelte Krone auf den Kopf gesetzt und eine Papierkette um den Hals gelegt. Als Schützenkönig durfte er sich seine Königin und einen richtigen Hofstaat aussuchen.

In meinem letzten Jahr im St. Josef-Stift wäre ich um ein Haar Königin geworden. Später sagte der frischgebackene Schützenkönig zu mir: »Hätte ich dich eher gesehen, dann wärst du meine Königin geworden.« So aber wurde ich »nur« das »Erste Burgfräulein«. Es gab an diesem Tag Kuchen und verschiedene Getränke, vom Plattenspieler kam Musik, und wir vergaßen für ein paar Stunden alles, was uns sonst traurig machte.

Ich war kaum elf Jahre alt, und Jungs interessierten mich noch überhaupt nicht. Ich war selbst noch ein halber Lausbub, was auch in der Wahl der Rolle zum Ausdruck kam, die ich mir damals im Rahmen eines Theaterprojekts aussuchte.

Ich war mit Feuereifer bei der Sache, als einer unserer Lehrer uns den Vorschlag machte, ein Theaterstück zu schreiben und aufzuführen. Auf der Suche nach einem Thema fiel unsere Wahl auf »Raumschiff Enterprise«, jene Fernsehserie, die in den »unendlichen Weiten« des Weltraums spielt und unsere Fantasie ungemein beflügelte.

Wir Kinder schrieben das Stück gemeinsam und studierten es ganz alleine ohne Lehrer ein. Lief ansonsten das Leben im St. Josef-Stift zwischen den Geschlechtern meist getrennt ab, so wirkten beim Theaterspiel auch Jungen mit – aus meiner Sicht allerdings nur, weil man sie für gewisse

Rollen einfach brauchte. Dennoch sicherte ich mir mit großer Entschiedenheit eine der tragenden Rollen, nämlich die des Captain James T. Kirk, für dessen Darsteller William Shatner ich schwärmte. Auch an der Inszenierung war ich maßgeblich beteiligt, und als es soweit war, wurden in der Aula die beiden großen Trennwände geöffnet, die die verschiedenen Altersgruppen voneinander abgrenzten, so dass alle die Theateraufführung verfolgen konnten.

Ganz wunderbar fand ich es auch, dass es im St. Josef-Stift ein Schwimmbad gab. Man schnallte mir Schwimmflügel unter die Achseln, und los ging es. Die Schwerelosigkeit im Wasser war für mich eine herrliche Erfahrung, und ich fühlte mich wie ein Fisch in seinem Element

Damals war es noch üblich, beim Schwimmen Badekappen zu tragen, und wieder ergab sich eine wundervolle Gelegenheit für einen Streich, der ich einfach nicht widerstehen konnte.

Meinen Badeanzug bekam ich im Gegensatz zu den übrigen Mädchen schon auf der Station auf dem Bett angezogen, während sich die anderen in der Toilette umkleiden mussten, in der die einzelnen Kabinen mit halbhohen Trennwänden abgeteilt waren. Auf diese Weise war ich früher fertig. Während ich auf die anderen wartete, füllte ich still und leise Wasser in meine Badekappe und warf sie im hohen Bogen über die Trennwand. Um diesem Überraschungseffekt noch einen weiteren draufzusetzen, löschte ich außerdem das Licht: Plötzlich fand sich mein »Opfer« in totaler Dunkelheit wieder, während ihm von oben Wasser auf den Kopf klatschte. Das Mädchen kreischte, und ich hatte großen Spaß.

Allerdings wiederholte ich diesen herrlichen Streich nicht, denn meine Strafe empfand ich als hart: Statt schwimmen zu dürfen, erhielt ich Bettarrest.

Trotz meiner Streiche war ich beliebt bei den anderen Mädchen. Zu meinem elften Geburtstag schenkten mir meine Gefährtinnen mein allererstes eigenes Buch: »Steffis Wunschfahrt« von Rolf Ulrici. Ich war begeistert.

Der Inhalt hatte Ähnlichkeit mit Tantis wundersamer Wintergeschichte, denn auch hier durfte sich die Heldin von ihrem Vater wünschen, wohin sie mit einem alten, ehrwürdigen Automobil fahren wollte. Ich erinnere mich kaum noch an den Rest der Geschichte, wohl aber an die Freude und den Stolz, mein allererstes eigenes Buch zu besitzen. Noch heute steht es in meinem Bücherregal.

Ich hatte es gut im St. Josef-Stift. Es gab strenge und ungerechte Pflegekräfte, aber das wurde aufgewogen durch andere, die mitfühlend und liebevoll waren. Viele meiner Lehrer schlossen mich in ihr Herz und förderten mich weit über das Maß hinaus, das ihre Pflicht gewesen wäre. Wahrscheinlich war ich in diesem auf orthopädische Operationen spezialisierten Krankenhaus besser aufgehoben, als wenn mich meine Eltern zuhause behalten hätten. Ohne dass ich das damals so formuliert hätte, war das St. Josef-Stift mein Zuhause, während ich in meinem Elternhaus stets nur zu Besuch war.

Ich liebte die Kapelle im St. Josef-Stift, in die man uns allesamt an jedem Sonntagmorgen zum Gottesdienst hineinschob, ob wir es wollten oder nicht. So manches Mal schliefen wir in unseren Betten und Rollstühlen ein. Und doch genoss ich die gesammelte, ja fast heilige Atmosphäre, die dort herrschte, und besonders fasziniert war ich vom Altarkreuz, das noch heute dort hängt. Während das Krankenhausgebäude inzwischen kaum noch wiederzuerkennen ist und das meiste, woran ich mich erinnere, Renovierungen und Umbauten weichen musste, ist die Kapelle noch nahezu in dem Zustand, den ich von damals kannte.

Diese Kapelle beherbergt übrigens auch ein Kruzifix, das Papst Pius IX. einst dem Spital-Gründer Josef Spithöver als Anerkennung für seine großen Verdienste vermacht hatte. Es wurde laut Archiv des Sendenhorster Heimatvereins aus dem Eichenholz des legendären Baukrans aus dem 15. Jahrhundert geschnitzt, der viele Jahrhunderte lang Wahrzeichen des Kölner Doms gewesen war und 1868 abgebaut wurde. Der Künstler Eschenbach fertigte das kostbare Kruzifix für Papst Pius IX. an.

Damals hatte ich keine Ahnung von der wundersamen Geschichte dieses Kreuzes. Ich fühlte mich ganz einfach geborgen in dieser Kapelle, so wie ich mich im gesamten Stift behütet und von vielen Menschen geliebt wusste.

Als Sechsjährige war ich gekommen, weil ich im Säuglingsheim keinen Schulunterricht bekommen konnte. Sechs Jahre später stellte sich die Frage, wo ich die beste schulische Förderung finden würde, erneut. Im Alter von zwölf Jahren konnte ich in der Krankenhausschule bei aller Unterstützung durch meine geliebten Lehrer nicht weiterkommen. Deshalb beschloss mein Vater, dass meine Zeit im St. Josef-Stift enden sollte. Er hatte für mich einen Platz in der Behinderteneinrichtung »Friedehorst« in Bremen gefunden.

Für mich brach eine Welt zusammen. Im St. Josef-Stift war ich glücklich – und nun sollte ich fort?

Ich wollte diesen Ort, der meine Heimat und Zuflucht bedeutete, um keinen Preis verlassen. Ich wollte nicht schon wieder von vorne anfangen und mich an völlig fremde Menschen gewöhnen müssen. Hatte ich mich all die Jahre einigermaßen damit arrangiert, dass ich meine Familie nur sporadisch sah und meine eigentliche Heimat ein Orthopädisches Krankenhaus war, so brach angesichts des bevorstehenden Wechsels alles, woran ich mich all die Jahre hatte festhalten können, in sich zusammen.

Als mein Vater kam, um mich endgültig abzuholen, bäumte ich mich in allergrößter Verzweiflung gegen diesen Schritt auf, zumal ich nicht gefragt worden war, ob ich überhaupt einverstanden war.

Ich floh vor ihm ins Lehrerzimmer und verbarrikadierte mich darin. Wie genau ich das bewerkstelligte, weiß ich nicht mehr. Meine Lehrer sagen, ich hätte mich in eine Ecke des Raums zurückgezogen und Stühle so vor mich geschoben, dass keiner an mich herankonnte. Eigentlich wäre es ein Leichtes gewesen, mich da rauszuholen. Meine Lehrer jedoch fanden, dass die Entscheidung von mir selbst kommen sollte.

Wie lange ich mich so verschanzte, weiß keiner mehr. Gefühlt mehrere Stunden lang konnte mich niemand dazu bewegen, das Zimmer zu verlassen. Draußen tat der Direktor sein Bestes, um eine Eskalation der Situation zu vermeiden, indem er meinen mit der Zeit immer ärgerlicher werdenden Vater zunächst abfing und in sein Büro bat, während ich hinter meinen Barrikaden mit mir selbst um eine Entscheidung rang.

Es waren die schwärzesten Stunden meines noch so jungen Lebens. Meine Angst vor der ungewissen Zukunft war übermächtig, und immer wieder stammelte ich: »Ich will nicht fort! Ich will nicht fort!«

Natürlich war mir klar, dass ich nicht für alle Zeiten im Lehrerzimmer bleiben konnte. Ich kannte meinen Vater gut genug um zu wissen, dass ich damit nicht durchkam. Auch die Lehrer, die treu bei mir ausharrten, mussten irgendwann wieder ihrem Leben nachgehen. Und doch war in mir eine solche Kraft der Verzweiflung, dass ich um keinen Preis bereit war, meinen schützenden Hafen zu verlassen.

Dass sich mit mir auch einige Lehrer in dem Raum befanden, darunter meine Klassenlehrerin und auch meine Lieblingslehrerin Margot Meyer, das hatte ich in meinen Erinnerungen lange Zeit ganz verdrängt. Erst im Gespräch mit ihr konnte ich diese Begebenheit, die eine der schwersten in meinem Leben war, bis zu einem gewissen Grad rekonstruieren. Selbst heute noch kommen mir Tränen, wenn ich an diese Stunden denke. Mir war, als würde mir der Boden entzogen, als müsste ich in einen Abgrund aus Verzweiflung und Trostlosigkeit stürzen, sobald ich diese Tür öffnete und den schützenden Raum verließe.

Vielleicht wurde damals das Trauma berührt, das ich mit Sicherheit nach meiner Geburt erlebte, das erste und gleichzeitig endgültige Getrenntwerden vom schützenden Leib meiner Mutter, die Tatsache, dass ich niemals wieder eine ähnliche Geborgenheit erleben durfte, die Erfahrung, im Alter von wenigen Tagen an einen fremden Ort gebracht zu werden ohne Mutter, ohne Vertraute. Das St. Josef-Stift war in den vergangenen sechs prägenden Jahren zu meiner

Heimat geworden, und da die meiste Liebe, die mir hier entgegengebracht wurde, von Lehrerinnen und Lehrern ausging, war das Lehrerzimmer für mich so etwas wie eine Art wiedergefundener Mutterschoß, den ich dieses Mal um keinen Preis kampflos aufgeben wollte. Als Baby war ich hilflos gewesen, im Alter von zwölf Jahren fühlte ich mich stark. Stark genug, um meinem Vater zu trotzen.

Und doch musste ich irgendwann einsehen, dass es im Grunde nicht darum ging, wer von uns beiden stärker war: mein Vater oder ich. Es ging um meine Zukunft, und nach ich weiß nicht mehr wie vielen Stunden, in denen sich die Lehrer behutsam durch meinen Zorn und meine Verzweiflung einen Weg zu mir bahnten, sah ich das auch endlich ein. Was blieb mir auch anderes übrig? Irgendwann waren alle Tränen geweint.

Bis heute rechne ich es meinen Lehrern hoch an, dass sie die Geduld aufbrachten und die Nerven bewahrten, mich diese Entscheidung alleine treffen zu lassen. Dass mich keiner drängte, dass niemand einfach meine Barrikaden wegräumte, die Tür öffnete und mich in meiner Hebeldraisine wegschob. Das wäre so einfach gewesen. Dass die Erwachsenen aber meinen Schmerz respektierten und mir diesen Schritt selbstbestimmt überließen, sorgte schließlich dafür, dass ich die Kraft fand, den schützenden Raum zu verlassen und mich meiner ungewissen Zukunft zu stellen.

Verzweifelt, leergeweint und trostlos trat ich meinem Vater entgegen. In diesen Stunden im Lehrerzimmer war ich eine andere geworden. Nie wieder, so nahm ich mir vor, würde ich es zulassen, dass andere über mein Leben entschieden. Ich würde in Zukunft selbst für mich sorgen. So gut ich es eben konnte.

Ende einer Kindheit

Es ist mehr als vier Jahrzehnte her, und doch fühlt es sich immer noch so an, als sei es gestern erst gewesen. Nachdem ich meinen Widerstand aufgegeben hatte, befand ich mich in einem Zustand der Trostlosigkeit. Willenlos ließ ich mich in den Wagen meines Vaters verfrachten und nach Hause fahren. Mein Hab und Gut befand sich in einem Köfferchen, die Hebeldraisine lag auseinandergebaut im Kofferraum.

Nie hatte ich mich so heimatlos gefühlt wie an jenem Abend in meinem Elternhaus. Ich schlief längst nicht mehr in dem Dachzimmer des »alten Hauses«, denn inzwischen hatten meine Eltern am Stadtrand ein neues Haus gebaut, und es war, wie ich oft hörte, »die allererste Adresse« in Ibbenbüren.

Das neue Haus war schön, allerdings fand ich es schade, dass Omi nicht mit umgezogen war, denn »einen alten Baum verpflanzt man nicht mehr«, wie sie sagte. Sie kam zwar immer noch häufig zu Besuch. Das Kindermädchen Tanti hingegen sah ich im neuen Haus nicht wieder, vielleicht war sie inzwischen in Rente gegangen, schließlich hatte sie schon auf meinen Vater aufgepasst, als der ein kleiner Junge gewesen war.

Hier in dem neuen Haus war es also, wo ich diese schreckliche Nacht zwischen meinem alten und einem ungewissen neuen Leben verbringen musste. Als ich schon im Bett lag und leise vor mich hin weinte, geschah etwas, was nie zuvor passiert war und sich auch später nie wiederholen sollte: Meine Mutter trat nochmals zu mir ins Zimmer. Sie setzte sich zu mir ans Bett, sah mir voller Mitgefühl in die Augen und strich behutsam und liebevoll über mein Haar. Das Ganze währte nur einen Moment, der sich in meiner Erinnerung zu einer Ewigkeit ausdehnt, so unerhört und wunderschön war dieses Geschehen. Dann rief jemand nach ihr, und der Zauber brach. Und doch sollte ich diesen Augenblick für immer in meinem Herzen bewahren.

Ich weinte die halbe Nacht und gab mir dabei Mühe, so leise wie möglich zu sein. Am nächsten Morgen saß ich still und apathisch am Frühstückstisch. Niemand schimpfte mit mir, alle versuchten, mich zu trösten. Ich aber war so unendlich traurig und hatte eine solche Angst vor dem, was kommen würde, dass mich kein Trost erreichte.

Nach dem Frühstück ging es los: Ich kletterte auf den Rücksitz und wurde angeschnallt. Rund zwei Stunden dauerte die Fahrt in Richtung Norden. Während der Fahrt versuchten meine Eltern, mich positiv einzustimmen.

»Die Direktorin heißt übrigens Lisa«, sagte mein Vater mit fröhlicher Stimme, »klingt das nicht nett?«

Ich verstand nicht, was der Name der Direktorin damit zu tun haben sollte, dass ich dort nicht hinwollte, und schwieg.

Die Diakonische Stiftung Friedehorst am Stadtrand von Bremen wurde 1947 auf einem ehemaligen Wehrmachtsgelände gegründet, auf dem die amerikanischen Besatzungstruppen ein Militärhospital errichtet hatten. Die großzügige Anlage, wie ich sie bei meiner Ankunft 1972 antraf, beeindruckte mich mit ihren weitläufigen Grünanlagen und Gebäuden, ich empfand sie als riesig.

»Siehst du dort hinten den Anbau? Darin befindet sich die Schule«, erklärte mir mein Vater, denn schließlich war die Fortsetzung meiner Schulbildung der Grund für meinen Umzug in dieses Heim.

So skeptisch ich auch war, so positiv überrascht war ich, als ich sah, wie sich die Eingangstür von alleine vor mir öffnete. So etwas kannte ich noch nicht. Gleich im unteren Bereich bemerkte ich ein paar Kinder. Und mir fiel auf, dass hier in Friedehorst mit Ausnahme des Pflegepersonals jeder eine Behinderung hatte. Das irritierte mich. Mir war bislang nämlich überhaupt nicht aufgefallen, dass ich im St. Josef-Stift zwar mit Kindern, die operiert worden waren, zu tun hatte, jedoch außer Elisa, Juliane, Heike und mir niemand behindert war. Auf diese Weise war ich mir selbst über mein Anderssein gar nicht wirklich bewusst geworden.

In Friedehorst war ich dagegen eine unter Vielen und mit den unterschiedlichsten Arten von Behinderungen konfrontiert. Zum ersten Mal begegnete mir hier das Phänomen der geistigen Behinderung, und ich muss gestehen, anfangs machten mir einige der anderen ein wenig Angst.

Alles erschien mir hier groß: Mit seinen unterschiedlichen Gebäuden kam mir Friedehorst fast vor wie ein Dorf.

Zunächst begaben wir uns ins Büro der Direktorin. Als ich sie kennenlernte war mir recht schnell klar, dass ich Schwester Lisa, wie man sie aufgrund ihrer Ausbildung als Krankenschwester nannte, überhaupt nicht nett fand.

›Mit ihr könnte ich noch Schwierigkeiten bekommen‹, dachte ich. Sie sah streng aus, und ich beobachtete sie abschätzend, sagte nicht viel, sondern antwortete nur das Nötigste, wenn ich gefragt wurde.

Dann brachte man mich auf die Station, auf der ich fortan leben würde. Ein paar Kinder saßen im Gruppenraum, als wir vorbeikamen. Alle starrten mich neugierig an. Dann zeigte man mir mein Zimmer, in dem sich drei Betten befanden. Auch das war neu für mich, bislang hatte ich in großen Schlafsälen gelebt. Alles erschien mir hier unwirklich, ich hatte den Eindruck, in einem schlechten Traum zu sein, und hoffte, so schnell wie möglich aufzuwachen. Doch es war kein Traum.

Trotz der anderen Kinder im Gruppenraum fühlte ich mich schrecklich allein. Da war ein übermächtiges Gefühl der Einsamkeit in mir, am liebsten wäre ich sofort wieder ins St. Josef-Stift zurückgekehrt. Doch das war unmöglich. Irgendwann verabschiedeten sich meine Eltern und ich blieb in dem neuen Zimmer zurück.

»Hallo?«, riss mich eine freundliche Stimme in einem eigenartigen Singsang aus meinen düsteren Gedanken. »Ich bin Doris. Und wie heißt du?«

Ich blickte auf und sah direkt in ein freundliches Gesicht, aus dem hinter dicken Brillengläsern zwei dunkle Augen glitzerten. Alles an diesem Gesicht strahlte, als wäre eine kleine Sonne in ihm entzündet worden.

»Steffi«, antwortete ich leise.

»Wie schön«, lachte mich Doris an, »jetzt sind Sabine und ich nicht mehr allein im Zimmer.«

So erfuhr ich, dass das dritte Bett in diesem Zimmer einem zarten Mädchen mit starken spastischen Lähmungen gehörte, die auch ihr Sprachsystem beeinträchtigten. Wir drei teilten uns das Zimmer, das auf der Station am nächsten am Gruppenraum lag .

Doris war sehr schwer behindert, das sah man auf den ersten Blick. Ihre Beine waren steif, ein Arm gelähmt und der andere verkrampft nach innen gebogen. Später erfuhr ich, dass Doris eine Zwillingsschwester hatte, die gesund geboren worden war, während Doris zu wenig Sauerstoff abbekommen hatte und außer ihrer körperlichen Behinderungen auch eine leichte Lernschwäche zurückbehielt.

»Ich kam direkt von der Geburtenstation ins Heim. Ich hab nie zuhause gelebt«, erklärte sie mir.

»Das kenne ich«, antwortete ich, »bei mir war es genauso.«

Doris' Zwillingsschwester hat sie nie besucht, auch die Mutter habe ich nie im Heim gesehen. Kein Wunder, dass uns eine Menge verband. Wieder einmal hatte ich riesiges Glück. Doris sollte eine Freundin fürs Leben werden. Sie hatte etwas ausgesprochen Sonniges an sich, ein liebenswertes Wesen. Von Anfang an war sie offen und freundlich zu mir. Sie erklärte mir sofort, wie »der Hase lief« in Friedehorst. Von ihr erfuhr ich, worauf ich achten musste, welche Pfleger nett waren und bei welchen man besser vorsichtig war. Und sie stellte mich auch allen anderen vor. So lernte ich Annika kennen, mit der ich später oft gemeinsam sang, und Marko, der mir von Anfang an gefiel. Mit Doris an meiner Seite verlor ich nach und nach meine Angst.

Ich weiß nicht, was ohne sie aus mir geworden wäre in diesen ersten Tagen, in denen ich mich mit ihrer Hilfe ganz langsam aus dem tiefen Loch der Verzweiflung herausarbeitete, in das ich durch den Wechsel des Heims geraten war.

Alles war neu für mich, zum Beispiel auch der streng geregelte Tagesablauf. In Friedehorst wurden wir viel früher aus den Federn geholt als im St. Josef-Stift. Dann mussten wir uns der Reihe nach im Badezimmer fertigmachen. Wer konnte, der wusch sich selbst, wer Hilfe brauchte, der musste sie genau benennen. Ich konnte damals noch fast nichts alleine machen, im St. Josef-Stift war mir bei Vielem ganz selbstverständlich geholfen worden. Jetzt halfen mir die Pflegerinnen herauszufinden, wie ich mich am besten selbst waschen konnte, und bald benötigte ich für meinen Oberkörper keine Hilfe mehr, das gefiel mir sehr. Mein Ehrgeiz war geweckt, schon immer wollte ich so selbstständig sein wie nur möglich. Allerdings reichten meine Arme nicht weit genug hinunter, und darum brauchte ich noch lange Unterstützung beim Waschen meines Unterleibs. Erst Jahre später lernte ich, mich mithilfe einer speziellen »Waschhilfe«, einem längeren, lackierten Holzstab, über den ich einen passend genähten Waschlappen ziehen kann, auch hier selbst zu versorgen.

Auch das An- und Ausziehen ist für mich kein Kinderspiel, und deswegen trug ich bis zu meiner Ankunft in Friedehorst ausschließlich Röcke und Kleider. Das vereinfachte zwar meinen Toilettengang, doch wenn ich mit meiner Hebeldraisine draußen unterwegs war, kam es vor, dass ein Windstoß meinen Rock hochhob – mit meinen kurzen Armen konnte ich dagegen nicht viel ausrichten. Das war kalt und natürlich auch peinlich, deshalb begann ich nun, auch Hosen zu tragen. Beim An- und Ausziehen und auch, wenn ich zur Toilette gehen musste, benötigte ich nun natürlich Hilfe.

Eines Tages war ich bei der Familie des Pastors von Friedehorst, den ich sehr mochte, zu Besuch. Irgendwann ergab es sich, dass sie mich für kurze Zeit allein in der

Wohnung ließen, um rasch etwas einzukaufen. Dummerweise musste ich genau da plötzlich dringend aufs Klo.

›Was mach ich bloß?‹, fragte ich mich verzweifelt. Mit meiner Draisine konnte ich zwar ins Badezimmer fahren, doch wie sollte ich mich von der Hose befreien?

›Wenn es mir gelingt, am unteren Ende des linken Hosenbeins zu ziehen‹, dachte ich, ›dann müsste es doch zu schaffen sein‹.

Ich hob mein linkes, kürzeres Bein so weit an, bis ich den unteren Rand der Hose zu fassen bekam und zog. Es war gar nicht so schwierig, wie ich es mir vorgestellt hatte, und ich war sehr stolz, als es mir zum ersten Mal in meinem Leben ohne Hilfe gelang, die Toilette zu benutzen. Von da an probierte ich aus, auch andere Kleidungsstücken an- und auszuziehen, und wurde immer geschickter darin.

Nachdem wir morgens gewaschen und angezogen waren, gab es Frühstück. In Friedehorst lernte ich, mir mein Butterbrot selbst zu schmieren. Immer wieder erinnerte ich mich an das, was Gisela schon in meinen frühen Jahren gesagt hatte: »Das Wichtigste ist, dass du so selbstständig wirst wie nur möglich.«

Danach mussten wir zur Schule. Sie befand sich in einem Nebengebäude, das mit unserem Wohntrakt durch einen überdachten Durchgang verbunden war. Ich muss gestehen, dass ich nie eine fleißige Schülerin war. Das Leben an und für sich war schon kompliziert genug. Täglich lernte ich aufs Neue, meinen Alltag zu meistern und immer mehr selbst zu machen. Außerdem hatte ich, seit ich in Friedehorst war, ständig das Gefühl, meine Umgebung aufmerksam beobachten zu müssen, um ja nichts falsch zu machen. Stets war ich auf der Hut, ob mir die Menschen, die um mich waren, wohlgesonnen waren oder ob ich mich vor ihnen in Acht nehmen musste. Denn bei aller Freundlichkeit und Kompetenz des Pflegepersonals geschahen tatsächlich Dinge, die nicht in Ordnung waren. Zum Beispiel beobachtete ich einmal einen Pfleger, der meiner Zimmergenossin Sabine, die sich aufgrund ihrer starken spastischen Lähmung in keiner Weise wehren oder dagegen protestieren konnte, an den Busen fasste. Ich sah es, war zutiefst betroffen, und doch sagte ich niemandem etwas. In einer solchen Situation wie der unseren, so vollkommen abhängig vom Pflegepersonal, so ganz und gar auf sie angewiesen, findet man weder den Mut noch die Kraft, um sich zu wehren. Aus lauter Furcht, dass allerhand mit einem passieren könnte, wenn man den Mund aufmachte, schweigt man lieber, denn als behinderte junge Menschen hatten wir denkbar schlechte Karten unserem erwachsenen Personal gegenüber.

Aber ich wusste, dass es falsch war, was dieser schmierige Kerl machte, und mein Gefühl, stets wachsam sein zu müssen, nahm nach diesem Erlebnis noch zu.

Konnte ich im St. Josef-Stift auf meiner Hebeldraisine ungehindert durch jede beliebige Stationen brausen, so war das Leben in Friedehorst viel reglementierter. Erst jetzt wurde mir bewusst, wie viel Freiheit ich gehabt hatte, und ich vermisste sie schmerzlich. Auch wenn ich mich mit Doris' Hilfe nach und nach eingewöhnte, so verlor ich doch einen großen Teil meiner Unbekümmertheit und meiner Wildheit. Auch im St. Josef-Stift hatte ich dunkle Tage gehabt, vor allem, wenn Mädchen, mit denen ich mich angefreundet hatte, nach ihrer Genesung aus dem

Krankenhaus entlassen wurden. Oder wenn die anderen drei unseres Kleeblatts von ihren Eltern übers Wochenende oder in den Ferien abgeholt wurden, während ich blieb oder genau wusste, dass ich gleich am nächsten Tag bei Gisela im Säuglingsheim zwischengeparkt werden würde. Auch die vielen Male, an denen meine Familie ihren Besuch angekündigt hatte und ich stundenlang auf sie wartete, bis sie endlich kamen – oder auch nicht.

In meiner Erinnerung wartete ich in Friedehorst noch viel mehr als im St. Josef-Stift. Die Anfahrt aus Ibbenbüren war fast doppelt so weit, was die Bereitschaft meiner Eltern, mich zu besuchen, nicht gerade steigerte. Auf den Fotos aus jener Zeit wirke ich traurig und verschlossen. Ich wurde stiller und ernster. Die schmerzhafte Trennung von meiner vertrauten Umgebung führte dazu, dass ich nur noch selten bereit war, jemanden wirklich an mich heranzulassen.

Ich war zwölf Jahre alt, ging auf meinen dreizehnten Geburtstag zu und befand mich, wie alle Menschen in diesem Alter, in dem problematischen Prozess der Pubertät. Die Kindheit hatte jäh geendet, und Fragen wie: »Wer bin ich eigentlich? Wo ist mein Platz auf dieser Welt? Welchen Sinn hat mein Leben?«, die alle Heranwachsenden bewegen, gewannen durch die Limitierungen durch meine Behinderung und das Gefühl der Heimatlosigkeit noch ein besonderes Gewicht. In meiner körperlichen Entwicklung war ich anderen Mädchen ein Stück weit voraus. Meine um ein gutes Jahr jüngere Schwester, die mir während meiner Besuche zuhause beim An- und Ausziehen zur Hand ging und auch sonst sehr lieb und hilfsbereit war, bemerkte das Wachstum meiner Brüste, was mir sehr peinlich war.

Hatten mich bis vor kurzem Jungen nicht im Geringsten interessiert, so begannen sie an Bedeutung zu gewinnen. Die Unbeschwertheit der Kindheit wich der Befangenheit der Pubertät.

Es war 1972, im Jahr meiner Ankunft in Friedehorst, als ich wieder einmal zu Gisela ins Säuglingsheim von Sendenhorst abgeschoben worden war. Eines Abends blieb ich allein in Giselas Wohnung, und da passierte es, dass ich mich zum ersten Mal in meinem Leben betrank. Da ich keinen Alkohol gewöhnt war, brauchte es dazu nicht viel. Meine Ziehmutter Gisela genoss vor dem Schlafengehen gerne ein Glas Wein, und eines Abends schnappte ich mir eine solche angebrochene Flasche und machte sie leer.

»Warum hast du das gemacht?«, wollte Gisela erschrocken wissen, als sie wiederkam und meinen Zustand bemerkte.

Ich hatte keine Antwort. Heute denke ich, dass es meine jugendliche Neugier war, die mich dazu brachte, etwas Verbotenes auszuprobieren. Man könnte es aber auch als eine Art Hilferuf verstehen, als den Wunsch, meine Emotionen zu betäuben, meinen Schmerz, meine Enttäuschung und mein Gefühl der Verlorenheit in dieser Welt. Ich mochte Gisela und war gern bei ihr. Aber sie musste ja im Säuglingsheim arbeiten, und das war nun wirklich keine Umgebung, die sich eine Zwölfjährige in ihren Ferien erträumt. Es tat mir weh, wie sorglos meine Familie mich abschob, auch ich hätte mir einen schönen Urlaub gewünscht.

Es waren nach wie vor hauptsächlich die Festtage wie Weihnachten oder Ostern, die ich zuhause verbrachte, und zwar seit 1970 im »neuen Haus«.

Mit dem Umzug hatte sich für mich so manches geändert. Hatte ich mich im alten Haus durch die gesamte Wohnung bewegen dürfen, eine Zeitlang mit Karacho bäuchlings auf der großen Plüsch-Schildkröte mit Rädern, so saß ich jetzt eigentlich so gut wie immer in der Küche fest. Meine Eltern hatten ein vornehmes Wohnzimmer, das sie »den blauen Salon« nannten, und die wenigen Male, die ich dort auf dem Sofa sitzen durfte, legte meine Mutter mir immer ein Handtuch unter den Po, was ich als ziemlich demütigend empfand – schließlich war ich nicht inkontinent.

Und doch wurde ausgerechnet das Thema Toilettengang für mich in den folgenden Jahren immer mehr zum Problem, jedenfalls im Haus meiner Eltern. Ich wuchs, wurde schwerer, und obwohl man ein ganz neues Haus entworfen hatte, hatte niemand daran gedacht, ein behindertengerechtes WC einzubauen – das war damals einfach noch nicht üblich, selbst im Behindertenheim waren die sanitären Anlagen nicht auf unsere Bedürfnisse zugeschnitten. Also musste ich immer auf die Toilettenschüssel getragen werden, was meiner Mutter zunehmend schwerfiel. Auch darüber wurde nicht gesprochen, doch da ich eine feine Antenne für alles entwickelt hatte, was meine Behinderung betraf, spürte ich, dass es meiner Mutter eine Last war, mich aufs Klo zu bringen. Bemerkungen wie »Ach, musst du schon wieder!« oder »Oh, bist du schwer«, sprachen für mich Bände.

Ich wollte nicht lästig fallen. Es ist nicht einfach, Hilfe anzunehmen, vor allem, wenn man spürt, wie ungern sie gegeben wird. Also verkniff ich mir den Toilettengang, bis ich am Ende eines Besuchs in meinem Elternhaus mit den Fingern nicht die verbleibenden Tage abzählte, sondern wie oft ich noch zur Toilette musste, und meine Rückkehr in die Behinderteneinrichtung Friedehorst geradezu herbeisehnte.

Omi war auch im neuen Haus oft präsent, sie liebte mich, und wenn ich meine Eltern besuchte, war sie meistens da. Sie hatte ein gutes Gespür für mich und meine Bedürfnisse, zum Beispiel spürte sie immer, wenn ich auf die Toilette musste, auch wenn ich überhaupt nichts sagte. »Nicht wahr«, fragte sie mich dann leise, »du musst aufs Klo?«

Sie lag immer richtig mit ihrer Vermutung. Leider konnte sie mich nicht zur Toilette bringen, ich war einfach zu schwer. »Ich würde dir so gerne helfen«, sagte sie oftmals. »Aber ich schaff es einfach nicht mehr.« Sie war damals schon nicht mehr ganz gesund, hatte Wasser in den Beinen, und das Gehen fiel ihr schwer.

Weil auch meine Mutter unter meiner Last stöhnte, spielte es sich mit der Zeit ein, dass ich nur noch morgens und abends die Toilette aufsuchte. Es war mir dazwischen nicht etwa verboten worden, sondern ich äußerte den Wunsch einfach nicht mehr und verkniff es mir lieber.

Ich habe nie verstanden, warum meine Mutter mich immer in das extrem enge Gästeklo gleich neben der Eingangstür brachte, in das ich mit meiner Hebeldraisine nicht hineinkam und es für sie umso schwieriger war. Es gab nämlich auch ein geräumiges Badezimmer, und viele Jahre lang getraute ich mich nicht zu fragen, warum wir eigentlich nicht dieses benutzten, was so viel einfacher für uns beide gewesen wäre. Als ich es im Alter von fünfzehn Jahren schließlich doch wagte, war die Antwort meiner Mutter: »Das ist Vatis Klo, da muss ich erst fragen.«

›Du lieber Himmel‹, dachte ich. ›Warum muss das so kompliziert sein.‹

Am Ende war es das auch gar nicht, mein Vater hatte nichts dagegen, dass ich ›sein‹ Klo benutzte. Doch dieses ganze Theater sorgte dafür, dass ich mich zuhause immer weniger wohl fühlte.

Das neue Haus und die Garage bildeten eine U-Form und schlossen einen großen, wunderschönen Garten ein. Auch gab es eine direkte Verbindungstür von der Garage auf die von außen nicht einsehbare Terrasse. Erst nach einer Weile begriff ich, dass meine Anwesenheit auf diese Weise vor den Blicken der Nachbarn völlig verborgen blieb, und fragte mich, ob das Absicht war. Wir machten nie Spaziergänge, sondern hielten uns bei schönem Wetter nur im Garten auf, den niemand einsehen konnte. Und als einmal das Telefon klingelte, hörte ich unbeabsichtigt mit an, wie meine Mutter sagte: »Nein, an diesem Wochenende können wir nicht. Wir haben Besuch.«

Das saß und tat weh. Wieso hatte sie nicht gesagt: »Unsere Tochter ist hier.« War ich nichts weiter als »Besuch«? Auch fiel mir auf, dass meine Geschwister nie Freunde ins Haus brachten, wenn ich da war.

Die Aufenthalte zuhause waren so seltene wie kurze Episoden, dann kehrte ich wieder in meine Wohngemeinschaft nach Friedehorst zurück, wo ich Tag und Nacht von Menschen umgeben war. Ich begann Tagebuch zu schreiben, und das tat mir gut, es war eine wunderbare Möglichkeit, meinem stets hyperaktiven Denkapparat Ventil und Struktur zu geben. Nach außen verschloss ich mich immer mehr und empfand es als anstrengend, so viel Nähe teilen zu müssen, denn ich wollte möglichst wenig von mir preisgeben. Auch in Gegenwart anderer Leute fühlte ich mich einsam und empfand es als irritierend, niemals allein sein zu können, um all das Widersprüchliche in mir in Ruhe ordnen zu können. So kam es, dass ich mir nach und nach eine Art Kokon wachsen ließ, eine Schutzhülle, die es mir erlaubte, auch in Gegenwart anderer für mich sein zu können, wenn mir danach war. Was jedoch als Schutzhülle begonnen hatte, entwickelte sich über die Jahre zu einem undurchdringlichen Panzer.

Während eines Besuchs bei meinen Eltern hatte ich eines Nachts einen fürchterlichen Traum: Ich träumte, dass ich vor meiner Mutter floh, die mich verfolgte. In ihrer Hand hielt sie eine Spritze, und irgendwie wusste ich, dass diese Spritze mir den Tod bringen würde. Ich lief um mein Leben, befand mich plötzlich auf einem Friedhof und versuchte mich zwischen den Grabsteinen zu verstecken.

Dieser Traum kehrte wieder, lief immer gleich ab, und immer endete er auf dem Friedhof. Von da an hatte ich eine unbestimmte Angst, wenn ich zuhause war. Auch wenn mir mein Verstand sagte, dass das völliger Unsinn war, wurde ich die irrationale Furcht nicht los, meine Eltern könnten mich töten wollen. Ich gewöhnte mir an, zuhause stets mit dem Gesicht zur Tür zu schlafen, nie wandte ich ihr den Rücken zu.

Zusätzlich ängstigte mich noch etwas anderes: Nachdem ich zu Bett gegangen war, öffnete mein Vater regelmäßig die Tür zu meinem Zimmer, blieb in ihrem Rahmen stehen und betrachtete mich still. Vermutlich bemerkte er nie, dass ich jedesmal wach wurde und ihn dort stehen sah.

Was mag wohl in ihm vorgegangen sein? Machte er sich Sorgen um mich? Warum sprach er nie mit mir über das, was ihn beschäftigte?

Meine Gefühle schwankten zwischen großer Zärtlichkeit, weil er sich überhaupt mit mir abgab, und einer unbestimmten Furcht, denn ich verstand nicht, was sein nächtliches Erscheinen in der Tür zu bedeuten hatte. All das sorgte nicht unbedingt dafür, dass ich mich zuhause wohler fühlte.

Man kann sagen, dass mit dem Umzug nach Friedehorst die ganze kindliche Unbekümmertheit von mir abgefallen war. Immer deutlicher wurde mir bewusst, wie schwer alles für mich werden würde, das Leben, einfach alles, was vor mir lag. Was würde die Zukunft für mich bringen? Ich konnte an meinen Geschwistern sehen, wie mein Leben hätte aussehen können, wäre ich nicht mit meiner Behinderung zur Welt gekommen. Außer dieser hatte ich aber auch eine Menge Temperament mitbekommen und ich wollte teilhaben am großen Kuchen des Lebens, mir meinen Teil erkämpfen. Wir sprachen nie darüber, aber schon damals fühlte ich, dass meine Eltern für mich ein anderes Leben vorgesehen hatten als für meine Geschwister.

Doch was wartete auf mich? Ein Leben in Heimen? Ich wollte nicht bis an mein Lebensende in Friedehorst bleiben, so wie andere Behinderte, ich hatte bald herausgefunden, dass es dort alle Altersstufen gab. Hatten meine Eltern mich deswegen dort untergebracht, weil sie hofften, mich in Friedehorst ein für alle Mal versorgt zu wissen? Ich dagegen träumte von einem »richtigen« Leben mit allem, was dazu gehört, von nichts Geringerem als Liebe, Partnerschaft, einem Beruf, Ehe und Kindern.

Überhaupt das Träumen. Niemand ahnte, dass ich schon seit langem parallel zu meinem wirklichen Leben ein Dasein in Traumwelten führte, es sah mir keiner an, wenn ich still dasaß und gedankenverloren vor mich hinstarrte. Vielleicht dachten sie, die Steffi ist mal wieder traurig, lassen wir sie besser in Ruhe. Tatsächlich aber erlebte ich wunderbare Dinge.

Heute glaube ich, dass diese Traumwelten mich retteten, mir die Stütze und die Energie gaben, meinen Alltag zu ertragen. In meinen Träumen hatte ich Arme und Beine wie andere Menschen, ich hatte zehn Finger und war frei wie ein Vogel. Auf diese Weise erhielt ich mir meine Fröhlichkeit, denn in diesen Parallelwelten war alles schön, heiter, und die Menschen gingen liebevoll miteinander um. Ich bestand Abenteuer, kletterte auf Berge, sprang mit einem Fallschirm aus den höchsten Höhen, lauter derartig spektakuläre Dinge. In meiner Fantasie war ich mutig und stark, schnell und sportlich, klug und hilfsbereit. Manchmal rettete ich meinen Freunden das Leben. In diesen Fantasiewelten hatte meine Familie nichts zu suchen, meine Freunde dagegen, Doris, Sabine, Marko und Annika aber tauchten in meinen erdachten Abenteuern regelmäßig auf.

Diese Fluchten in meine Fantasiewelt waren Balsam für meine Seele, ebenso wie es mir half, Musik zu hören und dabei mit dem Kopf hin- und herzuschwingen. Das konnte ich stundenlang tun, alle Gedanken und Gefühle lösten sich dann irgendwann auf. Es war tröstlich, meinen Kopf zum Klang der Rhythmen hin- und herzudrehen, es gab mir Halt in einer Welt der Unwägbarkeiten. Und Trost hatte ich dringend nötig, inzwischen reichten nämlich meine Kuscheltiere, Arco, der Schäferhund, und der Bär meines Urgroßvaters, alleine nicht mehr aus, um mich zu beruhigen.

Es gab auch schöne Erlebnisse während meiner Zeit in Friedehorst, keine Frage. Immer wieder kam mein Schalk zum Vorschein und meine Freude am Streichespielen. Einmal brachten mich die berühmten Prinzenrolle-Kekse auf eine geniale Idee: Wir lösten vorsichtig die beiden Kekse voneinander ab, lutschten die Schokoladeschicht dazwischen weg, strichen stattdessen Zahnpasta darauf und klebten die Kekse wieder gegeneinander.

»Schau mal«, sagten wir dann zu einem ahnungslosen Opfer, »das ist eine ganz neue Sorte von der Prinzenrolle. Willst du mal probieren? Schmeckt super!«

So mancher fiel zu unserem Vergnügen auf unsere »neue Sorte« herein.

Natürlich kam auch die Zeit, Verbotenes auszuprobieren, und da durfte das Rauchen nicht fehlen. Mit Annika, dem Mädchen auf unserer Station, das eine sehr schöne Altstimme hatte und mit der ich mit meinem glockenhellen Sopran regelmäßig bei festlichen Anlässen sang, schmiedete ich einen Plan: Außen an der Cafeteria war ein Zigarettenautomat angebracht. Wir beschlossen, uns ein Päckchen »Lord« zu ziehen. Gesagt, getan. Mit unserer Beute verzogen wir uns hinter einen ehemaligen Schweinestall, ein langgestrecktes Gebäude, das uns gut vor den neugierigen Blicken anderer verdeckte. Und hier zündeten wir dann unsere ersten Glimmstengel an.

Was soll ich sagen? Es schmeckte grauenhaft. So bitter! Ich war recht enttäuscht. ›Was machen denn da alle so ein großes Tamtam um das Rauchen‹, dachte ich, ›das schmeckt ja überhaupt nicht‹. Annika war ebenso wenig begeistert, auch wenn wir es beide voreinander nicht zugeben wollten. Erleichtert warfen wir die Kippen weg, als sie aufgeraucht waren, und steckten uns Pfefferminzbonbons in den Mund, in der Hoffnung, dass die anderen nichts bemerkten.

Ich war zwar nicht besonders fleißig im Lernen, doch zur Schule ging ich gern. Ähnlich wie im St. Josef-Stift hatten wir auch hier mit einigen Lehrern großes Glück. Besonders gern erinnere ich mich an ein jüngeres Ehepaar: Herr Schirmer war mein Klassenlehrer und seine Frau unterrichtete Sport. Beide hatten Nerven wie Stahl und einen tollen Humor. Der wurde auf eine harte Probe gestellt, als wir eines Tages eine Schneeballschlacht veranstalteten, und zwar nicht etwa draußen im Freien, sondern mitten im Klassenzimmer. Dieses hatte eine Tür zu einem Innenhof, wo wir im Sommer Grillfeste machten. Jetzt lag ordentlich Schnee, und jene von uns, die gut laufen konnten, schleppten eine große Menge davon herein. Wir warfen die Schneebälle durch das Klassenzimmer, tobten, lachten und durften einfach nochmal so richtig Kinder sein. Und das Beste war: Statt zu schimpfen, machte Herr Schirmer mit, auch wenn wir hinterher alle von oben bis unten klatschnass waren und der Fußboden einer Pfütze glich. ›Wo gibt es denn so etwas?‹, fragte ich mich glücklich. Spätestens von da an hatte sich mein Klassenlehrer einen festen Platz in meinem Herzen erobert.

Weiteren Unsinn stellten wir mit den kleinen Tetrapacks mit Milch oder Kakao an. Im Winter platzierten wir sie gerne auf der Heizung, damit wir sie schön warm trinken konnten. Wer auf die Idee kam, eine Milch- und Kakaotüten-Schlacht zu veranstalten, weiß ich nicht mehr. Die Tüten platzten auf, und die Sauerei war perfekt. Da hatte sogar Herr Schirmer Mühe, das lustig zu finden. Ich persönlich trank meinen Kakao lieber als ihn durch die Gegend zu werfen.

Unser Musiklehrer fiel bei uns unangenehm auf, weil er stets eine penetrante Aftershave-Duftnote hinter sich herzog, wenn er das Klassenzimmer betrat. Wir nannten ihn deshalb den »Gentleman perfumed«. Einmal stellten wir ihm einen Blumenstrauß auf das Pult, über dessen Blüten wir sämtliche Parfümflacons, derer wir Mädchen habhaft werden konnten, ausgeschüttet hatten. Das Duftbouquet war unbeschreiblich schrecklich.

»Meine Güte, stinkt das heute wieder«, sagte eins ums andere Mal einer von uns Schülern, und tatsächlich war es kaum auszuhalten. Unser Musiklehrer tat, als ob er nichts bemerkte, doch ich bin mir sicher, dass er unseren »Wink mit dem Blumenstrauß« verstand. Tatsächlich setzte er von diesem Tag an sein Aftershave ein wenig sparsamer ein.

Ein ganz besonderer Schatz wurde für mich ein Wanderstock, den unser Biologielehrer eines Tages für mich schnitzte. Das heißt, er schnitt mit dem Taschenmesser außergewöhnlich schöne Muster in die Rinde, so dass sich das helle Holz von der dunklen Borke absetzte. Jahrelang bewahrte ich diesen Stock auf, er war lang und spitz und ich hätte Menschen damit abwehren können, auch wenn ich das nie tat. Zu wissen, dass ich zur Not jemanden auf Distanz halten konnte, tat mir ungeheuer gut.

Damals hatte ich oft den Eindruck, mein ganzes Leben sei eine einzige Wartestation. Während andere Kinder regelmäßig Besuch bekamen und häufig abgeholt wurden, um mir hernach begeistert von Ausflügen und Urlaubserlebnissen zu berichten, saß ich gefühlte Ewigkeiten am Fenster und sah hinaus, in der Hoffnung, dass auch zu mir jemand käme. Der Ausblick hat sich mir tief ins Gedächtnis gebrannt, ein Bild, das sich mit den Jahreszeiten wandelte: Aus den Schneebildern wurde eine Frühlingslandschaft, die Bäume bekamen Knospen und frisches grünes Laub, das im Sommer einen satten Farbton annahm, um sich im Herbst in Goldtönen zu färben und schließlich abzufallen, von Wind und Sturm hin- und hergezerrt. Und ich saß am Fenster, sah zu, wie der Regen in Schlieren die Glasscheibe herunterfloss, als seien es die Tränen, die ich mir nur selten erlaubte zu weinen. Mir schien, als würde sich die ganze Welt bewegen, nur ich saß fest, vergessen und allein. Und wenn ich auch das Warten hasste wie nichts anderes auf der Welt, so wählte ich doch immer wieder diesen Platz, von dem ich wenigstens einen Blick nach draußen hatte, während in mir drin alles leer, einsam und eng war.

Eine Mitschülerin namens Manuela, die nicht im Heim wohnte, sondern täglich von ihren Eltern aus Bremerhaven zu uns in die Schule gefahren wurde, und mit der ich mich angefreundet hatte, sagte immer wieder: »Komm doch mit zu uns. Meine Eltern haben nichts dagegen.«

Zunächst lehnte ich ab. Ich wollte nicht aus Mitleid mitgenommen werden und in einer fremden Familie das fünfte Rad am Wagen sein. Als sie mich immer wieder einlud, nahm ich dieses nette Angebot schließlich an. Und siehe da, ich lernte ein für mich ganz ungewohnt herzliches Familienleben kennen. Ich sah, wie sehr meine Freundin von ihren Verwandten geliebt wurde, konnte den Unterschied fühlen, erkannte, dass es sich hier um echte Zuneigung handelte. Das war wunderschön, und doch auch äußerst schmerzhaft. Es tat weh zu sehen, was ich niemals haben würde, und dann dachte ich wieder, dass ich besser allein im Heim bliebe.

»Lasst mich lieber hier«, sagte ich dann, doch ein paar Wochenenden später waren diese aus dem Herzen kommenden Einladungen wieder viel zu verführerisch, um sie nicht anzunehmen, denn auf diese Weise fielen auch für mich ein paar Brocken Liebe ab, an denen ich mich wärmen konnte. Leider kam ich nicht umhin, Vergleiche zu ziehen, und dann verwandelte sich das, was ich soeben noch als Glück empfunden hatte, in eine schwärende Wunde. Meine Familie war so ganz anders. Und doch fühlte ich, wie mich die mir von diesen fremden Leuten entgegengebrachten Gefühle und die Gespräche labten, ganz so, als würde meine Seele Nahrung erhalten, die sie so dringend brauchte. Dann war es wiederum entsetzlich schwer für mich, loslassen zu müssen, wenn es Zeit war, Abschied zu nehmen, und ich zog mich erneut in meinen Panzer zurück. Zeit meines Lebens hasse ich Abschiede, bis heute habe ich nicht gelernt, damit umzugehen. Je schöner die Begegnung, je tiefer der Austausch, desto schmerzhafter der Absturz, wenn ich wieder alleine bin.

Leider verließen in schöner Regelmäßigkeit ausgerechnet die nettesten Pflegerinnen und Pfleger die Einrichtung Friedehorst, und schon wieder war ich mit Abschied konfrontiert. Wie oft kann man sein Herz öffnen, jemandem vertrauen und seine Zuneigung schenken? Nun erlebte ich dasselbe, was ich schon als kleines Mädchen bereits im St. Josef-Stift kennenlernen musste: Eben noch waren sie da, kümmerten sich liebevoll um mich und erfuhren sogar so manches Geheimnis von mir – und von einem Tag auf den anderen waren sie fort, Vergangenheit, und nur eine Erinnerung blieb.

Zeit der Verliebtheit

Auf jeder Station in Friedehorst gab es, aufgeteilt nach Altersgruppen, eine Wohneinheit mit Mädchen und direkt daneben eine mit Jungen, nur getrennt durch Badezimmer und Küche, die von allen genutzt wurden. Im Vergleich zum St. Josef-Stift, wo sich Mädchen und Jungen nur am Sonntag in der Kirche begegneten, gab es hier also viele Begegnungen, was mit zunehmendem Alter immer aufregender wurde.

Auf einmal gehörte es dazu, einen »Freund zu haben«, und bald hatte auch ich einen Verehrer: Für kurze Zeit war ich mit einem Jungen namens Karl zusammen, der nicht im Heim wohnte, aber zu uns zur Schule ging. Ich verlor allerdings recht schnell das Interesse an Karl, denn eigentlich hatte mich ein anderer Junge von Anfang an fasziniert: Marko. Und als eines Tages dessen Freund Bernd zu mir sagte: »Hey, Steffi, weißt du übrigens, dass Marko in dich verknallt ist?«, wollte ich es genau wissen. Ich hatte inzwischen meinen ersten Elektrorollstuhl bekommen, der immerhin sechs Kilometer in der Stunde schnell war, und derart motorisiert bewegte ich mich schnurstracks zum Jungen meiner Träume.

»Stimmt das, was Bernd erzählt?«, fragte ich Marko. »Dass du in mich verknallt bist?«

»Ja«, sagte Marko und grinste verlegen, »das stimmt alles.«

In mein Tagebuch schrieb ich am selben Abend: »Ich mochte ihn schon lange. Und jetzt weiß ich, dass er mich auch mag.«

Marko, von der Hüfte abwärts querschnittsgelähmt, war der Schwarm aller Mädchen. Er sah sehr gut aus: blond, blaue Augen, ein schön geschnittenes, kantiges Gesicht, schlank – mit einem Wort, mein Traumtyp. Und jetzt war er sogar in mich verknallt! Aber war er das wirklich? War seine Zuneigung auch von Dauer? Wie es so ist mit den schönen Männern, bald hatte ich eine Rivalin.

»Eben ist Frauke wieder von zuhause zurückgekommen«, vertraute ich meinem Tagebuch wenig später an. »Hübsch ist sie geworden, die Haare und ihr Gesicht. Mich überkam eine Eifersucht. Denn ich kann mir denken, dass Marko ihr jetzt nachschaut und mich überhaupt nicht mehr anguckt. Ich mag Marko so gerne. Aber ich weiß, dass ich ihn nie bekomme. Immer meine ich, dass ich ihm näher gekommen bin, aber Frauke steht immer zwischen uns. Vielleicht wird es auch immer so bleiben. Ich möchte so gerne auch einen Freund haben. Bloß eines wird immer stören: meine Behinderung. Manchmal wünsche ich mir Zärtlichkeit von einem Jungen, zum Beispiel von Marko. Ich sehne mich nach Liebe, nach einem Freund. Vielleicht werde ich aber nie einen bekommen. Ich bin eifersüchtig auf Frauke.«

Ist es für nichtbehinderte Mädchen in der Pubertät schon schwer genug, mit dem erwachenden Körper, der Achterbahn der Hormone und den damit verbundenen Verwirrungen der Gefühle klar zu kommen, vergleichen sich doch alle Mädchen, ob behindert oder nicht, und finden meist, dass sie selbst weniger attraktiv seien als ihre Rivalinnen, wieviel schwerer ist es, wenn man kurze Arme und ungleiche Beine hat und wenn einem außerdem der Daumen fehlt?

Mit völlig neuen Augen betrachtete ich meine Hände. Bislang war ich stolz darauf gewesen, auch ohne Daumen motorisch überaus geschickt zu sein. Ich konnte schreiben, und wenn ich auch keine Schönschrift hatte, so war sie doch ordentlich. Ich konnte mit einer Schere umgehen und außergewöhnlich gut zeichnen. Ich konnte mit besten Manieren mit Messer und Gabel essen und mich selbst an- und auskleiden. Jeden Tag vollbrachte ich kleine Wunder mit meinen Händen, so wie sie waren. Doch auf einmal bekamen Hände eine neue Bedeutung: Mit Händen macht man seinem Liebsten heimliche Zeichen, man winkt ihm, schickt Kusshände, liebkost, streichelt, hält »Händchen«. Taugten meine Hände auch dazu? Wie würde Marko reagieren? Musste er meine Hände nicht hässlich finden?

Damals begann ich, ein problematisches Verhältnis zu meinen Händen zu entwickeln. Bis heute empfinde ich sie als unästhetisch. Wie sollte ich meinen großen Schwarm Marko streicheln, wenn ich meine Hände so hässlich fand? Frauke hatte »normale« Hände, und eine Zeitlang beneidete ich sie sehr darum. Später wünschte ich mir lange Beine, um tanzen zu können, wieder in einer anderen Phase hätte ich wer weiß was darum gegeben, normal gewachsene Arme zu haben. Aber ich hatte weder – noch. Und obwohl ich schon immer eine ziemliche Draufgängerin war, brauchte es schon eine gewaltige Portion Selbstbewusstsein, damit ich mich nicht wie eine Schnecke in mein Haus zurückzog.

Natürlich sagte mir schon damals mein Verstand, dass meine Behinderung ein Teil von mir ist und immer bleiben würde.

Sie macht mich aus, mein Leben, mein Wesen, einfach alles. Und dennoch schaue ich bis heute meine Behinderung mit meinen körperlichen Augen, aber auch mit meinem geistigen Auge ungern an. In meiner Wohnung hängt bis heute kein Ganzkörperspiegel. Ich kenne meinen Körper – doch ich will ihn nicht vor Augen haben.

Und Zärtlichkeit ist für mich immer ein schwieriges Thema geblieben. Wie soll man lernen, mit Zärtlichkeit umzugehen, wenn man selbst nie welche erfahren hat? Und dennoch erfüllt ist von Sehnsucht nach ihr? Zwischen meinen Eltern und mir fand ja von Anfang an so gut wie keine Berührung statt. Ich wurde nur angefasst, wenn man etwas mit mir machen musste: mich anziehen oder irgendwohin tragen. Auf diese Weise hatte ich verinnerlicht, dass meine Eltern mich nicht gerne anfassten, und dass sie es folglich auch nicht mochten, wenn ich sie berührte. Auch meine Omi nahm mich nie in den Arm, auch wenn sie mitunter zärtlich war und mir über die Wangen, das Haar und die Arme strich. Berührungen hatten für mich meist etwas Funktionales, Praktisches, so wie auch die vom Pflegepersonal.

Jemand sagte einmal zu mir, ich hätte schöne Finger, schöne Nagelbetten. Und ich sah sie mir dann an und dachte: ›Was meint sie denn? Mein Schönheitsempfinden ist anders.‹ Lange betrachtete ich meine Hände und versuchte zu verstehen, was die Frau wohl sah, was sie schön fand. Vielleicht ist es die Behinderung, die mich daran hindert, mich selbst unbefangen wahrzunehmen.

Damals, mit Marko, erlebte ich die übliche Achterbahn der Gefühle. Zehn Wochen nach meinen großen Zweifeln, dem Vergleich mit meiner Konkurrentin Frauke standhalten zu können, vertraute ich meinem Tagebuch an:

»Marko hat sich für mich entschieden, er ist jetzt mein Freund. Ich mag ihn unwahrscheinlich gern leiden. Ob ich ihn liebe, weiß ich nicht. Denn wenn zu mir einer sagt: Liebst du Marko?, weiß ich gar nicht, ob ich ihn wirklich liebe. Liebe stelle ich mir anders vor. Zum Beispiel würde ich immer nur von Marko träumen. Und immer an ihn denken. Na, ich weiß nicht, ob das Liebe ist, was ich empfinde. Marko hat mich gefragt, ob er mich küssen dürfte. Ich hab ja gesagt. Und gefragt: Wann? Und er antwortete: heute Abend.«

Als Treffpunkt vereinbarten wir das Badezimmer. Abends war das Badezimmer wenig frequentiert, und wir hofften, ungestört zu sein. Bernd schob auf der Jungenseite Wache, damit uns niemand überraschte, und ich »sicherte« mit meinem Rollstuhl die andere Tür in Richtung Mädchen-Station.

»Erst wollte ich den Kuss nicht auf den Mund haben«, geht mein Bericht weiter. »Aber er hat es doch gemacht. Seine Lippen waren weich. Es war ein komisches Gefühl, aber doch sehr schön. Vielleicht würde ich ihn nochmal küssen. Es ging vielleicht etwas zu schnell. Mehr kann ich nicht darüber schreiben.«

Kann man sich in zwei Menschen gleichzeitig verlieben? Man kann. Denn dass es ganz verschiedene Arten von der Verliebtheit und Schwärmerei gibt, das erlebte ich schon damals. Marko war der Schwarm aller Mädchen und mein Freund, mit dem es zwischen mir und Frauke hin- und herging. Mit ihm offiziell zusammen zu sein machte etwas her, denn damals hatten wir Mädchen alle mehr oder weniger das Gefühl, einen Freund »zu brauchen«, um uns selbst und den anderen zu beweisen, dass wir etwas wert waren. Aber da war noch ein anderer Mann, ein richtiger Mann, an den ich mein jugendliches Herz verlor: unser Pastor.

Ich lernte ihn erst so richtig während meines Konfirmandenunterrichts kennen. Er war jung, hatte eine wunderbare Frau und einen kleinen Jungen, und obwohl er unerreichbar für mich war – oder vielleicht auch gerade deswegen –, schwärmte ich aus ganzem Herzen für ihn.

Schlank war er und groß, trug einen dunklen Vollbart. Ganz besonders liebte ich seine Stimme, einen herrlichen, samtigen Bass. Alles an ihm erschien mir perfekt: seine schönen Hände mit den langen, schmalen Fingern, und natürlich sein einfühlsames Wesen.

Mit ihm konnte ich über mein Verhältnis – oder besser gesagt: Nicht-Verhältnis – zu meinen Eltern sprechen, und obwohl ich mich nicht mehr an Einzelheiten erinnere, weiß ich noch, wie gut mir diese Gespräche taten. Er gehörte zu den seltenen Menschen, die wirklich zuhören können, und das half mir, mein Schneckenhaus ein kleines bisschen zu verlassen. Zumindest probehalber.

Als auf unserem Stundenplan im Werkunterricht »Hinterglasmalerei« stand, gelang mir ein wunderschönes Fensterbild mit dem Motiv eines Kreuzes, von dem leuchtende Sonnenstrahlen in Gelb und Orange ausgingen. Ich wollte es dem Pastor schenken, doch weil ich mich nicht traute, es ihm persönlich zu überreichen, steckte ich es ihm heimlich in die Tasche.

Am 4. April 1975 fand meine Konfirmation statt, und sie war ein wichtiges Erlebnis für mich. Es waren an diesem Tag alle Menschen anwesend, die mir damals wichtig waren: meine Eltern, die ausnahmsweise auch meine Geschwister und Omi mitbrachten, der Pastor, der uns auf die Konfirmation vorbereitet hatte. An meiner Seite Marko, mit dem ich offiziell »ging«, mal mehr und mal weniger, je nach dem Stand meiner Konkurrenz.

»In der Kirche war mir richtig feierlich zumute«, erfuhr später mein Tagebuch. »Ich war richtig glücklich. Marko und ich wurden gemeinsam zum Altar gefahren, wir waren die Ersten. Unsere Namen wurden vorgelesen und dann unsere Konfirmationssprüche. Danach erhielten wir zum ersten Mal das Abendmahl.«

Ich trug einen königsblauen Rock mit einer passenden Weste und eine weiße Bluse darunter. »Anderomi«, die Mutter meiner Mutter, hatte diesen Feststaat für mich genäht, und vermutlich war auch sie dabei, ich erinnere mich nicht mehr genau. Es war ein bedeutsamer Tag für mich, und ich genoss ihn sehr. Das Traurige dabei war nur, dass damit der Konfirmandenunterricht zu Ende war und ich meinen Schwarm nicht mehr so oft sehen konnte.

Doch ich kam auf die Idee, wie ich zwei Dinge miteinander verbinden konnte, die mir wichtig waren: den Wunsch, »meinem« Pastor nahe sein zu können und meine Liebe zur Musik. Er leitete nämlich mit großer Begeisterung einen Posaunenchor.

»Ich würde sehr gerne Trompete spielen«, sagte ich, all meinen Mut zusammennehmend. Ein Instrument erlernen wollte ich immer schon, doch ich wusste lange nicht, welches. Klavier, Querflöte oder Posaune, bei der ich den Zug nicht hätte bedienen können, kamen nicht in Frage. Doch die Trompete hat nur drei Ventile, den Rest regelt man mit den Lippen – und damit kam ich wunderbar zurecht. Es war auch ganz einfach, das Instrument auf dem Lenker meines Rollstuhls abzustützen.

Der Pastor freute sich außerordentlich über den Zuwachs, und ich erhielt ein Leihinstrument. Und was das Beste war: Um möglichst schnell im Chor mitspielen zu können, bekam ich Einzelunterricht – was wollte ich mehr? Meine Begeisterung für meinen Lehrer war so groß, dass ich fleißig übte und bald im Bläserchor mitspielen konnte, so eine Schwärmerei motiviert ja ungemein.

In unserem Posaunenchor spielten wir zu acht, manchmal waren wir auch nur zu sechst, und irgendwann fehlte jemand, der die große Tuba übernahm.

»Möchtest du das nicht ausprobieren?«, fragte mich »mein« Pastor, und natürlich sagte ich nicht nein.

Es stellte sich heraus, dass ich auch dieses Instrument recht gut spielen konnte. In der Musikwerkstatt wurde das Mundstück etwas verlängert, damit ich es bequemer hatte. Ich fand die Tuba sogar noch angenehmer zu spielen als Trompete, denn das Mundstück ist größer, und die Anspannung in den Lippen und den Wangen dadurch nicht so enorm. Und ich liebte den vollen, warmen Klang dieses tiefsten aller Blechblasinstrumente.

Wir spielten an besonderen Festtagen, an Ostern oder zu Heimfesten und natürlich an Weihnachten. Bei diesen Gelegenheiten sangen auch Annika und ich unter dem strengen Dirigat unserer Direktorin Soli oder zweistimmig. Die gestrenge Schwester Lisa konnte sehr gnädig sein, wenn man etwas tat, was ihrem Ansehen nützte. Doch das war nicht der tiefere Grund für meine Freude an der Musik, am Singen und am Spiel im Posaunenchor.

Ich erinnere mich noch gut an eine Episode, in der mein

Leben in Friedehorst und die Vorstellungen meiner Eltern miteinander kollidierten: Anlässlich der Weihnachtsfeier im Heim sollte selbstverständlich der Posaunenchor spielen. Nun traf es sich so, dass mich meine Eltern genau an diesem Tag abholen wollten, damit ich das Weihnachtsfest bei ihnen verbrachte.

»Ich muss aber noch spielen«, erklärte ich ihnen, »wir können erst nach der Weihnachtsfeier fahren.«

»Solange können wir nicht warten«, widersprach mein Vater energisch. »Wann ist denn das zu Ende, das wird ja richtig spät.«

»Ich werde im Posaunenchor gebraucht«, erklärte ich entschlossen, »ohne mich sind sie nicht komplett«.

Und siehe da, ich setzte mich durch.

Es wurde eine schöne Feier, und ich war aufgeregt und von Stolz erfüllt, dass meine Eltern endlich einmal sahen, was ich konnte. Noch heute kann ich dieses Gefühl in mir wachrufen. Meine Eltern ließen sich selten auf etwas ein, was sie nicht selbst bestimmten, sie hatten ihre eigenen Pläne – und es kam nicht oft vor, dass mein Vater nachgab. Und doch saßen sie die ganze Zeit im Zuschauerraum und konnten nicht nur hören, wie ich meinen Part zu der schönen Weihnachtsmusik beitrug, sondern auch, dass ich hier integriert war, meinen Platz hatte, und dass man mich wirklich brauchte. Zuhause brauchte mich niemand. Da hatte ich eher das Gefühl, eine Last zu sein.

Viel später schenkte mir mein Vater eine eigene Trompete, eine goldene. Und zu meiner Überraschung kaufte er sich irgendwann auch selbst eine, wann genau, das weiß ich nicht. Leider haben wir nie zusammen gespielt, meine eigene Trompete brachte ich nie mit nach Hause. Was mochte ihn dazu gebracht haben, es mir nachtun zu wollen? Hatte ich ihn tatsächlich beeindruckt? Wollte er ausprobieren, wie schwierig es war, Trompete zu lernen? Auch als mein Bruder Akkordeon spielen lernte, legte mein Vater sich selbst eines zu. Manchmal hatte ich den Eindruck, dass mein Vater in heimlichen Momenten zum ungestümen kleinen Jungen wurde, wenn ihn etwas begeisterte. Dieser Zug gefiel mir außerordentlich an ihm, zu diesem jugendlichen, begeisterungsfähigen Vater hätte ich einen viel besseren Zugang gehabt als zu dem strengen und ein bisschen herrischen Unternehmer – wenn ich nur die Gelegenheit gehabt hätte, ihm so zu begegnen. Dieser Wesenszug blitzte nur ganz selten in ihm auf.

Es muss dasselbe Weihnachtfest gewesen sein, als meine Eltern mich zwar am vierten Advent, dem 21. Dezember holten, aber bereits eine knappe Woche später, am 28. Dezember, zurückbrachten. Ich weiß nicht mehr, warum das so war, aber ich vermute, dass sie mit meinen Geschwistern in Urlaub fahren wollten, und da konnte ich ja nicht mit. Warum eigentlich nicht? Doch darauf gab es nie eine Antwort für mich. Außerdem hätte ich mir eher die Zunge abgebissen, als solche Fragen zu stellen. Die Tatsache, dass ich mehrere Tage ganz allein auf der Station war, hatte meine Eltern entweder nicht interessiert, oder sie hatten gar nicht darüber nachgedacht. Für mich waren dies sehr traurige Tage. Ich fühlte mich dermaßen allein und im Stich gelassen, dass ich in ein tiefes, emotionales Loch fiel und nur sehr schwer wieder daraus hervorkam.

Da sich außer mir so gut wie alle Kinder bei ihren Familien aufhielten – auf meiner Station war ich die einzige, die so früh zurückgebracht worden war –, hatte man auch das

Pflegepersonal reduziert. Es war eine warmherzige Pflegerin namens Tante Edith, die mir Gesellschaft leistete, und ich rechne es ihr bis heute hoch an, wie einfühlsam sie sich in jenen Tagen zwischen den Jahren, an denen sie wahrscheinlich auch selbst gerne Urlaub gehabt hätte, mir gegenüber verhielt. Im Alter von fünfzehn Jahren viel zu früh von der eigenen Ursprungsfamilie zurück ins Heim verfrachtet zu werden, während alle anderen Kinder den Jahreswechsel zuhause verbrachten, das bedeutete für mich nicht nur Tage voller Einsamkeit, sondern auch so etwas wie eine tiefe Schmach. Man schämt sich, möchte am liebsten in ein Mauseloch kriechen, fühlt sich unwert und abgelehnt. Tante Edith merkte genau, was mit mir los war, und wollte mir beistehen. Auch über den Jahreswechsel war ich allein auf der Station, und einmal kämpfte ich so sehr mit den Tränen, dass ich sie kaum zurückhalten konnte. Aber vor Tante Edith weinen, das wollte ich um keinen Preis. Erst als sie endlich den Raum verließ, entlud sich alles wie ein Sturzbach.

Später sagte Tante Edith zu mir: »Ich habe dich so bewundert. Deine Augen waren voller Tränen. Aber du hast nicht eine vergossen.«

Ich war schon immer lieber allein, wenn es mir schlecht ging. Ich mochte es nicht, getröstet zu werden. Denn wahren Trost, davon war ich überzeugt, gab es nicht für mich, und wenn sich jemand um mich bemühte, weinte ich nur noch mehr. Wenn sich die Schleusen erst öffneten, wer garantierte mir, dass ich sie jemals wieder würde schließen können?

Nicht einmal meinem Tagebuch konnte ich anvertrauen, wie schlecht es mir ging. Erst als alles vorüber war und die Normalität wieder einsetzte, fand ich Worte, um das Geschehene kurz festzuhalten:

»Am Sonntag bin ich wieder angekommen und war bis Mittwoch allein auf der gesamten Etage. Das heißt, von vier Gruppen waren keine Kinder da außer mir. Ich habe abends immer geweint, weil ich mich so einsam gefühlt hab. Jeden Tag saß ich am Fenster und habe gewartet, ob irgendeiner kommt. Gestern kam auch eine – und das war Doris. Was hab ich mich gefreut, als sie kam, ich war so glücklich, dass ich nicht mehr alleine war. Ich habe ihr vor Freude einen Kuss gegeben.«

Natürlich tut es auch gut, getröstet zu werden. Heute ist mir klar, dass ich mir als Kind echten Trost immer sehnlichst wünschte. Doch da war niemand, der ihn mir geben konnte. Lange war ich umgeben von Menschen, die mich liebten, und das war ein großes Glück. Doch Zärtlichkeit erfuhr ich zu selten. Weder von Gisela noch von meinen Pflegern – wie hätten sie das auch tun können. Damals zog ich, ohne bewusst darüber nachzudenken, den Schluss, dass es an meiner Körperlichkeit lag.

Konnte man mich nicht umarmen? Empfanden die anderen mich als zu abstoßend? Da ich diese Fragen nicht stellen konnte – denn darüber sprach man einfach nicht – erhielt ich auch keine Antworten.

Erst als ich fünfzehn Jahre alt wurde, kam eine Pflegerin nach Friedehorst, die ganz anders war, die mich ohne Zögern an sich drückte, wenn sie das Gefühl hatte, dass mir das gut tat oder ganz einfach, wenn ihr danach war: Tante Anna.

Anna war eine außergewöhnliche Frau: herzlich und voller Humor. Mit ihr konnte ich endlich wieder richtig lachen. An Fasching verkleidete sie sich als Matrose, klebte sich einen Schnurrbart unter die Nase und war für jeden Spaß zu haben.

Das Besondere an ihr war, dass ihre Herzlichkeit nicht aufgesetzt war wie bei vielen anderen, die sich redlich bemühten. Doch für die meisten war es halt ihr Job, nett zu uns zu sein. Für uns aber war es das Leben. Bei Tante Anna schien es zwischen Job und echten Gefühlen keine Trennung zu geben.

Und so öffnete ich meinen Kokon wieder einmal und vertraute mich ihr an wie sonst keinem. Ihr gab ich sogar meine Tagebücher zum Lesen, was der höchste aller Vertrauensbeweise war. Wenn ich nicht mehr weiterwusste, dann bat ich sie um Beistand. Ihr vertraute ich an, dass ich mir Sorgen um meine Zukunft machte.

»Wie wird es mit mir weitergehen?«, fragte ich sie ein ums andre Mal, denn ich war alt genug, zu begreifen, dass auch Friedehorst nur eine Zwischenstation für mich sein würde. Mit meinen Eltern war es schwierig, über dieses Thema zu sprechen. Ich erzählte Anna, dass ich Marko gerne mochte, und dass ich mir Liebe und Zärtlichkeit wünschte, eine Familie, ein ganz normales Leben eben. Ein Leben, wie sie es mit ihrem Mann und ihren beiden fast schon erwachsenen Kindern führte, zu denen sie mich oft einlud.

Sie nahm mich häufig mit zu sich nach Hause. Annas Mann lernte ich als einen äußerst warmherzigen, sympathischen Menschen kennen, und auch ihren Sohn mochte ich gern. Am liebsten hielt ich mich im Garten ihres Hauses auf, und eine Szene hat sich mir besonders tief ins Gedächtnis eingebrannt: Ich liege ganz bequem auf einem Liegestuhl, schaue in den Sommerhimmel und lasse es mir einfach gut gehen. Dort erlebte ich tatsächlich Momente, in denen ich aufhörte, mir Sorgen um meine Zukunft zu machen, sondern aufging im Hier und Jetzt. Auch der Gedanke daran, wie schnell diese Herrlichkeit wieder enden würde, konnte mir dort nichts anhaben. Ich wusste, dass Anna mich sehr mochte, denn ich war die einzige, die sie mit nach Hause nahm. Und schon allein dieses Wissen reichte aus, um mich glücklich zu machen. Wenigstens zeitweise. Diese Oasen des Wohlbefindens taten mir unendlich gut. Mit der Zeit lernte ich, das Gute, das ich bekam, in vollen Zügen in mich aufzunehmen und aufzubewahren für schlechtere Zeiten. So gut das eben möglich war.

In jenem Sommer musste ich meine Ferien zum ersten Mal nicht bei Gisela im Säuglingsheim verbringen, sondern erhielt die Erlaubnis, auf eine Freizeit mitzufahren. Ich freute mich riesig und konnte es kaum erwarten – schließlich war es der Pastor, der gemeinsam mit seiner Frau die Freizeit leitete.

Doch ausgerechnet kurz bevor es losging bekam ich Fieber, Husten und Schnupfen – einfach alle klassischen Anzeichen einer Erkältung. Vier Wochen Dänemark standen an, und ausgerechnet jetzt wurde ich krank.

Ich lag in meinem Bett, während Doris, die gerade gebadet worden war, in unserem Zimmer die Haare trockengeföhnt wurde. Und auf einmal hörte ich ganz deutlich wunderbaren Engelsgesang. Wo kam der bloß her?

»Da kommt aber schöne Musik aus dem Föhn«, sagte ich zu der Pflegerin, die sich um Doris' Haare kümmerte. Die stutzte, ließ den Föhn sinken und rannte nach dem Fieberthermometer. Ich hatte weit über 40 Grad Temperatur und wurde sofort in ein Krankenhaus verfrachtet.

Es stellte sich heraus, dass ich eine beidseitige, schwere Lungenentzündung hatte – mitten im Sommer. Tatsächlich fühlte ich mich während der ersten Tage in der Klinik wie in einen Nebel gehüllt.

Nachdem es mir etwas besser ging, konnte ich den Aufenthalt im Krankenhaus sogar genießen. Langweilig wurde es mir nie. Neben mir lag eine nette, ältere Frau, und wir beide hatten eine Menge, worüber wir zusammen lachen konnten. Es gab auch einen Pfleger, der ein bisschen mit mir flirtete, und in den ich mich selbstverständlich verguckte. Detlev besuchte mich sogar nach meiner Entlassung in Friedehorst, was mich ungeheuer stolz machte.

Meine erste Dänemark-Freizeit hatte ich nun wegen meiner Krankheit verpasst. Doch glücklicherweise gab es gleich im Anschluss eine zweite Gelegenheit, da ohnehin nicht alle Jugendlichen auf einmal mitfahren konnten. Und so kam ich doch noch zu meinem heiß ersehnten Urlaub.

Wir wohnten in einer Ferienanlage mit Holzbungalows mitten in der herrlichen, dänischen Natur. Es gab dort ein großes Trampolin, das nur darauf wartete, von uns in Besitz genommen zu werden. Zunächst war ich nicht sicher, ob dies eine gute Sache für mich war, denn ich hatte Angst, auf dem harten Rand aufzuschlagen. Doch als ich endlich doch raufkletterte und vorsichtig versuchte, darauf herumzuspringen, geriet ich rasch in den Bann dieses wundervollen Gefühls, buchstäblich »in die Luft zu gehen«. Es war eine ganz neue Erfahrung, meine Erdenschwere in Leichtigkeit umsetzen zu können, und nach und nach wurden meine Sprünge höher, kühner, gewagter. Am liebsten war es mir allerdings, das Trampolin für mich zu haben, denn sprangen noch andere Kinder darauf herum, konnte ich mein Gleichgewicht weniger gut einschätzen. Ließ man mich allerdings alleine auf diesem Spielgerät, hüpfte ich selbstvergessen und glückselig wie ein Vollgummiball auf und ab.

Unbeschwerte Momente während meines allerersten Urlaubs

Auf dem Spielplatz der Anlage gab es auch ein Klettergerüst, das ich wie ein Äffchen erklomm. Standen andere Leute dabei und ermutigten mich, dann spornte mich das ungeheuer an, mich ganz nach oben zu wagen. Was war ich dann stolz!

Unvergessen sind mir auch die dänischen Schokoladenplättchen, die wir morgens zum Frühstück bekamen. Damit belegte man sein Brötchen, wenn man wollte, und viele waren begeistert von einem solchen Schokoladenbrot – mir allerdings war Marmelade lieber. Eine dänische Betreuerin brachte mir damals übrigens den wichtigsten Satz, den es damals für mich gab, auf Dänisch bei: »Jeg elsker dig« – ich liebe dich!

Von da an durfte ich auch regelmäßig mit anderen Jugendlichen aus dem Heim Freizeitangebote des Niels-Stensen-Haus in Worphausen besuchen. Ich verstand mich gut mit Marlies, die die Seminare organisierte, und besuchte sie auch hin und wieder privat. Später sollte Marlies noch eine wichtige Rolle in meinem Leben spielen.

Zuhause bei meinen Eltern gab es inzwischen vierbeinigen Zuwachs, eine Rehpinscher-Dame namens Gerti, zu der ich trotz meiner ausgeprägten Tierliebe ein eher distanziertes Verhältnis entwickelte, nachdem sie nach mir schnappte, als ich einmal die Kellertreppe hinunterrutschen wollte. Seitdem begab ich mich nur noch ungern auf den Boden, wenn Gerti in der Nähe war. Heute weiß ich, dass diese kleinere Variante der Pinscher zu Nervosität neigt, wenn sie geistig und körperlich nicht genug gefordert ist. Möglicherweise hätte sie mehr Auslauf gebraucht, oder sie hatte ganz einfach einen giftigen Charakter, was ich sehr bedauerte. Ich versuchte mir Gerti immer wieder gewogen zu machen und steckte ihr bei Tisch öfters heimlich ein paar Leckerbissen zu, was mein Vater streng verboten hatte, worüber ich mich aber stillschweigend hinwegsetzte. Schließlich war der Hund ständig um mich, wenn ich zuhause war, während ich meinen Vater selten zu Gesicht bekam.

Ich hatte mir schon in frühen Jahren angewöhnt, anderen Menschen meine Zuneigung dadurch zu zeigen, dass ich ihnen Geschenke machte. So wie ich meiner geliebten Margot Meyer liebevolle Briefe schrieb und so manche Bastelarbeit verehrte, dem Pastor das Hinterglasbild malte, so nähte ich meiner Mutter einmal eine Kochschürze. Das war nicht einfach für mich, Nähen ist nicht gerade meine Stärke geschweige denn meine Lieblingsbeschäftigung. Dennoch legte ich ganz viel Liebe in diese Schürze. Ich wollte, dass sie meiner Mutter gefiel, und ich wusste ja, dass sie immer elegant war und Wert auf schöne Dinge legte. Ich war der Meinung, dass mir das Geschenk sehr gut gelungen war, und wartete gespannt auf ihre Reaktion. Umso enttäuschter war ich, als überhaupt keine kam. Und noch trauriger, als ich bemerkte, dass sie meine Schürze nie trug. Stets hatte sie beim Kochen eine weiße Schürze um, jene, die ich mit so viel Mühe genäht hatte, sah ich dagegen nie an ihr. »Sie mag mich nicht«, war meine Schlussfolgerung, denn mein Geschenk verstand ich ja als Liebesbeweis.

Umso verwirrter war ich, wenn mir fremde Menschen Geldgeschenke machten. Das nahm mitunter bizarre Formen an. Schon im St. Josef-Stift hatte ich erlebt, dass Besucher, die von den Schwestern durch das Krankenhaus geführt wurden, während meine Freundinnen und ich Gymnastikstunde hatten, uns ein paar Münzen hinwarfen. Ich wurde gerade auf einem großen Gymnastikball herumgekullert, was ich hasste, denn ich konnte mich ja nicht festhalten. Plötzlich ging die Tür auf, eine Besuchergruppe kam herein und starrte uns an. Auf einmal zückte einer von ihnen seinen Geldbeutel und warf mir eine D-Mark-Münze zu. Erst begriff ich überhaupt nicht, warum er das tat. Dann wurde ich schrecklich wütend. Ich ergriff die Münze und warf sie ihm zurück an den Kopf.

Solche Szenen kamen hin und wieder vor, auch später, als ich in Friedehorst lebte.

»Du armes Ding«, sagte einmal ein wildfremder Mann zu mir, »hast es so schwer. Hier nimm. Kauf dir ein Eis.« Und damit legte er mir eine Münze auf den Rollstuhl.

Dieses eine Mal behielt ich das Geld. ›Ja‹, dachte ich, ›warum auch nicht. Dann kauf ich mir jetzt tatsächlich ein Eis‹.

Doch es war wie verhext, ganz so, als ob Pech an diesem Almosen geklebt hätte: Ich fuhr mit meiner Draisine zur

Cafeteria und kaufte mir ein Waffeleis. Die Leckerei in der Hand wollte ich vor dem Genuss noch rasch rückwärts einparken, um nicht im Weg zu stehen. Dazu musste ich über eine Schwelle fahren, was nur mit Schwung gelang. Doch dieses Mal hatte ich zu viel davon und der Rollstuhl kippte mit mir nach hinten um. Ich knallte mit Rücken und Hinterkopf hart gegen die steinernen Bodenplatten, so dass ich einen Moment lang keine Luft mehr bekam. Dennoch gelang es mir, die Eistüte tapfer hochzuhalten, damit dieser ja nichts passierte. Als ich wieder nach Luft schnappen konnte, schälte ich mich mit Müh und Not aus meiner umgestürzten Draisine, stellte mit dem Eis in der Hand, das schon zu tropfen begonnen hatte, das Gefährt wieder auf, stopfte mir mein Eis kurz in den Mund, um beide Hände frei zu haben und wieder zurück in den Rollstuhl krabbeln zu können. Als ich mich endlich völlig erschöpft zurechtsetzte, um endlich mein Eis zu genießen – da fiel mir doch tatsächlich die Kugel aus der Waffel und platschte auf den Boden.

Da konnte ich nicht anders, ich heulte vor Zorn und Frustration. War fix und fertig mit der Welt und wollte auch kein neues Eis.

Von da an sagte ich zu Menschen, die mir aus Mitleid Geld geben wollten: »Ich möchte das nicht. Für mich ist finanziell gut gesorgt, ich brauche Ihr Geld nicht.« Nur ein einziges Mal machte ich einige Jahre später mit meiner Freundin Odette eine Ausnahme, doch das ist eine andere Geschichte.

Trotz meiner schweren Behinderung war ich unglaublich beweglich. Hindernisse reizten mich, und so übte ich begeistert, bis ich die Sprossenwand in unserer Turnhalle bis ganz nach oben klettern konnte. Richtig Schwimmen habe ich auch erst in Friedehorst gelernt.

Im Sommer ging Frau Schirmer, unsere Sportlehrerin, mit einigen von uns häufig ins öffentliche Freibad, und ich war dabei. Ich liebte das Wasser und bewegte mich völlig unbefangen in diesem Medium, das mich so herrlich trug. Doch eines Tages hatte ich ein Erlebnis, durch das mir zum allerersten Mal bewusst wurde, wie andere Kinder, die nicht behindert waren, mich sahen. Da waren zwei Mädchen, die immer um mich herumschwammen und komisch guckten. Schließlich tauchte eines ab, kam wieder hoch und sagte zu dem anderen Kind: »Tauch mal runter und guck, wie die unten schwimmt: Wie ein Hund.«

Das tat mir dermaßen weh, dass ich danach nie wieder ins Freibad ging. Dabei hatte das Mädchen ja nur die Wahrheit gesagt, es hatte nur beschrieben, was es gesehen hatte. Mich aber hat das tief verletzt.

So seltsam es klingen mag, aber erst da war mir so richtig bewusst geworden, wie sehr ich mich von anderen Kindern unterschied. Natürlich hatte ich es gewusst, aber nicht gefühlt – wie man sich selbst wahrnimmt und wie einen die anderen Menschen sehen, ist ja bekanntlich nicht immer deckungsgleich. Bis zu diesem Nachmittag im Freibad hatte ich mich unbekümmert so bewegt wie ich war. Von da an war meine Unbefangenheit für immer verloren. Ich gab mir Mühe, mich anders zu bewegen – und musste scheitern, denn das war mir ja überhaupt nicht möglich. Ich kann mich bis heute natürlich nur so bewegen, wie es meine Behinderung zulässt. Dass ich aus meinem Körper das Optimale herausholte und Dinge schaffte, die viele für unmöglich hielten, dass ich meine Grenzen immer wieder aufs Neue hinausschob und mir und anderen bewies, wie toll ich war, verlor angesichts der Tatsache, dass ich anders war als andere Menschen, jede Bedeutung.

»Wenn ich doch wenigstens lange Beine hätte«, wünschte ich mir einmal mehr. Heute denke ich: Jeder hat Phasen, in denen er mit seiner Körperlichkeit nicht zufrieden ist. Und es wäre gelogen, wenn ich behauptete, bei mir wäre es anders.

Es war das Jahr 1977, ich war siebzehn Jahre alt und hatte die üblichen Probleme, die man in diesem Alter eben hat. Doch dann geschah etwas, was mir für eine Weile den Boden unter den Rädern wegzog: »Mein« Pastor zog mit seiner Familie fort, er verließ Friedehorst und damit auch mich für immer.

Als ich dies erfuhr, fühlte ich mich, als würde etwas in mir sterben.

»Glaub mir, Steffi«, sagte er zu mir, als er sah, wie sehr ich litt, »das Karussell dreht sich auch ohne mich weiter.« Sollte das wirklich ein Trost für mich sein? Für mich war es keiner.

Damals geriet meine Welt ohnehin mehr und mehr ins Wanken, denn ich war im vorletzten Schuljahr, und die Frage, was ich danach machen würde, wurde immer dringlicher. Und für mich, die ich Abschiede fürchte und hasse, war der vom Pastor, den ich so sehr mochte, der schwerste überhaupt.

Heute ist mir klar, dass ich immer wieder versuchte, eine Ersatzfamilie zu finden. Damals glaubte ich, in den Pastor verliebt zu sein, doch in Wirklichkeit war er ein Ersatz für den fürsorglichen Vater, den ich in meinem eigenen nicht fand. Einen väterlichen Freund, der mir zuhörte, der mir Dinge beibrachte wie das Trompetespielen und mir half, über mich hinauszuwachsen, der mich in schwierigen Angelegenheiten beriet und mir das Gefühl gab, richtig zu sein, so wie ich war. Und nun ging er weg, wie so viele Menschen zuvor, zu denen ich Zutrauen gefasst hatte. Natürlich ahnte keiner von all jenen, die gut zu mir gewesen waren, ehe sie ihr eigener Lebensweg in eine andere Richtung führte, dass jeder Abschied eine Erinnerung an meine allererste, schmerzliche, nie verwundene Trennung bedeutete: den nämlich nach meiner Geburt, als ich nicht nur aus dem Mutterleib in die Welt gestoßen, sondern auch noch in die Fremde geschickt worden war. Und jedesmal kam derselbe Schmerz in mir auf, eine Traurigkeit und Verzweiflung, die durch nichts auf der Welt Trost erfahren konnte.

Mit Abschieden umgehen zu lernen ist für mich ein Lebensthema geworden. Viele Jahre später schrieb ich ein Gedicht, in dem ich versuchte, meine Gefühle auszudrücken:

Loslassen

Ein schmerzendes Gefühl
Zieht durch die Seele.
Trauer – so groß wie ein
dunkler, tiefer See!
Tränen schwemmen hoch,
wollen nicht mehr
unterdrückt werden!
Ein stiller Schrei
den niemand hört!
Die Sehnsucht nach
einer Umarmung oder
eine Hand, die nur berührt!

Loslassen ist das schwerste
in unserem Leben.

Zeit, zu rebellieren

Als unser letztes Schuljahr begann, führten unsere Lehrer mit uns Schülern Gespräche über die Frage, wie es nach unserem Hauptschulabschluss weitergehen könnte und welche Ausbildungsmöglichkeiten wir hätten.

»Was möchtest du machen, Steffi, wenn du mit der Schule fertig bist?«, fragte Herr Schirmer, mein Klassenlehrer.

»Ich möchte eine Ausbildung machen«, antwortete ich. Für mich lag das auf der Hand. Es ging um meine Zukunft. Ich wusste: Bliebe ich hier im Heim, würden die Wünsche, die ich für mein Leben hegte, nicht in Erfüllung gehen. Ich war siebzehn Jahre alt, und mir war klar: Wenn ich jemals ein selbstbestimmtes Leben führen wollte, dann brauchte ich Arbeit, und das war nur möglich, wenn ich eine Berufsausbildung hatte. Meine Pläne gingen eigentlich noch viel weiter: Ich wollte einmal heiraten und Kinder haben, trotz meiner Behinderung. Davon erzählte ich nur wenigen, Tante Anna gehörte zu den Eingeweihten, die davon wussten. In Hinblick auf eine Ausbildung ermutigten mich alle meine Lehrer.

Allerdings hatte ich keine Vorstellungen davon, was das genau sein könnte. Ich liebte Tiere, aber das, was ich gerne gemacht hätte, zum Beispiel Tierpflegerin, war nicht möglich.

»Es gibt in Hannover ein Internat«, erzählte mir Herr Schirmer, »wo du eine Zeitlang verschiedene Berufe ausprobieren kannst. Danach kannst du dann das lernen, was dir am meisten zusagt und womit du am besten zurechtkommst.«

Ich war erleichtert. Der Vorschlag klang gut. Auf diese Weise konnte ich sehen, was mir gefiel, was mir möglich war und was nicht. Aber bedeutete das nicht wieder einen Ortswechsel? Wenn mir vor etwas graute, dann vor Abschieden und Veränderungen.

»Es geht darum«, erklärte mir Frau Schirmer behutsam, »dir alle Wege aufzuzeigen, die dir offenstehen. Es ist wichtig, dass du nach deinem Hauptschulabschluss deine Möglichkeiten kennenlernst. Und dafür ist das Annastift in Hannover genau richtig.«

Ich schluckte. Und doch wollte ich in Friedehorst auf keinen Fall für immer bleiben. Ich hatte das Gefühl, in einen tiefen Sumpf zu fallen, wenn ich es nicht schaffte, irgendwann hier herauszukommen. Das Annastift erschien mir der beste Weg in ein selbstbestimmtes Leben. Meine Lehrer und Betreuer fanden das ebenfalls.

Keiner von uns hatte allerdings mit der Reaktion meines Vaters gerechnet.

»Das kommt überhaupt nicht in Frage«, sagte er, »Stefanie wird niemals eine Anstellung finden, dazu ist ihre Behinderung viel zu schwer. Warum ihr dann Hoffnung machen? Wozu eine Ausbildung, wenn sie nirgendwohin führen wird?«

Das traf mich in meiner tiefsten Seele. Wie durch einen Schleier bekam ich in den folgenden Tagen und Wochen die Empörung meiner Lehrer mit, erfuhr von fruchtlosen Diskussionen zwischen ihnen und meinem Vater.

»Stefanie ist sehr geschickt«, sagte beispielsweise meine Kunstlehrerin, »sie malt wundervolle Bilder. Ich bin sicher, sie könnte einmal eine Tätigkeit im Büro ausüben. Sie haben doch einen Zeitungsverlag, in Ihrer Firma könnte Stefanie später eine Aufgabe übernehmen.«

Doch auch dies lehnte mein Vater kategorisch ab. Das alles verletzte mich zutiefst. Hatte ich mich mein ganzes junges Leben lang gefragt, was mein Vater über mich dachte, so bekam ich jetzt die Antwort: Trotz all meiner Bemühungen hielt er mich für einen hoffnungslosen Fall.

»Stefanie wird in Friedehorst bleiben«, sagte er, so als wäre ich ein Möbelstück, über dessen Verbleib er nach Belieben verfügen konnte. »Hier hat sie sich eingelebt, und meine Frau und ich sind der Meinung, dass sie hier bestens versorgt wird.«

Wie geht man damit um, wenn der eigene Vater einen aufgibt? In einem Alter, wo andere junge Menschen erstmal durchstarten, sollte mein Schicksal besiegelt sein? Ich wollte das alles nicht hören, möglichst wenig davon wissen. Glücklicherweise war es meine Lehrerschaft im Verbund mit der Psychologin, die den Kampf gegen meinen Vater für mich aufnahm, und das, obwohl alle Beteiligten längst erfahren mussten, wie schwierig es war, mit ihm zu reden.

»Wir werden dir helfen«, versprach Herr Schirmer. »Auch wenn dein Vater wahrlich eine harte Nuss ist.«

Als solche war er in allen Einrichtungen, in denen ich mich während meiner Jugend aufhielt, hinreichend bekannt. Und ich rechne es meinen Lehrern hoch an, dass sie sich so unglaublich für mich einsetzten und mich aus den schärfsten Scharmützeln so gut es ging heraushielten. Erst viel später erfuhr ich, wie hart dieser Machtkampf ausgetragen wurde. Mein Vater soll sogar gedroht haben, mich entmündigen zu lassen, sollte ich mich seinem Willen nicht beugen. Doch da hatte er die Rechnung ohne die Menschen gemacht, die mich in den vergangenen fünf Jahren in ihr Herz geschlossen hatten. Meine Lehrer und Betreuer bestärkten mich darin, für eine selbstbestimmte Zukunft zu kämpfen.

Ich war zutiefst verwirrt – wie soll man denn auch verstehen, dass ausgerechnet der eigene Vater einem solche Steine in den Weg legt, nur weil man ein ganz normales Leben haben möchte wie alle anderen auch? Wo ich doch immer alles dafür getan hatte, um ihn stolz zu sehen. Plötzlich schien das alles überhaupt nichts mehr wert zu sein. Wenn es nach ihm ginge, sollte ich im Behindertenheim bleiben, Ruhe geben und ihn so wenig wie möglich behelligen. Doch diesen Gefallen konnte ich ihm leider nicht tun. Es ging um mein Leben, um meine Zukunft, und wenn er das nicht einsehen konnte, dann musste ich meine Lebensplanung eben ohne ihn bewältigen. Zugleich machte mir dieser Gedanke ganz fürchterliche Angst.

Ich erinnerte mich an meinen Abschied vom St. Josef-Stift, an jene Stunden voller Verzweiflung, während derer ich mich im Lehrerzimmer verschanzt hatte. Als ich damals die Tür freigab, hatte ich beschlossen, nie wieder über mich bestimmen zu lassen, schon gar nicht von meinem Vater. Ich musste für mich selbst sorgen, das hatte ich bereits im Alter von zwölf Jahren begriffen.

Mein Geburtstag ist ja der 29. Februar, doch im Jahr 1978, in dem ich volljährig wurde, fiel dieser Schalttag aus. Es war ein wichtiges Datum für mich, weit wichtiger als für andere Jugendliche, denn nun hatte ich endlich die Möglichkeit, selbst zu bestimmen, wie meine Zukunft aussehen sollte.

Nicht dass mein Vater danach Ruhe gegeben hätte, im Gegenteil. Jetzt schien er nicht nur mich, sondern auch alle anderen der Familie unter Druck zu setzen. Eines Tages rief meine Mutter in Friedehorst an, was sie sonst eher selten tat.

»Wenn du nicht nachgibst, Steffi«, sagte sie, »dann wird dein Vater sich von mir scheiden lassen.«

Ich war sprachlos. Was hatte denn die Ehe meiner Eltern mit meiner Ausbildung zu tun? Umstimmen ließ ich mich durch diesen verqueren Erpressungsversuch aber nicht.

Es war nicht das einzige Telefonat, das meine Mutter in jener Zeit im Auftrag meines Vaters mit mir führte. Als sie begriffen, dass ich mich nicht von ihrer Drohung beeindrucken ließ, hieß es: »Wenn du so stur bleibst, dann bist du nicht mehr seine Tochter. Willst du das?«

Das tat weh, doch es nährte nur meinen Trotz. Seltsamerweise sprach mein Vater in jenen schlimmen Monaten nie selbst mit mir. Immer schickte er andere vor. Zuerst versuchte er, die Mitarbeiter von Friedehorst einzuschüchtern, dann mobilisierte er meine Mutter. Und schließlich setzte er sogar meine geliebte Omi für seine Zwecke ein. Auch von ihr erhielt ich irgendwann einen Anruf. Sie bat mich, um des Familienfriedens willen nachzugeben.

»Du weißt doch«, sagte sie, »wie dein Vater ist. Lass es doch, Steffi.«

»Ich kann es nicht lassen, Omi«, antwortete ich. »Und ich will es auch nicht.«

Omi seufzte. Sie kannte mich und meinen Dickschädel, aber sie kannte auch ihren Sohn, meinen Vater, und dessen Zorn.

»Wenn ich jetzt nachgebe«, erklärte ich ihr verzweifelt,

»dann heißt das, dass ich für immer in Friedehorst bleiben muss. Das kannst du doch nicht wollen, Omi.«

Natürlich wollte sie es nicht. Sie verstand mich nur zu gut. Im Geiste sah ich sie vor mir, wie sie dasaß, die Hände vor der Brust gefaltet, während die Daumen einander immerzu umkreisten.

»Warum machst du das, Omi«, hatte ich sie als Kind einmal gefragt.

»Was denn, Steffi?«

»Na das mit deinen Daumen. Du drehst sie immerzu.«

Omi blickte auf ihre kreiselnden Daumen und lachte.

»Ach weißt du«, meinte sie, »das merke ich gar nicht mehr.«

Ich stellte mir vor, dass sie diese Geste beruhigte, dass es ihr dann leichter fiel, still und stumm mit anhören konnte, was mein Vater sagte, auch wenn sie nicht seiner Meinung war.

Aber ich konnte keine Daumen kreisen lassen. Früher, als ich noch klein war, hatte es Omi immer wieder geschafft, mich von meinem Kummer abzulenken. »Wollen wir ›Schnipp Schnapp‹ spielen?«, fragte sie beispielsweise. Jetzt half auch »Schnipp Schnapp« nicht mehr, ich war an der Schwelle zum Erwachsensein, und es ging um meine Existenz.

Dabei fiel es mir so unendlich schwer, hart zu bleiben, bei all den Entmutigungen vonseiten meiner Familie.

»Du findest sowieso keine Stelle«, hieß es wieder und wieder. »Und dann bist du enttäuscht. Wieso lernen und dich so abrackern – wofür?«

Die Prüfungen standen bevor, und ich weiß heute nicht mehr, wie ich es schaffte, mich zu motivieren. Irgendwie bestand ich sie. Eine besonders gute Schülerin war ich noch nie gewesen, und vor dem Hintergrund der Auseinandersetzungen mit meinem Vater war mir die Abschlussnote auch gründlich egal. Überhaupt kann ich mich an diese Wochen kaum noch erinnern, denn alles war damals überlagert von der großen Frage, ob ich ins Annastift würde gehen können oder nicht. Und eine Weile sah es ziemlich schlecht aus.

Im Grunde bin ich ein äußerst harmoniebedürftiger Mensch, ich hasse Zank und Streit, und ich litt damals fürchterlich unter der Situation. Und doch fühlte ich auf der anderen Seite auch, wie mich der Widerstand meines Vaters, den ich so sehr liebte, auf eine gewisse Weise stärkte. Je mehr er versuchte, mich unter Druck zu setzen, desto fester wurde mein Entschluss.

Wir alle wussten, dass mein Vater gewohnt war, seinen Willen durchzusetzen. Und da wir das Schlimmste befürchteten, sorgte die fast schon konspirative Gruppe meiner Lehrer und des Psychologischen Dienstes dafür, dass ich schon vor Schuljahresende die Schule und das Heim verließ. Stattdessen versteckten sie mich im Niels-Stensen-Haus in Worphausen bei Marlies, wo ich so manche Freizeit verbracht hatte, damit mein Vater meiner nicht habhaft werden und mich womöglich entmündigen lassen konnte. Hier verbrachte ich einige Wochen, an die ich nur wenige Erinnerungen habe, so sehr habe ich jene Zeit verdrängt.

Meine Gedanken und Gefühle niederzuschreiben half mir ungemein. Denn wenn ich auch in allen praktischen Belangen großartig unterstützt wurde, so war ich mit der inneren Bewältigung dieses Zwists doch ganz allein. Hatte der Umzug aus dem St. Josef-Stift nach Bremen das Ende meiner unbeschwerten Kindheit bedeutet, so stand jetzt der endgültige Wechsel ins Erwachsenenleben bevor. Wieder hatte ich keine Ahnung, was mich in Hannover erwartete. Ich vertraute auf das, was meine Betreuer mir sagten. Mir blieb nichts anderes übrig, als ihrem Urteil und Rat zu vertrauen. Normalerweise sind es die eigenen Eltern, die sich bemühen, das Beste für ihr Kind zu finden und ihm auf dem Weg ins Erwachsenenleben beizustehen. In meinem Fall waren es »Fremde«, jedenfalls in den Augen meiner Familie, die mich unterstützten. Dass mein Vater dies als Verrat empfand, kann ich mir vorstellen. Er hingegen schien sich keine Vorstellung davon zu machen, was ich damals durchmachte.

Im Mai 1978 war es dann so weit: Ich packte wieder einmal meine Sachen zusammen. Ich sehe noch meine vollgestopfte Schrankseite vor mir und wie ich sie ausräumte. Doris, meine beste Freundin in diesen Jahren, sah mir mit großen, traurigen Augen zu. Sie würde in Friedehorst bleiben, eine Ausbildung zu machen war für sie nicht möglich. Ich kann mich nicht mehr daran erinnern, ob ich traurig war, wegzugehen, ganz sicher fiel mir der Abschied von Doris schwer. In jener Zeit war ich allerdings dermaßen durcheinander, dass ich meine Gefühle aus Selbstschutz fest in mir wegschloss, um nicht an ihnen zugrunde zu gehen.

Es war schließlich wie immer Doris, die mich aufmunterte.

»Du wirst sehen, das wird toll in Hannover!«, sagte sie. »Sei nicht traurig, es wird dir dort ganz sicher gefallen, Steffi!«

Dabei konnte ich sehen, wie sehr ihr unser Abschied an die Nieren ging. Auf mich wartete Neues, ich hatte mir den Platz im Annastift gegen alle Widerstände erkämpft. Doris jedoch sah einer Zukunft voller Monotonie entgegen. Im Alter von achtzehn Jahren, wo für andere das Leben erst beginnt, war für Doris der Weg klar vorgezeichnet.

Viele Jahre lang hielten wir den Kontakt miteinander aufrecht. Erst Anfang der 1990er-Jahre verlor er sich. Im Jahr 2008 versuchte ich dann, den Faden wieder aufzunehmen, doch in Friedehorst fand ich sie nicht mehr. Ich ließ nicht locker und schrieb der Heimverwaltung, bis ich herausfand, dass sie in einer eigenen Wohnung, die von Friedehorst mitverwaltet wurde, im sogenannten »Betreuten Wohnen« lebte. Ich bat darum, dass man ihr meine Adresse und Telefonnummer weitergeben möge, damit sie sich bei mir melden könnte, wenn sie das wünschte. Und tatsächlich, bald darauf meldete sie sich.

Ich schrieb ihr einen Brief, in dem ich ihr dafür dankte, dass sie mir damals das Einleben in Friedehorst so erleichtert hatte, für ihre liebevolle Art, in der sie mir so oft beistand. Von da an telefonierten wir jeden Sonntagabend miteinander. Vor einigen Jahren starb sie sehr plötzlich an einer Lungenembolie. Sie fehlt mir bis heute. Doris war übrigens ein leidenschaftlicher Fan des SV Werder Bremen – und wenn ich heute Nachrichten schaue und die Ergebnisse der Bundesliga sehe, dann sage ich zu ihrem Foto: »Schau Doris, sie liegen auf dem und dem Platz!«

Ob mich jemand nach Wülferode, dem Vorort von Hannover, in dem das Annastift liegt, begleitete, weiß ich nicht mehr. Aber ich sehe noch dieses riesige Haus mit seinen zwölf Stockwerken mitten auf der grünen Wiese vor mir, so, wie ich es damals zum ersten Mal wahrnahm. Man wies mir ein Zimmer im elften Stock zu, und ich war total beeindruckt von der Weite, die sich unter den Fenstern vor mir ausbreitete.

Zum Zeitpunkt meiner Ankunft war von den Jugendlichen niemand auf dem Stockwerk, alle befanden sich an ihren Ausbildungsplätzen. Wieder fühlte ich mich schrecklich einsam und heimatlos, so sehr ich darum gekämpft hatte, hierherkommen zu dürfen, so wurde mir doch mit aller Macht bewusst, dass ich auf mich allein gestellt war. Die Stockwerksleiterin zeigte mir alles, und als sie mich alleinließ, setzte ich mich im Gemeinschaftsraum vor den Fernseher. Nicht, dass ich besonders viel von dem Programm mitbekam. Ich war innerlich viel zu sehr damit beschäftigt, mit meiner Angst vor dem neuen Lebensabschnitt, fertigzuwerden.

»Hallo«, sagte auf einmal eine freundliche Stimme neben mir. »Ich bin Sonja. Und du musst Stefanie sein. Willkommen hier bei uns!«

Es war eine junge Mitarbeiterin mit schulterlangem, braunem Haar. Ich sah sie unbewegt an. Später, als wir Freunde geworden waren, erzählte sie mir, sie sei damals vor meinem versteinerten Gesicht mit dem verschlossenen Ausdruck erschrocken.

»Hallo«, sagte ich. Mehr brachte ich nicht heraus. Es kostete mich viel zu viel Selbstbeherrschung, nicht loszuheulen, als dass ich mich an jenem ersten Tag auf irgendjemanden hätte einlassen können.

Recht bald erfuhr ich, dass sich im Annastift immer wieder Menschen das Leben nahmen, indem sie sich vom Dach des Hauses stürzten. Auch während ich dort wohnte, sprang ein Mädchen aus dem zwölften Stockwerk und starb direkt vor dem Haupteingang. Das Fenster in meinem Zimmer ging ebenfalls nach vorne hinaus, und manchmal dachte ich, während ich aus dem Fenster sah, wie grausig es wäre, wenn da jetzt ein menschlicher Körper herunterfallen würde.

Im Annastift waren wir alle in Doppelzimmern untergebracht, und mir war das nur recht, ich hätte es viel schlimmer gefunden, alleine zu sein. Meine erste Zimmergenossin hieß Helga, sie litt an einer Muskelerkrankung, mit der sie nur schwer zurechtkam. Eine Zeitlang wollte auch Helga sich das Leben nehmen, und die Mitarbeiter stellten vorsorglich unser Fenster so ein, dass man es nur kippen konnte, nicht ganz öffnen.

Anfangs war ich viel mit mir selbst beschäftigt, denn das Drama mit meinem Vater bekam eine neue Dimension. Die Mitarbeiter des Annastiftes übernahmen die Aufgabe von ihren Kollegen in Friedehorst, mir dabei zu helfen, meine Interessen gegenüber meiner Familie zu vertreten. Es ging nach wie vor um meine Ausbildung, doch in jenem Sommer 1978 entzündete sich ein heftiger Streit an einem Nebenthema, nämlich der Frage, ob mein Vater auch in diesem Jahr die Kosten für meinen Urlaub übernehmen würde.

Ich war im Büro, während eine Mitarbeiterin der Internatsleitung mit meinem Vater telefonierte. Es existiert ein Telefonprotokoll, das ich zitieren möchte:

»Es sollte geklärt werden, wo die Jugendliche während der Familienheimfahrt bzw. während des Urlaubs untergebracht werden soll. Der Vater verwies auf Friedehorst. Ich versuchte ihm klarzumachen, dass Stefanie mit ihren achtzehn Jahren in einem Kinderheim nicht mehr die besten Bedingungen hätte. Wir bäten ihn deshalb um Kostenzusage für einen Erholungsaufenthalt. Dies lehnte der Vater strikt ab und erklärte, dass Stefanie ihre Ferien jederzeit im Elternhaus verbringen könne.

Als ich die Probleme der Jugendlichen – Spannungen zwischen ihr und dem Elternhaus – ansprach, entgegnete der Vater mir, dass seine Tochter von uns aufgestachelt werden würde, insbesondere auch bezüglich einer weiteren Berufsausbildung. Er sei nach wie vor der Meinung, dass Stefanie am besten in einem Pflegeheim aufgehoben ist. Mit einer Ausbildung ist er nur dann einverstanden, wenn hundertprozentig gewährleistet werden kann, dass seine Tochter einen Arbeitsplatz bekommt. Er sieht sich aber nicht in der Lage, seiner Tochter in seiner Firma einen Arbeitsplatz zu beschaffen.

Er fühle sich gesetzlich gezwungen und könne gegen eine weitere Ausbildung keine Einwände erheben, da Stefanie volljährig sei. Sie solle aber sehen wie sie zurechtkäme. Eine finanzielle Unterstützung bekäme sie nur, wenn sie sich seinen Wünschen füge.

Stefanies Vater fühlte sich sehr angegriffen. Ich versuchte ihm klarzumachen, dass es hier primär um eine sachliche Regelung ginge. Im Verlauf des Gesprächs sagte er zu mir: ›Ich warte nur noch auf weitere Forderungen von meiner Tochter.‹ Ich entgegnete ihm: ›Ihre Tochter stellt keine Forderungen an sie, sondern sie erwartet Liebe und Anerkennung von ihnen.‹

Der Vater fühlte sich erneut sehr angegriffen und wies diese – nach seiner Auffassung – Unterstellungen mit folgenden Worten zurück: ›Ich liebe meine Tochter und habe mich achtzehn Jahre lang um sie bemüht und mich für sie abgerackert. Sie können froh sein, dass ich den Hörer nicht einfach aufknalle!‹

Zusammenfassung: Es war Stefanies Vater nicht einsichtig, dass eine Berufsausbildung seiner Tochter die Möglichkeit zur menschlichen Selbstverwirklichung gibt. Die Beratungsgespräche mit Stefanie werden wohl so verlaufen müssen, dass eine möglichst schmerzlose Trennung vom Elternhaus erfolgen muss.«

Am selben Tag noch rief meine Mutter im Internat an und wollte wissen, »was denn eigentlich los sei«. Auch von diesem Gespräch gibt es ein Protokoll:

»Schwierig wurde das Gespräch, als Stefanies Mutter drohte, bei weiteren Querelen mit der Tochter Stefanie ganz nach Hause zu holen, dann hätte das alles ein Ende. Ich habe ihr erklärt, dass die Jugendliche volljährig ist und auch über ihr Aufenthaltsbestimmungsrecht frei verfügen kann und dass ein Aufenthalt gegen den Willen im Elternhaus Freiheitsberaubung ist (Stefanie hat zu Hause keine Möglichkeit, einen Telefonapparat zu erreichen oder einen Brief zu schreiben). Weiterhin habe ich ihr klargemacht, sollte Stefanie gegen ihren Willen zu Hause festgehalten werden, würden wir notfalls auch über Behörden wie Polizei, Anwalt oder Ähnliches gehen. Unsere Funktion sei die, der Jugendlichen den entsprechenden Schutz zu ihrer Selbstverwirklichung zu geben.«

Und an anderer Stelle heißt es:

»Auch habe ich die Beziehungsebene der Eltern zu der Tochter im Gespräch etwas verdeutlicht, nämlich einerseits der verbale Anspruch einer sehr guten, harmonischen Beziehung zu der Tochter, andererseits jahrelange Heimaufenthalte, Untragbarkeit zu Hause, und habe sie auch gefragt, warum zum Beispiel nach einer Berufsausbildung im elterlichen Verlag keine Verwendungsmöglichkeit für einen ausgebildeten Bürokaufmann bestünde. Auf diese Frage antwortete Stefanies Mutter, das hätte mehrere Gründe und die würde sie mir nicht erläutern.«

Meine eigene Reaktion beschreibt die Mitarbeiterin folgendermaßen:

»Stefanie war während dieses Gesprächs anwesend und sie war teilweise sehr betroffen und sie empfindet die Aussagen ihrer Eltern hinsichtlich der Zuwendung und Liebe und Fürsorge als Hohn und ist ziemlich verzweifelt. Es sieht zwar so aus, als wenn sich die Eltern zumindest nach außen hin bemühen, sorgend für ihre Tochter da zu sein, aber innerlich doch solche Spannungen bestehen, die wohl kaum überwunden werden können und natürlich die sensible Stefanie all diese Dinge sehr deutlich merkt.«

Bereits vier Tage später erhielt ich per Einschreiben den Brief eines Anwalts, in dem mir mitgeteilt wurde, wie sehr meine Eltern es bedauerten, dass ich den Kontakt zu ihnen »so abrupt« abgebrochen hätte. Mein Vater sähe nun keine andere Möglichkeit, als per Anwalt mit mir zu kommunizieren.

Ich konnte es nicht fassen, dass mein Vater es fertig brachte, tatsächlich mir den Schwarzen Peter zuzuschieben, und doch war es so typisch für ihn. Wie weh mir dies tat, kann ich kaum beschreiben. Ich hatte ja noch keinerlei Lebenserfahrung und wusste nicht, wie man einem Anwalt überhaupt schreiben sollte. Wenn ich heute den Brief lese, den ich damals verfasste, kann ich doch nicht umhin, stolz auf mich zu sein:

»Zunächst möchte ich Ihnen versichern, dass auch ich die eingetretene Entwicklung bedauere. Es stimmt nicht, dass ich es strikt ablehne, mit meinen Eltern in Verbindung zu treten. Meine Eltern erhielten eine Einladung der Internatsmitarbeiter zu einem gemeinsamen Gespräch hier im Hause, dessen Dringlichkeit ich in einem pers. Telefonat mit meiner Mutter noch betont habe. Leider war es meinen Eltern nicht möglich, zu einem direkten Gespräch hierherzukommen, wodurch möglicherweise Missverständnisse entstanden sind. Sollte es meinen Eltern inzwischen doch möglich sein, so bitte ich diese dringlichst, möglicherweise auch mit Ihnen zu einem pers. Gespräch hierherzukommen. Bitte benachrichtigen sie mich so bald als möglich über die Entscheidung meiner Eltern.«

Selbstporträt

Meine Eltern kamen nicht. Und die Korrespondenz mit dem Anwalt ging noch eine Weile völlig fruchtlos weiter, während sich mein Herz mehr und mehr verschloss, um nicht noch mehr verletzt zu werden.

Anhand dieser Protokolle kann ich heute erkennen, wie sehr sich die Mitarbeiter des Annastiftes bemühten, mir in meiner schwierigen Situation zu helfen – und ich war ja nur eine von vielen. In diesem Hochhaus waren Schicksale versammelt, so unterschiedlich, wie man sie sich kaum denken kann. Neben Menschen, die wie ich behindert zur Welt gekommen waren, gab es auch psychisch Kranke oder solche, die erst vor wenigen Wochen querschnittsgelähmt geworden und entsprechend verzweifelt waren. Wir waren alle in einem Alter, in dem die Bereitschaft, über die eigenen Probleme zu sprechen, naturgemäß nicht besonders groß ist. Woher sollten die Mitarbeiter des psychologischen Dienstes wissen, wer mit seiner Situation klarkam und wer nicht?

Auch ich hatte eine Phase, in der ich nicht mehr leben wollte. Ich hatte bereits die Schere in der Hand, um mir die Pulsadern aufzuschneiden, doch wie so viele wusste auch ich nicht, wo genau man schneiden musste, und erst recht nicht bei meinen kurzen Armen. In diesem Moment kam rein zufällig – oder auch nicht – die Leiterin der Mitarbeiter unserer Etage in unser Zimmer. Sie merkte sofort, dass etwas nicht stimmte.

»Hey Steffi«, sagte sie auf ihre burschikose Art, »ich hab da eine Frage an dich. Kannst du mal eben mit ins Mitarbeiterzimmer kommen?«

Damit war der Bann gebrochen, fast schon erleichtert folgte ich ihr. Ich bin nicht der Typ, der sich das Leben nimmt, dazu ist mein Lebenswille viel zu stark ausgeprägt. Doch meine Verzweiflung war es damals nicht minder – und da war ich beileibe nicht die einzige. Oft hatte ich den Eindruck, in einem Haus voller junger Menschen zu leben, von denen jeder einen stillen Kampf mit sich selbst und seinen Lebensumständen ausfocht.

Die Mitarbeiterin Sonja, die mich am ersten Tag angesprochen hatte, blieb freundlich und hartnäckig am Ball. Oft sprach sie mich an und holte mich aus dem Zimmer in die Gemeinschaft. Sie lachte gerne, und irgendwann taute auch ich dann ein wenig auf.

Das Weihnachtsfest 1978 nahte, und im Gegensatz zu den anderen Jugendlichen kam es für mich nicht in Frage, es zuhause bei meiner Familie zu verbringen, die Gräben zwischen mir und meinen Eltern waren einfach zu tief. Da das Internat während der Ferien geschlossen war, brachte mich eine Kollegin von Sonja bei ihren Eltern unter. Sie selbst musste über die Festtage eine Freizeit leiten, darum konnte sie sich nicht selbst um mich kümmern.

Diese Weihnachtstage wurden für mich zu einer wundervollen Auszeit von den Auseinandersetzungen mit meinem Vater. Andreas Eltern bereiteten mir ein liebevolles und für mich vollkommen ungewöhnliches Fest. Noch heute sehe ich den herrlichen Ausblick auf Wiesen und Felder vor mir, den ich durch das große Panoramafenster in ihrem Wohnzimmer genießen konnte. Auf dem Fensterbrett lagerte meist eine Katze und wärmte sich an der Heizungsluft. Außerdem gab es zwei Hunde, einen Jagdhund und einen Mischling, und im Gegensatz zum elterlichen Pinscher Gerti schlossen mich diese beiden Vierbeiner sofort in ihr Herz. Der Jagdhund, der Besucher eher anzuknurren pflegte, legte mir voller Hingabe seinen großen Kopf auf den Oberschenkel und blickte zutraulich zu mir auf. Eines Abends ging der Vollmond über den Baumwipfeln auf und beschien die beinahe schon überirdisch schöne Winterlandschaft. In dieser liebevollen Umgebung konnte ich wenigstens zeitweise vergessen, warum ich eigentlich hier und nicht zuhause war, konnte den Zwist und Streit mit meinem Vater hinter mir lassen.

Es gab da noch den Bruder meiner Gastgeberin, der Motorrad fuhr.

»Den Helm würde ich gern mal aufprobieren«, gestand ich ihm einmal, als er gerade in voller Montur nach Hause kam. Er lachte.

»Soll ich?«, fragte er und hielt mir den Helm probehalber über den Kopf. Ich nickte. Schwupps, schon saß das Ding auf meinen Schultern.

»Schau dich mal im Spiegel an«, forderte er mich auf, und da im Flur ein großer Spiegel war, konnte ich mich darin bewundern.

»Steht mir gut, oder?«, sagte ich lachend.

»Aber hallo!«, war seine gut gelaunte Antwort.

Der Weihnachtsurlaub bei dieser Familie tat mir unendlich gut. Die Liebenswürdigkeit dieser Menschen war Balsam für meine Seele. Als ich zurück ins Annastift kam, fühlte ich mich besser und hatte das Gefühl, all den Anforderungen, die meine Berufsorientierung an mich stellte, gewachsen zu sein, auch ohne die Unterstützung meiner Eltern. Ja, ich habe einfach ein viel zu lebhaftes und kommunikatives Wesen, um mich auf Dauer abzuschotten. Nach und nach entdeckte ich die Gemeinschaft um mich herum, Gemeinsamkeiten und immer mehr von etwas, was vollkommen neu für mich war: Freiheit.

Die Entdeckung der Freiheit

Bis zu meinem achtzehnten Lebensjahr hatte ich in streng reglementierten Zusammenhängen gelebt. Das St. Josef-Stift hatte ich selten verlassen, und wenn, dann nur, um meine Eltern, Gisela oder Freundinnen zu besuchen. Auch aus Friedehorst kamen wir nur heraus, wenn das Heim etwas organisierte, meine Eltern mich abholten oder ich irgendwo eingeladen war. Nie im Leben wäre ich auf die Idee gekommen, mit meiner Hebeldraisine oder dem Elektrorollstuhl das Gelände auf eigene Faust zu verlassen.

Im Annastift war dies plötzlich möglich. Und das war noch lange nicht alles, was mir hier an Freiheit geboten wurde: Plötzlich wurde mir das Leben vor die Füße – oder besser gesagt: vor die Räder – geworfen, und ich musste lernen, damit umzugehen. Dazu gehörte auch, dass ich rauchen durfte, Alkohol trinken und ganz offiziell einen Freund haben – all diese Möglichkeiten machten mich fast schwindlig. Und natürlich musste alles ausprobiert werden, schön eines nach dem anderen, und manche Dinge auch gleichzeitig.

Nach meinem ersten, heimlichen Versuch in Friedehorst wurde ich jetzt allmählich zur Raucherin. Nicht weil es mir so sehr schmeckte, nach wie vor fand ich den Geschmack eigentlich ekelhaft, sondern weil man es einfach tat. Rauchen war eine Möglichkeit, cool zu sein und dazuzugehören.

Meiner Marke, die ich damals gemeinsam mit Annika verbotenerweise aus dem Zigarettenautomat gezogen und hinter dem ehemaligen Schweinestall geraucht hatte, blieb ich treu: Lord. Unter all den anderen Marken schien sie mir geschmacklich das geringste Übel. Nicht, dass ich den Rauch inhaliert hätte. Ich paffte nur, von Lungenzügen bekam ich peinliche Hustenanfälle.

Ich öffnete mich mit der Zeit und wurde Teil einer Clique von Leuten, die teils aus meinem Kurs und teils von der Etage stammten. Irgendwie hatte immer einer von uns Alkohol, und so kam es, dass ich auch damit anfing, um dazuzugehören. Außerdem war das Trinken und das Flirten mit den Jungs eine ausgezeichnete Möglichkeit, meinen Kummer zu vergessen. Mike hatte keine sichtbare Behinderung und konnte prima küssen. Er war Afroamerikaner und sah gut aus mit seinem dunklen Teint und den schwarzen Locken, er hatte schöne, braune Augen, und ich war sehr stolz , als er mir den Hof machte. Doch nach einer Weile merkte ich, dass man mit ihm außer Küssen und Trinken nicht viel anfangen konnte.

Gut küssen konnte auch Dietrich, mit dem man sich am besten in den Fahrstuhl verzog. Wir wohnten im elften Stockwerk, und die Fahrten nach unten zur Kantine oder in die Ausbildungsräume dauerten – waren die Türen einmal geschlossen, konnte keiner mehr stören. Außerdem kannte Dietrich noch einen anderen Trick: Im Hauptbereich gab es einige große Fahrstühle, die sehr frequentiert waren. Weiter hinten allerdings befanden sich noch zwei weitere, die etwas kleiner waren und seltener benutzt wurden. Wollten wir ein bisschen allein sein, zogen wir uns in einen dieser Aufzüge zurück.

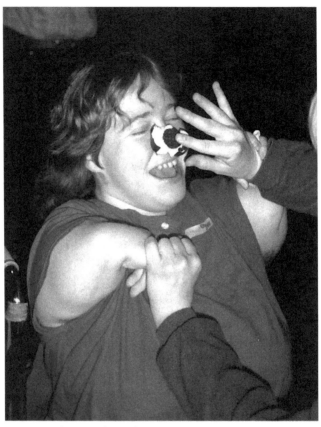

Momente der Ausgelassenheit

Abends hockten wir in den Gemeinschaftsräumen beisammen, schauten fern oder quatschten, tranken miteinander und hatten es lustig. Ich genoss diese unbeschwerten Stunden, und doch waren sie immer viel zu schnell vorbei. Wir gingen spät zu Bett und kriegten morgens oft die Augen kaum auf, wenn wir uns zu früher Stunde in den Ausbildungswerkstätten herumquälten.

Unser Unterricht begann schon früh um halb acht. Vormittags gab es eine kleine Pause, die wir zum Rauchen nutzten. Unser Mittagessen erhielten wir in einer Kantine auf Tellern, auf dem die einzelnen Beilagen schön voneinander getrennt waren. Ich nehme an, dass es an den Pflegekräften im St. Josef-Stift liegt, die uns das Essen mit Gewalt hineinzwangen, auf alle Fälle war das Essen für mich von klein auf ein heikles Thema. Vieles schmeckt mir bis heute nicht: Gemüse, wenn es faserig ist, und das ist es meistens, Kartoffeln und Saucen, aber auch Fleisch esse ich bis heute nicht gerne. Ich muss gestehen, dass ich kaufaul bin, Hackbällchen aber, Hähnchenfleisch oder Überbackenes mag ich gern, außerdem bin ich eine leidenschaftliche Nudelesserin, und das, obwohl ich aus einer Gegend stamme, in der man sich eigentlich tagein tagaus von Kartoffeln ernährt. In jenen Jahren begann ich außerdem unter starken und rätselhaften Magenschmerzen zu leiden, Beschwerden, die mich viele Jahre lang begleiten sollten. Vielleicht war die Ursache dafür meine hauptsächlich sitzende Haltung, im Lauf der Jahre hat mein Magen, der normalerweise diagonal zur Wirbelsäule verläuft, eine fast waagrechte Position eingenommen. Das erschwert natürlich die Verdauung und sorgt dafür, dass mein Magensaft nicht gut abfließen kann und häufig am unteren Ende meiner Speiseröhre einen brennenden Schmerz verursacht. Natürlich ist der Magen auch stark von der Psyche abhängig, und so gesehen ist es eigentlich kein Wunder, dass ich gerade in dieser Phase Beschwerden bekam, die durch Stress vonseiten meiner Familie und auch durch die neue Lebenssituation geprägt war.

Nach sechzehn Uhr war Feierabend, dann landeten wir alle in der Cafeteria. Hier wurde Bier und Wein ausgeschenkt, und ich war damals eher eine Biertrinkerin. Heute mag ich den Geschmack überhaupt nicht mehr, ich finde ihn bitter und eklig. Später gab es in der Kantine auch noch Abendessen, doch wir nahmen es uns oft mit hoch in unsere Etage und aßen dort gemeinsam.

Mit der Zeit gelang es mir, meine große Anspannung abzulegen und mich freier zu fühlen in der Gesellschaft meiner Freunde. Außerdem winkte die große Freiheit, und dazu gehörte auch, auf eigene Faust mit meinem E-Rolli ganz allein in die Stadt zu fahren, um ein bisschen »Bummeln zu gehen«.

Als ich das allererste Mal in meinen ganzen Leben auf eigene Faust das Annastift verließ und alleine loszog, war es mir schon ein bisschen mulmig.

Vom Annastift bis zur Innenstadt waren es ungefähr neun Kilometer. Da mein damaliger E-Rolli nur sechs Stundenkilometer fuhr, war ich ganz schön lange unterwegs. Bis ganz in die Innenstadt von Hannover schaffte ich es, soweit ich mich erinnere, gar nicht. Jedoch beim ersten Schallplattenladen, den ich entdeckte, kaufte ich mir die erste Langspielplatte meines Lebens: »The very best of John Denver«. Meine Güte, war ich stolz!

Mit meiner Trophäe in der Tasche machte ich mich auf den Heimweg. Da plötzlich gab es einen lauten Knall. Mist! Ich bemerkte, dass einer meiner Hinterreifen platt war. Was nun?

›Ich muss auf dem schnellsten Weg nach Hause‹, sagte ich mir, und überlegte, wie ich den Weg abkürzen könnte. Leider hatte ich damals einen sehr schlechten Orientierungssinn – woher sollte ich den auch haben, es gab ja nie Gelegenheit, ihn zu trainieren.

Also machte ich mich in die Richtung auf, von der ich glaubte, dass dort das Annastift liegen müsste. Es war nicht gerade einfach, mit dem platten Reifen voranzukommen, und irgendwie hatte ich das Gefühl, dass der Rolli viel langsamer fuhr als zuvor.

Dann versperrte mir eine breite und viel befahrene Straße den Weg. Die musste ich überqueren, doch wie sollte ich das anstellen, die mehrspurige Straße war stark befahren. Irgendwann konnte ich eine Lücke zwischen den vorüberbrausenden Fahrzeugen nutzen und mit viel Mut die breite Fahrbahn überqueren. Damals ahnte ich nicht, dass es eine Schnellstraße war, die ich tapfer auf meinen vier Rollstuhlreifen kreuzte, von denen einer auch noch platt war.

Es grenzt an ein Wunder, dass ich die andere Straßenseite heil erreichte. Doch wie sollte es nun weitergehen? Ich hatte die Orientierung verloren und sah mich ratlos um.

Da entdeckte ich eine Tankstelle, und ich dachte: nichts wie hin. ›Vielleicht pumpt mir dort jemand den Reifen wieder auf?‹, überlegte ich hoffnungsfroh, während ich dorthin rumpelte.

Der Tankwart staunte nicht schlecht, als er mich mit dem platten Reifen daher fahren sah.

»Bitte, könnten Sie mir helfen?«, fragte ich höflich, »ich glaube, ich habe einen platten Reifen. Vielleicht kann man ihn wieder aufpumpen?«

Der Mann starrte mich entgeistert an, dann besah er sich den Schaden.

»Nicht nur platter Reifen«, erklärte er mir in gebrochenem Deutsch. »Alles zerfetzt, alles kaputt!«

Ich beugte mich nach hinten, um den Reifen besser sehen zu können. Der Mann hatte Recht. Von dem Gummi, aus dem der Reifen bestand, war nicht mehr viel übrig. ›Oh Gott‹, dachte ich, ›wie soll ich denn jetzt bloß nach Hause kommen?‹

»Wo müssen Sie denn hin?«, fragte mich ein zweiter Mann, der dem Tankwart zu Hilfe geeilt war.

»Ins Annastift«, sagte ich, etwas kleinlaut geworden.

Inzwischen liefen immer mehr Menschen zusammen, bestaunten meinen ruinierten Reifen und diskutierten in verschiedenen Sprachen miteinander. Dann schienen sie einen Entschluss gefasst zu haben. Einer ging fort und fuhr mit einem PKW vor. Ein zweiter holte einen Lieferwagen. Kurzerhand hoben mich die freundlichen Männer hoch und setzten mich in das Auto, während sie meinen Rollstuhl in den Lieferwagen verfrachteten. Auf diese Weise fuhren sie mich und mein Gefährt nach Hause ins Annastift.

Diese freundlichen Männer verlangten nichts für ihren Aufwand, und ich dankte meinen Rettern von ganzem Herzen. Mir war klar, dass ich an diesem Tag nicht nur einen, sondern eine ganze Abteilung Schutzengel beschäftigt hatte. Einen Ausflug im Alleingang unternahm ich vorerst nicht mehr.

Hatte ich bereits in Friedehorst begonnen, so viel wie möglich selbst zu machen, so wollte ich nun noch unabhängiger werden. Ich lernte beispielsweise, ganz alleine zu duschen und mir die Haare selbst zu waschen, was eine ungeheure Anstrengung bedeutet. Allein um meine Kopfhaut mit den Fingerspitzen berühren zu können, muss ich meinen Kopf enorm stark beugen. Dafür nahm ich Überdehnungen und Überbeanspruchungen der Arme, meiner Schultern und meines Rückens in Kauf. Die Freiheit und Unabhängigkeit, die ich dadurch gewann, war es mir damals wert. Es war für mich etwas völlig Neues, meinen Körper als intimen Bereich zu erleben, der nur mir gehörte und den ich selbst versorgen lernte. Heute büße ich dafür, denn die extremen Dehnungen haben meine Sehnen und Gelenke verschlissen. Schon vor einigen Jahren musste ich die Unabhängigkeit, die ich mir damals erkämpfte, Stück für Stück wieder aufgeben. Wieder muss ich mir helfen lassen, ich brauche einen Pflegedienst, und ich weiß, dass ich in den kommenden Jahren noch mehr Hilfe benötigen werde.

Damals allerdings hatte ich das Gefühl, meine Grenzen noch weiter ausdehnen zu können. Auf meinen eigenen, kurzen Beinen gehen zu können, wäre eine solche Grenzerweiterung gewesen, noch ein Stückchen mehr Selbständigkeit. Ich startete einen erneuten Versuch, mir Prothesen anpassen zu lassen. Die wurden speziell für mich angefertigt – und waren richtig schwere Teile. Darin zu gehen war auch nach viel Ausprobieren und Üben unmöglich, und heute weiß ich auch warum: Meine Oberschenkelknochen liegen nicht in einer Hüftpfanne, und aus diesem Grund sind meine Beine nicht in der Lage, mich zu tragen. Statt Pfannen sind nur zwei gabelförmige Knochen ausgebildet, in denen die Oberschenkelknochen keinen Halt finden. Außerdem konnte ich nicht gehen, weil die Schäfte genau wie damals, als ich zehn Jahre alt war, schmerzhaft in meine Leisten schnitten, und die Prothesen insgesamt viel zu schwer waren. Schade. Ich musste einsehen, dass es keinen Sinn hatte und begrub meinen Traum vom Gehen ein für alle Mal.

Als ich im Mai 1978 ins Annastift kam, erhielt ich die Gelegenheit, drei Monate lang im Rahmen einer »Berufsfindung« verschiedene Sparten zu durchlaufen und mich langsam an die neue Umgebung zu gewöhnen, ehe im Herbst desselben Jahres ein einjähriger Förderlehrgang begann. In der Holzwerkstatt lernte ich, verschiedene Gegenstände herzustellen, ich fertigte eine hübsche, hölzerne Spiegelauflage, die ich verschenkte, wie das meiste, was mir gut gelang. Die Arbeit in der Metallwerkstatt lag mir nicht so, da mussten Metallstifte zurechtgefeilt werden, was mir schwerfiel. In der Schneiderwerkstatt hingegen nähte ich mit Begeisterung einen Teddybär, der mir mithilfe der Ausbilderin richtig gut gelang. Ich schenkte ihn Marlies, als ich in jenem Sommer 1979 nach langem Hin und Her mit meinem Vater meine Ferien schließlich doch wieder im Niels-Stensen-Haus in Worphausen verbringen durfte. Am besten jedoch gefiel mir die Arbeit im Büro. Wir lernten auf alten Adler-Geräten, die noch richtig schwer gingen, das Schreibmaschinenschreiben, und ich hatte großen Spaß dabei. Von Anfang an hatte ich den Ehrgeiz, möglichst fehlerfrei tippen zu lernen und so viele Anschläge pro Minute hinzulegen wie nur möglich. Und ich freundete mich mehr und mehr mit dem Gedanken an, einmal in einem Büro zu arbeiten.

Als im Herbst der einjährige Förderlehrgang begann, lernte ich dort eine junge Frau kennen, die unter dem TAR-Syndrom litt, einer sehr seltenen Fehlbildung aufgrund eines Mangels an Blutplättchen. Ihre Arme sind ähnlich wie bei mir verkürzt, auch die Hände sind ein wenig deformiert. Odette wohnte im siebten Stockwerk, hatte ein draufgängerisches Temperament, blonde Locken, blaue Augen und war ausgesprochen fröhlich. Ich bemerkte wohl, dass sie meine Nähe suchte, doch obwohl ich mich schon lange nach einer echten Freundin sehnte, brauchte es eine gewisse Zeit, bis ich wieder einmal Vertrauen zu einem Menschen fassen konnte. Odette war zum ersten Mal von zuhause weg, sie kam aus einem Dorf und fühlte sich im Annastift schrecklich einsam. »Auch du hast immer ganz einsam auf mich gewirkt«, sagte sie später zu mir. So kam es, dass wir uns einander ganz langsam annäherten, bis eine Freundschaft daraus wurde, die bis heute währt.

Odette wollte schon immer Erzieherin werden und in einem Kindergarten arbeiten. Die Beraterin vom Arbeitsamt allerdings, die sie nach ihrem Schulabschluss konsultierte, schloss diesen Berufsweg angesichts ihrer Behinderung kategorisch aus. Und so hatte es auch sie ins Annastift verschlagen mit dem Ziel, herauszufinden, welchen Beruf sie sonst erlernen könnte.

Wir waren bald ein Herz und eine Seele. Schwer für mich war, dass Odette jedes Wochenende nach Hause fuhr, obwohl ich mich natürlich darüber freute, dass meine Freundin ein so gutes Verhältnis zu ihrer Familie hatte, während ich nach wie vor per Anwalt mit meinen Eltern korrespondieren musste.

Das Ganze belastete mich aber sehr. Immer wieder überlegte ich, ob nicht doch ich an unserem Zerwürfnis Schuld hatte. Es fiel mir schwer, konsequent zu bleiben und nicht zuhause anzurufen. Doch ich wusste auch, was mich dieser Schritt kosten könnte: meine Freiheit, die ich augenblicklich zu leben lernte.

In jener Zeit kümmerten sich die Mitarbeiter, allen voran Sonja, sehr um mich. Damals fiel mir das gar nicht so auf, doch im Nachhinein weiß ich, dass sie ein besonderes Auge auf mich und meine Stimmungen hatte. Wer mir vorschlug, eine externe Gesprächstherapie zu beginnen, weiß ich nicht mehr. Doch ein gutes Jahr nach meiner Ankunft im Annastift begann ich, regelmäßig eine Therapeutin zu besuchen, der ich nach und nach mein Herz öffnete. Obwohl ich sofort Zutrauen zu ihr fasste, fiel mir das nicht leicht, und es dauerte ein paar Sitzungen, bis ich mich ihr öffnen konnte. Und so erzählte ich ihr peu à peu vom Verhältnis zu meinen Eltern.

Es war nicht so, dass die Therapeutin mir Ratschläge gab. In diesem Begriff steckt ja auch das kleine Wort »Schlag«. Vielmehr ermutigte sie mich darin, meinen eigenen Gefühlen zu vertrauen und ihnen zu folgen. Dass die Gespräche mir gut taten, fühlte ich bald. Sie halfen mir, meinen eigenen Weg zu finden und mich innerlich von der Abhängigkeit, die ich trotz der räumlichen Ferne zu meinem Vater entwickelt hatte, abzunabeln und reifer zu werden. Und während meiner »wilden« Zeit, in der es so viele Dinge gleichzeitig zu bewältigen galt, waren die regelmäßigen Treffen mit der Gesprächstherapeutin ein wunderbares Mittel, das Durcheinander in mir ein bisschen zu strukturieren. So besuchte ich sie rund zwei Jahre lang einmal pro Woche.

Damals begann ich auch, mich selbst zu beobachten. Dabei wurde mir zum ersten Mal bewusst, dass ich mir angewöhnt hatte, beim Musikhören den Kopf rhythmisch hin und her zu bewegen, mitunter stundenlang. Auch wenn ich die psychologischen Hintergründe meines Kopfschaukelns damals nicht kannte, die sogenannte »Bewegungsunruhe«, die eine Form des Hospitalismus ist, so fühlte ich doch, dass diese Angewohnheit etwas Peinliches war, etwas, das ich mir besser abgewöhnen sollte. Und das tat ich dann auch konsequent. Die Vorstellung, jemand, der mir wichtig war, könnte mich so sehen und mich für bescheuert halten, reichte als Motivation vollkommen aus.

Mir gefiel es im Annastift, das Miteinander mit den anderen, die Möglichkeit, vieles auszuprobieren, seien es persönliche Freiheiten wie Rauchen oder einen Freund zu haben oder verschiedene Berufe auszutesten. Auch die Mitarbeiter betrachtete ich nach und nach als meine Freunde. Oft aßen wir gemeinsam zu Abend und holten das Essen aus der Kantine zu uns hoch in den elften Stock. Dann fühlte es sich fast schon an wie in einer großen Familie.

Daher war es ein herber Schlag für mich, als drei Mitarbeiter, die ich in mein Herz geschlossen hatte, das Annastift verließ, um sich beruflich zu verändern. Wir veranstalteten eine Abschiedsparty für sie, die ich kein bisschen genießen konnte, so traurig war ich wieder einmal.

Auch meine Omi vermisste ich schmerzlich. Wann immer es möglich war, telefonierte ich mit ihr. Dafür gab es im unteren Eingangsbereich eine Telefonkabine, und ich sammelte immer Münzen für meine Gespräche mit meiner Großmutter. Die Kabine hatte eine richtige Tür, und so konnte man wirklich ungestört sprechen. Von ihr erfuhr ich, was zuhause los war. Sie berichtete mir auch von Familienfesten, von denen ich schon lange ausgeschlossen blieb, nicht erst seit dem Zerwürfnis mit meinen Eltern.

Omi schien mir die einzige in meiner Familie zu sein, die sich wirklich für mich interessierte. Wenn sie mich fragte, wie es mir ging, dann wusste ich, dass das ernst gemeint war. Dennoch hielt ich mich immer ein bisschen zurück, denn ich befürchtete, sie könnte manches meinen Eltern weitererzählen. Da war immer dieser Zwiespalt: einerseits der Wunsch, mich ihr zu öffnen, und auf der anderen Seite die Sorge, mein Vater könnte Dinge von mir erfahren, von denen ich meinte, er sollte sie nicht wissen.

»Rede doch mal wieder mit ihnen«, bat mich Omi hin und wieder. »Ruf sie an, sie würden sich freuen.«

Doch noch war ich nicht so weit. Ganz unabhängig von meinem Groll, den ich immer noch hegte, ahnte ich tief innen, dass ich erst stark genug werden musste, um dem Druck, den mein Vater ausüben konnte, standhalten zu können

»Jetzt noch nicht«, sagte ich dann zu Omi, die unter der Situation vielleicht am meisten von uns allen litt, »vielleicht später mal. Und außerdem könnte ja auch Vati mal anrufen. Wieso eigentlich immer ich?«

Omi seufzte.

»Genau wie dein Vater«, stellte sie dann fest. »Ihr seid aus demselben Holz geschnitzt.«

Und irgendwie machte mich das nun doch wieder stolz.

Traute ich mich auch nicht mehr so bald alleine nach Hannover, so gingen Odette und ich doch gern zusammen bummeln. Die Mitarbeiter des Annastifts organisierten hin und wieder Fahrten in die Stadt, dann war es meistens Sonja, die sich an das Steuer eines der alten VW-Busse des Internats setzte, uns hinbrachte und später zu einem verabredeten Zeitpunkt wieder abholte. Mir imponierte, wie selbstständig Sonja war, und nachdem ich erfahren hatte, dass ihr Freund und späterer Mann auch behindert war, stieg sie, falls das möglich war, noch mehr in meiner Achtung.

An einem dieser Tage genossen Odette und ich es, ein wenig durch die Innenstadt zu bummeln, als ich auf einmal den Eindruck hatte, dass uns jemand verfolgte. Es war ein Mann mit einem Parka, er hatte die Kapuze über den Kopf gezogen, und die Tatsache, dass er immer hinter uns war, machte mir Angst. Ich beobachtete das Ganze noch eine Weile, dann machte ich Odette auf den Mann aufmerksam.

»Da verfolgt uns einer«, sagte ich zu ihr. »Dort hinten. Der Mann mit dem Parka.«

»Nein«, sagte sie, »das glaube ich nicht. Das bildest du dir sicherlich nur ein.«

Doch nach einer Weile bemerkte auch Odette, dass der Mann mit dem Parka ständig hinter uns war.

»Ich glaube du hast recht«, sagte sie leise. »Was machen wir denn jetzt?«

»Wir bleiben dort«, sagte ich, »wo ganz viele Menschen sind. Da kann er uns nichts tun.«

Wir beide hatten ja keine Erfahrung mit solchen Situationen. Das einzige, was wir hatten, war Angst. Wie verhält man sich in einem solchen Fall? Die restliche Stunde unseres Stadtbummels konnten wir gar nicht mehr richtig genießen. Ständig war dieser Kerl hinter uns. Und das Schlimmste war, dass wir, um zum verabredeten Treffpunkt zu gelangen, durch eine lange Unterführung mussten. Und das wagten wir nicht angesichts unseres Verfolgers. Was also war zu tun?

Glücklicherweise trafen wir eine andere Gruppe aus dem Annastift aus dem Wohnbereich der Schwerstbehinderten, die mit einem separaten Bus gebracht und abgeholt wurden. Denen schlossen wir uns an.

»Wir werden verfolgt«, erklärte ich ihnen.

»Was? Wer sollte euch schon verfolgen?«, fragte uns einer aus der Gruppe.

»Seht ihr den Mann dort hinten im Parka?«

»Meinst du den mit der Kapuze?«

»Genau den meine ich«, antwortete ich leise. »Der ist schon seit mindestens einer Stunde hinter uns her. Wir haben keine Ahnung, was der von uns will. Odette und ich müssen durch diese lange Unterführung gehen, um zu unserem Treffpunkt zu kommen. Aber wir fürchten uns.«

Die anderen berieten untereinander, dann sagten sie:
»Wir begleiten euch. Wenn wir alle beisammen sind, kann er uns nichts tun.«

Gesagt, getan. Was waren wir erleichtert, als wir beim Bus ankamen. Der Mann mit dem Kapuzenparka war verschwunden. Zum Glück sahen wir ihn nie wieder.

Im Frühjahr 1979 fuhren Odette und ich zusammen für ein paar Tage nach Worphausen ins Niels-Stensen-Haus. Ich hatte meiner Freundin so viel und so begeistert davon erzählt, dass sie die Einrichtung und natürlich Marlies unbedingt auch kennenlernen wollte. Mein Spitzname dort war »Elli Pirelli«, weil ich einen so heißen Reifen mit meinem Rollstuhl fuhr. Abends machten wir Disko und tanzten, was das Zeug hielt. Dazu rutschte ich auf den Boden, Odette setzte sich zu mir und wir bewegten uns ausgelassen zur Musik.

Irgendjemand erzählte uns, dass es in Bad Oeynhausen, einem historischen Kurort mit Soleheilquelle, einige barrierefreie Ferienwohnungen gäbe, die sich wunderbar für Menschen mit Behinderungen eigneten. Sofort fassten Odette und ich den Plan, dort gemeinsam Urlaub zu machen.

Für mich war dies etwas ganz Neues: ein selbst geplanter und durchgeführter Urlaub mit meiner neuen besten Freundin!

Bad Oeynhausen liegt in der Nähe der Porta Westfalica, ungefähr auf der halben Strecke zwischen Hannover und Ibbenbüren am Zusammenfluss von Weser und Werre.

Odette und ich waren begeistert von der sanften Landschaft zwischen dem Weserbergland und dem Teutoburger Wald.

Ende der 1970er-Jahre war es noch lange nicht selbstverständlich, dass behindertengerecht gebaut wurde. Umso mehr genossen Odette und ich die Ferienwohnung, in der ich mit dem Rollstuhl problemlos die Toilette und das Badezimmer benutzen konnte. Außerdem verfügte die Wohnung natürlich auch über eine Küche, so dass wir uns etwas kochen konnten. Wir fühlten uns frei und unabhängig und waren sehr glücklich.

Wir liebten es, durch die Innenstadt zu bummeln und ins Kino zu gehen. Dort hatten wir eines Abends ein denkwürdiges Erlebnis.

Ein Mann kam auf uns zu und sagte wie aus heiterem Himmel:

»Ich möchte euch zwanzig Mark schenken«, und drückte jeder von uns einen Schein in die Hand. Wir waren völlig perplex und lehnten zunächst ab. Doch der Mann bestand darauf, so dass wir das Geld schließlich annahmen, um ihn loszuwerden.

Als der Kinofilm zu Ende war, kam derselbe Mann nochmal zu uns, und da wurde mir bewusst, dass er betrunken sein musste.

»Ihr tut mir so leid«, sagte er, »Bitte nehmt nochmal was.«

Und mit diesen Worten reichte er jeder von uns nochmal fünfzig D-Mark. Odette weigerte sich zunächst entschlossen.

»Komm«, sagte ich leise zu ihr, »nimm es. Das Geld versäuft er schon nicht mehr.«

Da nahm sie es schließlich an. Nachdenklich gingen wir nach Hause.

»Was machen wir mit dem Geld?«, wollte Odette wissen.

»Weißt du was?«, sagte ich nach einer Weile, »wir kaufen uns etwas ganz Schönes dafür als Erinnerung an diesen Urlaub. Was hältst du davon?«

Das gefiel Odette. Ein paar Tage lang beschäftigte uns die Suche nach dem geeigneten Objekt. Schließlich fanden wir ein Geschäft, das wunderschöne Kupferbilder anbot. Jede von uns suchte sich ein Motiv aus. Ich wählte eine schwarze Katze auf kupfernem Untergrund – eine besondere Erinnerung an einen besonderen Urlaub.

Ein Jahr, nachdem ich ins Annastift gekommen war, gab es Neuzugänge. In das siebte Stockwerk, wo Odette lebte, zog 1979 ein junger Mann namens Jürgen ein. Da eines seiner Beine fünfzehn Zentimeter kürzer war als das andere, und weil ihm das Wadenbein fehlte, trug Jürgen eine Orthese, eine Beinunterstützung. Jürgen machte eine Ausbildung zum Schreiner, und er fiel mir überhaupt erst auf, als er der Freund meiner Zimmernachbarin wurde. Von da an besuchte er uns täglich auf unserem Stockwerk und kam in das Zimmer, das ich mit Helga teilte. Es dauerte nicht lange, und er erklärte mir zu meiner großen Überraschung seine Liebe.

»Eigentlich habe ich mich vom ersten Augenblick an in dich verliebt, Stefanie«, sagte er verlegen. »Mit Helga ging ich nur, um in deine Nähe zu kommen.«

Ich wusste zunächst nicht, was ich mit diesem Geständnis anfangen sollte. Zwar wünschte ich mir schon lange eine Beziehung, doch wenn es ernst wurde, so wie jetzt, konnte ich einfach niemanden an mich heranlassen. Jürgen jedoch ließ nicht locker. Und im Grunde gefiel mir das ganz gut.

»Wollen wir Tischtennis spielen?«, fragte mich Jürgen beispielsweise immer wieder, und er wusste genau, dass ich ihm das nicht abschlagen würde.

Im Eingangsbereich gleich vor dem Fahrstuhl stand eine Tischtennisplatte. Ich spielte gern mit Jürgen, er wusste genau, wie er mir die Bälle zuspielen musste, damit ich sie auch kriegte. Und dann kam er noch öfter auf »die Elfte« hoch. Ein Blinder konnte wahrscheinlich sehen, dass er in mich verliebt war. Doch ich war Nähe nicht gewohnt. Es fiel mir schwer, mich auf einen Menschen einzulassen. Mal sehnte ich mich nach Jürgen, dann schob ich ihn wieder von mir weg. Doch er blieb hartnäckig und bewies einen langen Atem.

Jürgen sah gut aus, er war groß und schlank, hatte dunkles Haar und schöne braune Augen. Was mir allerdings am meisten an ihm gefiel, war seine liebevolle und freundliche Art, sein guter Charakter. Er hatte einen Freund namens Erwin, und beide machten die Tischlerausbildung im Annastift. Genau wie Jürgen, war auch Erwin ein ganz weichherziger Mensch. Erwin baute mir einmal einen Stuhl, der heute noch bei mir im Schlafzimmer steht. Er litt unter dem sogenannten Klippel-Trénauney-Weber-Syndrom, einer Krankheit, bei der aufgrund einer Störung der Gefäße verschiedene Körperteile extrem vergrößert sein können. Eine Zeitlang war Odette mit Erwin befreundet. Und als dann irgendwann feststand, dass Jürgen und ich zusammen waren, gingen wir manchmal gemeinsam aus. Entweder gingen wir in die Stadt, oder wir machten es uns in einem unserer Zimmer gemütlich. Ich muss gestehen, dass ich stolz war, endlich einen Freund zu haben, und dann noch einen so gutaussehenden und liebevollen.

Mein zwanzigster Geburtstag rückte näher, und im Schaltjahr 1980 konnte ich endlich wieder den eigentlichen Tag meiner Geburt, den 29. Februar, feiern. Omi bat mich während unserer Telefongespräche immer wieder, mich endlich mit meinen Eltern zu versöhnen.

Eigentlich hatte ich die Tür zwischen ihnen und mir ja nie wirklich zugeschlagen. Ich hatte mich lediglich zum ersten Mal in meinem Leben gewehrt, um meine Interessen zu wahren, und mein Gefühl sagte mir, dass das genau richtig war. Tatsächlich hätte ich in jenen Jahren im Annastift die Tür endgültig schließen können, aber das passt nicht zu mir, ich bin kein nachtragender Mensch, das war ich nie. Auch wenn die Menschen mich noch so sehr verletzen, irgendwann spreche ich wieder mit ihnen und bin ihnen gut.

Zum Beispiel Tante Gerlinde, die mich damals zu sehr mit der Prothese gequält hatte. Eine Zeit lang war ich böse mit ihr, doch dann fand ich es vernünftiger, die Sache zu vergessen. Außerdem war ich auf meine Umwelt angewiesen, es ging ja gar nicht anders, als mich irgendwann wieder mit den Menschen zu versöhnen, die mich versorgten. Auch eine Familie streift man nicht einfach so ab wie einen unbequemen Schuh. Und damals, als ich kurz vor meinem zwanzigsten Geburtstag stand, wünschte ich mir nichts sehnlicher, als mich mit meinen Eltern zu versöhnen.

Aber nicht um jeden Preis. Ich war nun erwachsen, jedenfalls fühlte ich mich so, und nach dem Gesetz volljährig. Mein Vater musste akzeptieren, dass ich meine eigenen Wünsche und Vorstellungen hatte. Ich konnte mich nicht ewig seinem Willen beugen, dazu beschäftigte er sich meiner Meinung nach auch nicht ausreichend mit meinem Leben. Wenn ich schon von klein auf in Heimen aufwachsen musste und auf diese Weise zur Selbstständigkeit gezwungen war, dann musste er auch akzeptieren, dass ich einen eigenen Kopf hatte. Es war mein Leben, und ich wollte etwas daraus machen.

Und schließlich hat er es wohl tatsächlich akzeptiert. Wie unser Kontakt wieder in Gang kam, weiß ich nicht mehr. Vermutlich war ich diejenige, die zum Telefonhörer griff und zuhause anrief. Nach zwei Jahren Sendepause mit spärlichem Kontakt über den Anwalt meines Vaters muss ich sie wohl zu meinen zwanzigsten Geburtstag eingeladen haben. Auf alle Fälle war dies das erste Mal, dass meine Eltern samt meiner Geschwister mich nach unserem Zerwürfnis im Annastift besuchten.

Ich werde nie vergessen, wie sie damals bei uns erschienen. Mein Vater trug einen tragbaren Fernsehapparat unter dem Arm, mein Geburtstagsgeschenk. Ich hatte diesem Treffen mit gemischten Gefühlen entgegengesehen. Einerseits freute ich mich natürlich sehr. Andererseits war ich auf allerhand gefasst, und vor allem fürchtete ich die Art meiner Eltern, ihre Besuche immer zu einem besonderen Ereignis nicht nur für mich, sondern auch für meine gesamte Umgebung zu machen. Und so war es auch dieses Mal.

Ich hatte nicht das Gefühl, einen Fernseher zu brauchen. Es gab einen Fernsehraum, und es machte viel mehr Spaß, mit den anderen gemeinsam zu schauen als ganz alleine in meinem Zimmer. Nun war ich die Einzige weit und breit, die einen eigenen Apparat hatte, und damit einmal mehr Gesprächsstoff des Tages im gesamten Internat. Auch meine Freunde und Mitbewohner, die meinen Kampf mit meinem Vater über viele Monate hinweg mitverfolgt hatten, waren gelinde gesagt voreingenommen und umso gespannter auf »die Herrschaften«, die mit ihrer Tochter per Anwalt korrespondiert hatten.

Der Gruppenraum war für meinen Geburtstag hergerichtet und eine große Tafel gedeckt für Kaffee und Kuchen.

Zwei Jahre sind eine lange Zeit, wenn man jung ist. Meine Schwester war erwachsen geworden, ich erkannte sie kaum wieder.

Wir machten Gesellschaftsspiele, zum Beispiel jenes, bei dem einem Mitspieler die Augen verbunden werden, und dann muss er erraten, von wem er geküsst wird. Dabei machte sogar meine Schwester mit. Ich weiß noch, dass ich, als mir die Augen verbunden wurden, Jürgen an seinem Aftershave erkannte. Spätestens da mussten meine Eltern begriffen haben, dass ich einen Freund hatte. Und das erfüllte mich mit großer Genugtuung.

Dann sagte mein Vater wie aus heiterem Himmel: »Heute ist es ja so warm. Da würde ein leckeres Eis doch wirklich gut in den Rahmen passen. Habt ihr denn kein Eis da?«

Es war Ende Februar und keineswegs warm. Natürlich hatten wir kein Eis auf der Station.

»Wir könnten doch Eis mit dem Taxi besorgen«, rief mein Vater, »ich kümmere mich darum. Das ist gar kein Problem.«

Alle starrten ihn an wie vom Donner gerührt. Die meisten von uns hatten nicht das Geld, sich ein Taxi kommen zu lassen, wenn sie einmal dringend nach Hannover mussten. Und mein Vater sprach davon, einfach nur so zum Spaß Ende Februar eine große Portion Eis mit dem Taxi herfahren zu lassen?

Das war genau die Art von Aufmerksamkeit, die mein Vater liebte und die mir so verhasst war. Warum konnte ich nicht einfach Eltern haben wie alle anderen auch, Eltern, die sich meiner nicht schämten, mich öfter besuchten, mich unterstützten, statt irgendwann einmal wieder aufzukreuzen, um mit dieser bescheuerten Idee, Eis in einem Taxi herfahren zu lassen, aller Welt zu zeigen, wie reich sie doch waren.

Ich war wütend.

»Nein«, sagte ich, »das will ich nicht!«

»Warum denn nicht?«, wollte mein Vater wissen.

Es war still im Raum geworden. Alle starrten uns an. Auf einmal war die bis eben noch fröhliche Atmosphäre angespannt.

»Weil ich es nicht will«, wiederholte ich mit fester Stimme.

Mein Vater, der offenbar begriff, in welch kritischer Stimmung ich war, wechselte das Thema. Wenn er sich ärgerte, dann zeigte er es nicht. Mir aber hat sich diese Eis-Episode überdeutlich ins Gedächtnis eingebrannt. Ich hatte mir im Annastift mit großer Mühe eine Gemeinschaft geschaffen, ich hatte Freunde, die mich mochten, ich hatte Odette und Jürgen. Und vor diesen Menschen, mit denen ich tagtäglich zusammenlebte, wollte ich um keinen Preis als Tochter aus wohlhabendem Hause erscheinen – denn dies entsprach in keiner Weise dem, was ich tatsächlich lebte. Das Verhalten meines Vaters stand im krassen Gegensatz zu meinen eigenen Lebensumständen. Es war schon immer so gewesen, dass meine Eltern dort, wo ich lebte, als schwierig und arrogant galten. Und wieder einmal hatte mein Vater es geschafft, dieses Image zu bestätigen.

Ich bin mir nicht sicher, ob es stimmt oder ob meine Erinnerung mich trügt. Aber soweit ich weiß, sollte dies der einzige Besuch meiner Eltern im Annastift bleiben. Ich glaube, ich lud sie einfach nicht wieder ein. Eine ähnliche Situation wollte ich auf keinen Fall mehr erleben.

In diesem Jahr hatten Jürgen und ich einmal die Gelegenheit, ein Angebot des Annastiftes zu nutzen und für ein Wochenende nach Berlin zu fahren. Von dieser Reise brachten wir eine Flasche Wodka mit.

Anlass genug, in unserem Zimmer eine spontane Wodka-Party zu veranstalten, die uns allen denkbar schlecht bekam. Überhaupt begann ich in dieser Zeit mehr und mehr dem Alkohol zuzusprechen, ohne mir darüber bewusst zu werden, wie regelmäßig ich zu große Mengen davon konsumierte. Es war ein gutes Mittel, wenigstens für einen Abend lang den Ärger mit meinen Eltern zu vergessen. Ich war immer ein Mädchen gewesen, die viel zu viel dachte, sich viel zu sehr den Kopf zerbrach, was einmal sein würde. Auch in den schönsten Momenten war mir bewusst: ›Jetzt ist es zwar schön, doch wie lange noch?‹ Diese Stimme brachte der Alkohol wenigstens für ein paar Stunden zum Schweigen, und ich konnte die Leichtigkeit genießen, mit meinen Altersgenossen Blödsinn machen, lachen, rauchen – und eben auch trinken.

Was ich aber dennoch nie konnte, war mich völlig fallenzulassen. Ich glaube, der größte Liebesbeweis, den Jürgen mir erbrachte, war, dass er fünf Jahre lang wartete, ehe ich bereit war, das erste Mal mit ihm zu schlafen. Selbst wenn ich wirklich betrunken war, konnte ich diese Angstschwelle nicht überbrücken.

Ob ich damals in Jürgen verliebt war? Ich glaube schon, denn ich schrieb es in mein Tagebuch. Ich war neugierig, und außer dem »Küsse-Üben« mit Marko hatte ich keinerlei Erfahrung in dieser Hinsicht. Jürgen sagte mir von Anfang an, dass er mich liebte – und das bereits, als er mich das erste Mal gesehen hatte.

»Wie ist sowas möglich? Wie kann man einen Menschen lieben, bevor man ihn kennt?«

Das fragte ich ihn damals immer wieder.

Aber Jürgen hatte eine derart warmherzige Art, dass ich mich schließlich doch in ihn verliebte. Ich will nicht ausschließen, dass ich mir selbst und meiner Umwelt beweisen wollte, dass auch ich dazu in der Lage war, einen Freund zu haben. Jürgen war das Beste, was mir passieren konnte. Schließlich hatte ich mir immer gewünscht, einmal einen Partner zu haben, mit allem, was dazugehört, das war ein großer Traum von mir. Auch wenn es schwierig für mich war, Nähe zuzulassen, so war ich nicht ohne Wünsche, ohne Träume, und diese Träume rückten jetzt in greifbare Nähe. Und doch hatte ich eine fürchterliche Angst.

An jenem Abend jedenfalls, als wir die Wodka-Flasche mit unseren Freunden teilten, war sogar Odette mit von der Partie, die Alkohol sonst konsequent mied. Wie man weiß, hat dieser russische Kartoffelschnaps eine heimtückische Wirkung. Hätte damals Daniel Kehlmann seinen Roman »Die Vermessung der Welt« schon geschrieben gehabt, und ich hätte das Zitat: »Vom Wodka wurde Humboldt so schlecht, dass er zwei Tage im Bett bleiben musste«, gekannt, hätte ich mich vielleicht vorgesehen. So aber erlagen wir allesamt der Wirkung dieses Hochprozentigen. Denn da er im Gegensatz zu anderen Alkoholika keine Glykole enthält, fühlt man sich auch nach reichlichem Konsum überhaupt nicht betrunken. Seine schreckliche Wirkung stellt sich erst am nächsten Morgen ein – und sie traf uns mit voller Wucht.

Odette und ich hatten an jenem Vormittag ausgerechnet Unterricht in Rechnungswesen. Unser Ausbilder stellte uns beiden die Aufgabe, in einer Buchführung, die man ja damals noch mit Hand machen musste, den Fehler von einem einzigen Pfennig aufzudecken. Er hätte genauso gut von uns verlangen können, eine Stecknadel in einem riesigen Heuhaufen zu finden. Unsere Köpfe fühlten sich an wie große, schwere Kürbisse und taten fürchterlich weh. Schließlich merkte unser Lehrer, dass mit uns an diesem Morgen nichts anzufangen war, und schickte uns zurück ins Bett.

»Schlafen Sie Ihren Rausch aus«, war sein Abschiedsgruß, und wir folgten seiner Empfehlung ohne zu Zögern.

Sonst war Odette eigentlich immer darauf bedacht, auf mich aufzupassen. Heute noch erzählt sie mir, dass sie mich notfalls an den langen, seitlichen Schlaufen meiner Hose packte, mit denen ich sie selbst hochziehen konnte, um mich vor dem Umkippen zu bewahren. Einmal brachte sie mich in angetrunkenem Zustand auf die Toilette, auf der ich einfach nicht gerade sitzen konnte, sondern dauernd in alle Richtungen umzukippen drohte.

»Jetzt reiß dich aber mal zusammen, Steffi«, drohte sie mir, »sonst knall ich dir eine.« Und dann mussten wir wieder beide kichern.

Odette machte sich Sorgen um mich, und die waren auch begründet. Denn morgens im Unterricht war ich meistens viel zu müde, um mich zu konzentrieren. Unsere Tage waren lang, denn wir lernten in sogenannten Übungsfirmen, bei denen alles ganz genau so funktionierte wie in einem echten

Betrieb, mit unterschiedlichen Abteilungen. Im Grunde ist es eine tolle Sache, wenn man Unterricht hat und gleichzeitig das in der Praxis anwenden kann, was man theoretisch lernt. Täglich mussten wir von Hand einen Tätigkeitsbericht über die Abteilung verfassen, in der wir gerade eingesetzt waren. Ich empfand dies nach einem Arbeitstag als Tortur.

Es gab nette Ausbilder, aber auch andere, die knallhart waren. Sicherlich war dies auch gut für uns, schließlich wollten wir ganz normal behandelt werden, wie Nichtbehinderte auch. Doch wie alle Auszubildenden stöhnten wir oft. War ein Tagesbericht nicht nach den Vorstellungen des Ausbilders abgefasst, konnte es passieren, dass er einfach zerrissen wurde, und dann hieß es: nochmal schreiben.

Von den Abteilungen Buchhaltung, Einkauf, Verkauf und Werbung gefiel mir letztere am besten, ich stellte fest, dass ich tatsächlich eine kreative Ader hatte, die ich dort gut einsetzen konnte. Ich fand es toll, Slogans für ein Produkt zu erfinden oder mir Werbeartikel auszudenken. Was ich wirklich ungern machte. war Ein- und Verkauf. Da gab es zwei Ausbilder vom alten Schlag, die kein Blatt vor den Mund nahmen, wenn ihnen etwas nicht passte. Da konnte es passieren, dass eine Kiste, die ihrer Meinung nach nicht ordentlich genug gepackt worden waren, aufgerissen und ihr Inhalt verstreut wurde. Dann musste man nochmal von vorne anfangen. Für uns war diese körperliche Arbeit alles andere als einfach.

In der Einkaufsabteilung war ich deswegen so ungern, weil mich der Abteilungsleiter oft zum Diktat rief. Dummerweise hatte ich recht früh während meiner Ausbildung eine Prüfung in Stenographie abgelegt. Eigentlich hätte ich dies aufgrund meiner behinderten Hände gar nicht machen müssen, doch damals wollte ich mir und der Welt noch immer beweisen, was ich alles konnte. Nun musste ich meinen Übereifer büßen. Andauernd rief mich der Einkaufs-Ausbilder, dann musste ich mir Block und Stift schnappen und mich auf eine längere Sitzung vorbereiten.

›Wenn ich das gewusst hätte‹, dachte ich damals oft, ›dann hätte ich es gelassen‹.

Und tatsächlich habe ich in meiner späteren beruflichen Laufbahn nie wieder Stenographie gebraucht, inzwischen habe ich das alles verlernt.

Was ich dagegen gerne mochte, war der praktische Teil des Bereichs Büroorganisation und -kommunikation: vor allem Schreibmaschinenschreiben fand ich toll. Wir hatten eine sehr freundliche und einfühlsame Lehrerin, bei der wir alle gerne lernten. Sie stellte mich oft als Vorbild hin, was ich einerseits als unangenehm empfand, was mich auf der anderen Seite aber auch freute. Ich war tatsächlich die Schnellste – mit der Einschränkung, dass meine Texte voller Fehler steckten, denn meine Rechtschreibung war damals noch miserabel. Erst später habe ich diese Scharte ausgewetzt.

Nach der Hälfte der Ausbildungszeit wurde ich aus meiner Sorglosigkeit gerissen. Bei der Zwischenprüfung fiel ich nämlich mit Pauken und Trompeten durch. Dies nahmen die Mitarbeiter des Internats zum Anlass, mich zu einem Gespräch einzuladen.

»Wir machen uns Sorgen«, begann die Frau vom Psychologischen Dienst. »Ihre Leistungen sind in vielen Fächern sehr schlecht.«

»Wenn Sie so weitermachen«, ergriff der Internatsleiter das Wort, »dann werden Sie die Abschlussprüfung nicht bestehen. Wissen Sie, was das heißt?«

Ich blickte überrascht in die Runde. Sicherlich, ich war keine grandiose Schülerin. Doch an die Möglichkeit, die Ausbildung nicht zu schaffen, hatte ich nie gedacht.

»Ohne Ausbildung müssen Sie zurück nach Friedehorst oder in eine andere Behinderteneinrichtung. Ist es das, was Sie wollen?«

Ich war entsetzt und beschämt. Tränen stiegen in mir auf. Ich hatte doch gerade erst meine Freiheit entdeckt. In meinen Augen hatte ich seit meiner Ankunft im Annastift ungeheuer viel geleistet. Ich hatte gelernt, mich selbstständig zu versorgen, konnte mich in der Außenwelt bewegen, sogar alleine in Urlaub fahren. Ich hatte einen Freund und mich mit meiner Familie ausgesöhnt. Und ich hatte viel gelernt in der Ausbildung, Stenographie und Schreibmaschinenschreiben und vieles, vieles mehr.

»Du musst den Ernst der Lage begreifen«, erklärte mir die Leiterin der Stockwerksmitarbeiter in freundlichem, aber bestimmten Ton. »So geht es nicht weiter. Wenn du jetzt das Ruder nicht herumreißt und dich endlich auf deinen Hosenboden setzt, dann schaffst du den Abschluss nicht. Du willst doch unbedingt eine Ausbildung machen. Soviel ich weiß, hast du sehr darum gekämpft. Dann mach jetzt etwas daraus. Oder soll dein Vater etwa triumphieren?«

Nein, das wollte ich natürlich auf keinen Fall. Zerknirscht versprach ich, die Ausbildung von nun an ernst zu nehmen.

»Es gibt auch Fächer, in denen Sie recht gut sind«, räumte die Psychologin ein. »Wenn Sie Ihre Kenntnisse darin noch mehr ausbauen und in den anderen Fächern deutlich zulegen, dann kann es reichen. Sie können es noch schaffen, Stefanie. Aber Sie müssen Einsatz zeigen.«

Damals begriff ich, was die Stunde geschlagen hatte. Ich wusste es zu schätzen, dass die Mitarbeiter so ernsthaft mit mir sprachen und sah ein, dass es an mir lag, ob ich meine Chance wahrnahm oder nicht.

Eigentlich war ich ja immer viel zu vernünftig gewesen. In den vergangenen ein, zwei Jahren hatte ich mich ganz gegen meine Art hin und wieder gehen lassen, und das war mir jetzt peinlich. Darum war ich umso entschlossener, das Ruder herumzureißen, solange noch Zeit dafür war.

Die Erfüllung eines großen Traums

Gemeinsam mit Odette hatte ich schon einige Monate zuvor auf einer Verbrauchermesse in Hannover einen hübschen Sekretär aus massivem Kirschbaumholz gekauft.

»Den möchte ich haben!«, sagte ich spontan, als ich ihn dort in der Ausstellung entdeckte. Ich wusste auch sofort, wo ich ihn in unserem Zweierzimmer hinstellen würde. »An diesem Sekretär werde ich es endlich schaffen, zu lernen«, hatte ich damals schon prophezeit.

Und jetzt saß ich hier tatsächlich jeden Abend und lernte fleißig. Das Gespräch am runden Tisch hatte seine Wirkung auf mich nicht verfehlt. Von nun an trank ich unter der Woche keinen Alkohol mehr, höchstens noch am Samstagabend. Ich begriff, dass zum Erwachsensein auch die Verantwortung für mich selbst gehörte.

Odette verließ das Annastift ein Jahr vor mir. Statt Bürokauffrau zu werden, was mein Ziel war, hatte sie die verkürzte Ausbildung zur Bürofachkraft abgeschlossen. Dann kehrte sie nach Hause zurück mit dem festen Willen, ihren ursprünglichen Berufswunsch doch noch zu verwirklichen. Tatsächlich schaffte sie es: Odette wurde Erzieherin und arbeitete viele Jahre lang in einem Kindergarten.

Nach ihrem Weggang fehlte mir Odette sehr. Wieder musste ich mit einem Abschied fertig werden. Doch da war Jürgen, der mich liebte und sich eine Zukunft mit mir wünschte. Und wenn ich mich auch hin und wieder von ihm trennte, um mich dann erneut mit ihm zu versöhnen, so wurde er doch immer wichtiger für mich. Ich verliebte mich in ihn, auch wenn es alles andere als einfach für mich war, eine Partnerschaft zu leben. Denn so sehr ich mich nach körperlicher Nähe sehnte, so war ich sie einfach nicht gewöhnt. Zärtlichkeit, Umarmungen – das alles hatte ich so gut wie nie erfahren. Und jetzt überhäufte mich dieser Mann mit seinen Liebesbekundungen, schloss mich oft in seine Arme, so dass ich manchmal das Gefühl hatte, keine Luft mehr zu bekommen.

Aber noch viel größere Angst hatte ich davor, allein zu bleiben. Die Frage, was aus mir werden sollte, wenn ich mit meiner Ausbildung fertig wäre, stand im Raum, und ich musste eine Antwort finden.

»Lass uns zusammenziehen«, schlug Jürgen vor.

Das klang verlockend. Und je länger ich darüber nachdachte, erschien es mir sogar der einzige Weg. Allein zu leben war damals noch keine Option für mich, das traute ich mir einfach nicht zu. Jürgen konnte mir einen großen Traum erfüllen, denn ich hatte mir immer gewünscht, einmal einen Partner und eine Familie zu haben. Es ist ja nicht so, dass man ohne Wünsche wäre.

Da war der alte Traum von einem Zuhause. So lange hatte ich es schmerzlich vermisst. Wie sehr, sollte ich später in einem Gedicht ausdrücken, das alles enthält, wovon ich damals träumte:

Zuhause

Zuhause?
Was bedeutet eigentlich »Zuhause«?

Ein Nest, wohin ich flüchten kann,
wenn ich traurig, müde, verzweifelt,
glücklich, fröhlich und einsam bin?
Oder bedeutet »Zuhause«;
Liebe, Geborgenheit, Wärme,
Güte und Zärtlichkeit?

Wo ist denn mein »Zuhause«?

Etwa das Krankenhaus?
Wo es so steril nach Sauberkeit
und Kälte riecht?
Etwa das Kinderheim?
Wo es nach Unwohlsein, Urin
und Traurigkeit riecht?
Etwa das Internat?
Wo es nach Einsamkeit,
Aggressivität und Stress riecht?

Mein »Zuhause« muss gut riechen!
Es muss alles haben, um glücklich zu sein,
so dass ich mich wohlfühle!
Auch ein Tropfen Einsamkeit und
Streit darf dabei sein;
auch die Traurigkeit mit Tränen.
Hauptsache, das Trösten,
mein i-Pünktchen auf dem i fehlt nicht,
denn das brauche ich sehr!

Jürgen war liebevoll und aufmerksam, der ideale Partner. Auch wenn mein Vater behauptete, er habe es nur auf mein Geld abgesehen, so war ich mir immer sicher, dass Jürgen mich wirklich liebte. Ja, ich war keine schlechte Partie: Seit dem Ende des Contergan-Prozesses 1972 erhielt ich eine monatliche Rente und war auf diese Weise bessergestellt als die meisten meiner Freunde.

Bereits ein halbes Jahr vor mir war Jürgen mit seiner Schreiner-Ausbildung fertig und zog in eine Wohngemeinschaft nach Hannover. Ich besuchte ihn dort hin und wieder, doch die Atmosphäre und der Umgangston in dieser WG gefielen mir gar nicht. Es gab auch Frauen unter Jürgens Mitbewohnern, und auf einmal stellte ich fest, dass ich eifersüchtig sein konnte. Jürgen gab mir zwar eigentlich niemals Anlass dazu, doch der lockere Umgangston in der Wohngemeinschaft machte mich dennoch misstrauisch.

Eines Tages fragte mich Jürgen schnörkellos und ohne jede Romantik, ob ich ihn heiraten wollte.

»Ich möchte noch warten«, antwortete ich klipp und klar.

»Dann lass uns wenigstens zusammenziehen«, schlug Jürgen vor.

»Aber nicht in eine WG«, wandte ich ein. »Lieber würde ich mit dir in einer eigenen Wohnung probehalber zusammenleben.«

Das erschien mir vernünftig, ehe wir ernst machten und heirateten. Doch wo sollten wir zukünftig leben?

Jürgen stammte aus Karlsruhe und wäre gerne zurück in seine Heimat gegangen, wo seine Familie und viele seiner Freunde lebten. Ich hingegen wollte lieber nach Bremen ziehen, denn ich glaubte damals, dass ich aus meiner Zeit in

Friedehorst dort die meisten Freunde und Bekannten hätte. Und ich setzte mich wie immer durch.

So suchten wir aus der Ferne eine Wohnung in Bremen. Es war nicht einfach, immer wieder kauften wir Zeitungen und bewarben uns auf Anzeigen. Am Ende fragten wir uns schon, ob wir tatsächlich rechtzeitig etwas finden würden, ehe auch ich aus dem Annastift ausziehen musste. Mehrmals fuhr Jürgen mit dem Zug nach Bremen, um sich Wohnungen anzusehen. Endlich fanden wir tatsächlich eine passende für uns. Während ich noch mitten in den Prüfungen steckte, fuhr Jürgen voraus und begann, die Wohnung zu renovieren.

Ich war sehr nervös wegen meiner Abschlussprüfungen, denn ich hatte große Angst, sie tatsächlich nicht zu schaffen. Es gab einen praktischen und einen theoretischen Teil. Ich erinnere mich noch gut an einen Tag, an dem ich wie ein aufgescheuchtes Huhn den Gang vor dem Prüfungsraum hin- und herfuhr, um jeden abzupassen, der herauskam, und darüber auszuquetschen, wie es gewesen sei.

Von meinem eigenen Ergebnis war ich am Ende ein wenig enttäuscht: Mit der Note 4 bestand ich gerade so, und das, obwohl ich mich doch so auf den Hosenboden gesetzt und die letzten eineinhalb Jahre hart gearbeitet hatte. Heute weiß ich, dass man diesen Prüfungsergebnissen eine viel zu große Bedeutung beimisst. Nie hat mich später jemand nach dem Ergebnis gefragt.

Inzwischen hatte Jürgen unsere Zweieinhalbzimmerwohnung mit Küche und Bad hergerichtet. Als ich dort einzog, besaßen wir nichts außer meinem Sekretär, einer Matratze und einer Kaffeemaschine.

Die ersten Wochen nach dem Umzug gelang es mir noch ganz gut, wichtige Fragen auszuklammern: Wie sollte es nun mit mir weitergehen? Die vergangenen vier Jahre waren geprägt gewesen von meinen Kampf, eine Ausbildung durchzusetzen, meine Freiheit zu erkunden und meinen Abschluss hinzukriegen. Das hatte ich alles geschafft. Doch was nun? Dass es nicht einfach sein würde, mit meiner Behinderung eine Arbeitsstelle zu finden, war mir klar. Mein Vater hatte wieder und wieder damit argumentiert, dass mich eh nie jemand einstellen würde. Nun befürchtete ich, er könnte Recht behalten, auch wenn ich diese Gedanken erfolgreich verdrängte. Voller Genugtuung hatte ich meiner Familie mitgeteilt, dass ich die Ausbildung bestanden hatte, und nun gemeinsam mit Jürgen in Bremen wohnte. Das alles hatte mich viel Kraft gekostet, und darum, so redete ich mir ein, hatte ich es auch nicht so schrecklich eilig, eine Stelle zu finden.

Dennoch schrieb ich meine Bewerbungen an die Adressen, die ich vom Arbeitsamt bekam. Doch ich wurde zu keinem einzigen Vorstellungsgespräch eingeladen. Offensichtlich fiel ich wegen meiner Behinderung von vorneherein durchs Raster. Und diese Erkenntnis nahm mir doch recht bald den Schwung.

Ich beruhigte mich damit, dass ich es ja gar nicht eilig hätte. Jürgen und ich waren vollkommen damit beschäftigt, diesen neuen Lebensabschnitt zu gestalten.

Wir richteten uns zunächst provisorisch ein. Jürgen bastelte Tische aus Bananenkisten, über die wir eine Decke legten. Außer meinem Sekretär hatte ich in Hannover bereits einen Sessel gekauft, mit Segeltuch bespannt, auf dem man sich wunderbar zurücklehnen konnte. Später kam noch ein Schaukelstuhl dazu, denn einen solchen hatte ich mir schon lange gewünscht. Leider stellte sich heraus, dass ich dieses Ding überhaupt nicht benutzen konnte: Wenn ich in den Schaukelstuhl hineinsprang, konnte es leicht passieren, dass er hintenüber kippte und ich wieder herausfiel. Das war einfach zu gefährlich. Jürgen saß dann meistens in diesem wunderschönen Stück aus dunklem, massivem Holz.

Unsere Wohnung lag im vierten Stock an einer vielbefahrenen, vierspurigen Schnellstraße und wir litten sehr unter dem Verkehrslärm. Außerdem war sie nicht besonders praktisch für mich: Ich konnte zwar in meinem Rollstuhl ebenerdig ins Haus hineinfahren, dann bildeten allerdings einige Stufen vor dem Fahrstuhl ein Hindernis. Ich glitt aus dem Rollstuhl und rutschte diese Treppenstufen hinauf und hinunter, während Jürgen den Rollstuhl trug. Im Fahrstuhl konnte ich die Knöpfe nicht erreichen, denn sie waren viel zu hoch angebracht. Das bedeutete, dass ich die Wohnung nicht allein verlassen konnte. Bald war uns klar, dass wir nur vorübergehend hier wohnen würden – und Jürgen sprach immer häufiger davon, nach Karlsruhe zurückzukehren.

In Bremen verwirklichten wir uns noch einen weiteren, langgehegten Traum: Schon immer hatte ich mir ein Haustier gewünscht. Täglich sah ich in der Zeitung unter der Rubrik Tiere die Angebote durch, und fand tatsächlich eine Anzeige, die mich begeisterte: Jemand hatte einen Cocker-Spaniel-Wurf abzugeben.

Jürgen fuhr zum Züchter, und erst da begriffen wir, dass so ein Rasse-Welpe ganz schön teuer war. Wir hatten uns aber schon so auf den kleinen Kerl gefreut, dass Jürgen eine besonders pfiffige Hundedame namens Alette vom

Schmalhof aussuchte. Wir nannten sie Aleta, was aus dem Spanischen kommt und »Flügelchen« oder »Flosse« bedeutet. Bevor wir unser »Flügelchen« allerdings zu uns nach Hause holen konnten, mussten wir noch warten, bis sie von ihrer Mutter entwöhnt war.

Ich werde nie vergessen wie es endlich soweit war und Jürgen Aleta abholen konnte. Der Spaniel stürmte übermütig in unsere Wohnung und blickte sich voller Neugierde um. Auf einmal war Leben in unserer Bude, und das war genau das, was wir brauchten. Noch war die kleine Hündin nicht stubenrein, und wir mussten ihr beibringen, sich zu melden, wenn sie rausmusste. Geduldig putzte Jürgen die Pfützchen auf, bis unsere neue Mitbewohnerin das verinnerlicht hatte.

Im Grunde hatten wir keine Ahnung, wie man einen Hund richtig erzieht. Und darum fragten wir den Züchter, ob er uns dafür ein paar Tipps geben könnte. Er kam uns besuchen und erklärte uns die Basis einer Welpen-Erziehung. Und tatsächlich war Aleta eine gelehrige Schülerin.

So ein Hund sorgt dafür, dass man an die frische Luft kommt. Wir besuchten regelmäßig mit ihr einen wunderschönen Park, der ganz in unserer Nähe lag. Aleta liebte es, Stöckchen zu apportieren, damit konnten man sie stundenlang beschäftigen. Wasser übte eine magische Anziehungskraft auf sie aus, und es gab keinen Tümpel, in den sie sich nicht voller Begeisterung stürzte. Schrecklich war, wenn sie sich nach einem solchen Bad direkt neben mir schüttelte und die Wassertropfen nur so sprühten. Die einzige Methode, sie an einem Bad zu hindern, war, sie an die Leine zu nehmen. Das taten wir schweren Herzens auch der Enten zuliebe, die den Park bewohnten. Aleta verfügte über einen ausgeprägten Jagdtrieb, und wenn sie den Duft einer Ente oder sonst eines Federviehs in die Nase bekam, war sie kaum zu halten. Wenn sie uns dennoch entwischte, war sie weg wie ein Pfeil, und aus dem Uferschilf war nur noch aufgeregtes Geschnatter zu hören. Zum Glück erwischte Aleta nie einen Wasservogel, jedoch fing sie sich bei einer solchen Gelegenheit einen Angelhaken im Ohr ein. Wir mussten sie zum Tierarzt bringen, der den Haken regelrecht aus dem Ohr herausschneiden musste, so sehr hatte er sich verheddert. Von da an brachten wir Aleta regelmäßig zum Hundefriseur, um ihre langen Locken an Beinen und Bauch zu kürzen.

Manchmal war es schwer, Aleta aus dem Park wieder nach Hause zu locken, so gut gefiel es ihr dort. Wenn einmal gar nichts helfen wollte, dann riefen wir »Tschüss, Aleta«, und wandten uns zum Gehen. Daraufhin kam sie angeschossen, denn alleine zurückgelassen werden wollte sie nun auch wieder nicht.

Und eines Tages erhielt unser Hündchen Gesellschaft. Ein Freund von uns hatte gehört, dass irgendwo Katzenjunge zu verschenken seien. Und wieder schickte ich Jürgen los. Der Wurf bestand aus lauter schwarzen Katzen, Stoffel war der einzige, der am Hals so etwas wie eine weiße Krause hatte. Jürgen war sofort klar, dass dies unser Tier werden würde. Wieder mussten wir warten, bis man den kleinen Stoffel von seiner Mutter trennen konnte. Während dieser Zeit fuhr auch ich einmal mit dorthin, und ich werde nie vergessen, wie winzig klein dieses Katzentier in meiner Handfläche lag. Am liebsten hätte ich ihn sofort mitgenommen.

Auch wenn man sagt, dass Hund und Katz nicht zusammenpassen – Aleta und Stoffel waren vom ersten Augenblick an ein Herz und eine Seele. Der Hund kümmerte sich liebevoll

Mit Felix, meiner Urlaubsbekanntschaft

um das kleine Kätzchen, vielleicht weckte es in Aleta Muttergefühle, wer weiß? Kaum war Stoffel in der Wohnung, lag er auch schon im Hundekörbchen und ließ sich verwöhnen.

»Ins Bett kommt aber keines der Tiere«, hatte ich kurz zuvor noch laut getönt. Wir bauten für Stoffel einen gemütlichen Schlafplatz und umstellten ihn schützend mit Büchern, doch der Kleine maunzte und wimmerte so lange, bis wir schwach wurden und den kleinen Kerl doch zu uns ins Bett holten. Da lag er dann an meinem Hals gekuschelt und schnurrte. Das kitzelte und war wunderschön.

Stoffel und Aleta waren von Anfang an ein Team, nichts blieb vor ihnen sicher. Sie arbeiteten auch zusammen, um Streiche auszuhecken. Stoffel brachte es bald fertig, den Kühlschrank zu öffnen: Er hieb ganz einfach seine Krallen in die Gummiisolierung der Kühlschranktür, und Aleta klemmte ihre Pfote dazwischen, bis sie aufging. Gemeinsam machten sich die beiden dann über die Lebensmittel her, und wir wunderten uns später, warum die beiden Durchfall bekamen.

Stoffel konnte auch Zimmertüren öffnen. Als er größer wurde, streckte er sich und sprang zum Türgriff hoch. Er übte so lange, bis er die Tatzen so um die Türklinke schließen und sie herunterziehen konnte, bis die Tür aufsprang. Da blieb uns nichts anderes übrig, als mit dem Schlüssel abzusperren.

Auch wenn wir mit den Tieren viel Spaß hatten, so bedeutete unsere neue Lebenssituation doch eine große Umstellung für mich. Zum ersten Mal in meinem Leben hatte ich nicht viele Menschen um mich herum, sondern nur Jürgen. So kam es, dass ich mich trotz der Nähe zu Jürgen oft einsam fühlte. Vielleicht hatten wir uns deshalb nach Haustieren umgesehen, mit dem Duo Aleta und Stoffel war immer etwas los bei uns.

Ganz besondere Höhepunkte in unserem doch etwas eintönigen Leben waren Besuche von Sonja vom Annastift oder lieben Freunden aus meiner Friedehorster Zeit. Auch freundeten wir uns bald mit unseren Nachbarn an. Da war zum Beispiel eine Frau, die als Domina arbeitete. Es dauerte eine Weile, bis ich herausfand, dass unsere Wohnung nicht weit vom Rotlichtviertel entfernt war. Auch die Domina hatte einen Hund, und so kamen wir ins Gespräch. Einmal lud sie uns ein, zeigte uns ihre »Ausrüstung« und die Einrichtung der Räumlichkeiten, in denen sie ihre Kunden empfing, was ich sehr spannend fand.

Die Frage, wie es mit uns weitergehen sollte, blieb. Schritt für Schritt hatte ich mir ein eigenständiges Leben erobert. Zwar war ich in vielen Dingen von Jürgen abhängig, doch im Vergleich zu dem kleinen Mädchen, das von Heim zu Heim wechselte und schließlich im betreuten Internat seinen Berufsabschluss machte, lebte ich zum ersten Mal in meinem Leben wirklich selbstbestimmt. Das »wirkliche« Leben sog ich mit allen Sinnen in mich auf, dazu gehörten unsere Tiere und alle möglichen Begegnungen, im Haus, auf der Straße, im Park. Doch irgendwann konnte ich den Gedanken, wie es mit uns weitergehen sollte, nicht mehr von mir schieben.

Ich war hin- und hergerissen zu jener Zeit. Einerseits war ich wirklich glücklich und stolz darauf, so viel erreicht zu haben: einen Freund, der es ernst mit mir meinte, einen Berufsabschluss und eine eigene Wohnung. All das hatte mein Vater nie für möglich gehalten. Und doch wurden mir irgendwann die Tage lang, auch wenn ich versuchte, meine Zeit sinnvoll zu füllen.

In vielerlei Hinsicht waren Jürgen und ich sehr verschieden. So bin ich zum Beispiel Frühaufsteherin, während Jürgen bis in den Mittag hinein in den Federn liegen kann. Da die Küche nicht auf mich zugeschnitten war, konnte ich mir allerdings nicht einmal einen Kaffee machen oder mein Frühstück zubereiten, ehe er aufstand, und ich fühlte wieder einmal meine Abhängigkeit. Oft schrieb ich in den Morgenstunden und am Vormittag Tagebuch oder Briefe an meine Freunde, bis Jürgen endlich aufwachte. Das Geschenk meines Vaters zum zwanzigsten Geburtstag kam jetzt auch zur Geltung, viele Stunden lang sah ich fern.

Ich knüpfte wieder Kontakt zum Friedehorster Posaunenchor und übernahm dort den Part der Tuba. Jürgen überraschte mich und schenkte mir eine silberne Trompete, auf der ich zuhause gerne spielte.

Im Gegensatz zu mir war Jürgen schon von klein auf Mitglied im Bundesverband Contergangeschädigter e.V., und zwar in der Ortsgruppe Karlsruhe, wo er aufgewachsen war, denn man hatte lange nicht gewusst, wo seine Behinderung eigentlich herrührte. Um Hilfe und Beratung zu bekommen, waren seine Eltern dem Verein beigetreten. Viele seiner Kindergartenfreunde und Klassenkameraden waren auf-

Beim Schach-Wettkampf

grund des Medikaments Contergan behindert, und ich lernte sie nun kennen.

Ich fand es immer sehr interessant, wenn ich andere Contergangeschädigte traf. Seltsamerweise verglich ich zuallererst unsere Hände, vielleicht weil ich selbst so ein Problem mit meinen hatte. Ich war fasziniert davon, wie unterschiedlich wir alle waren, und tauschte mich gerne aus. Mit einigen dieser Menschen bin ich bis heute eng befreundet.

Als der Bundesverband Contergangeschädigter 1983 in Bremen das Bundes-Sportfest veranstaltete, beschloss ich, daran teilzunehmen. Sportliche Aktivitäten wurden damals im Verband großgeschrieben, und Jürgen und sein bester Freund Jörg, mit dem ich heute noch befreundet bin, fuhren Ski und schwammen. Letzteres tat ich ja auch sehr gerne.

Außerdem glaubte ich, eine richtig gute Schachspielerin zu sein. Ich hatte dieses strategische Brettspiel in Friedehorst von »meinem« Pastor gelernt. Seit einer Weile hatte ich einen

Schachcomputer, mit dem ich viel übte. Sieben Teilnehmer meldeten sich zum Schach-Wettkampf an, und am Ende erhielt auch ich meine sehnlichst erwartete Urkunde. Auf der stand allerdings: »Stefanie Ritzmann erlangte für ihre Teilnahme am Bundes-Sportfest in der Kategorie Schachspiel den siebten Platz.« Damals war ich recht enttäuscht, schließlich bin ich sehr ehrgeizig, und den letzten Platz zu belegen erschien mir als peinlich. Heute kann ich herzlich darüber lachen. Auch beim Schwimmen erlangte ich keine Medaille. Doch wie man so schön sagt: Dabei sein ist alles.

Dieses Bundes-Sportfest war sozusagen ein Highlight in unserem doch recht eintönigen Leben. Als jedoch wieder der Alltag einkehrte, konnte ich es nicht mehr vor mir verleugnen, dass meine Tage kein Ziel hatten. Ich musste mich zusammenreißen, um nicht alles als sinnlos zu betrachten. Wir hatten keine Struktur, keinen Inhalt, keine Aufgabe. Und wir begannen ernsthaft darüber zu sprechen, was wir mit unserem Leben anfangen sollten.

Inzwischen teilte ich Jürgens Meinung, dass es womöglich besser wäre, nach Süddeutschland zu ziehen. Ich hatte Karlsruhe durch einige Besuche bei Jürgens Eltern und Freunden bereits kennengelernt, und die Stadt gefiel mir. Sie erschien mir heller, freundlicher und grüner als Bremen. Irgendwie hat man in Karlsruhe schon das Gefühl, in einer südeuropäischen Stadt zu sein. Außerdem erhoffen wir uns, im Süden der Republik eher Arbeit zu finden. In Norddeutschland war die Arbeitslosenquote sehr hoch, im Süden schien es mehr Stellen zu geben. Der ursprüngliche Auslöser für mich, nach Bremen zu ziehen, hatte sich so nicht bestätigt: Ich musste feststellen, dass meine alten Freunde

Hochzeitsfoto vom 14. September 1984

gar nicht mehr in der Nähe von Bremen lebten. Auch sie hatte es in alle Winde zerstreut, alles schien zu zerfließen, sich aufzulösen. Und als mich Jürgen erneut fragte, ob ich ihn nicht heiraten wollte, sagte ich ja.

»Aber dann lass uns noch hier in Bremen heiraten«, schlug ich vor. Jürgen war überglücklich. Kurz darauf fanden unsere Freunde in Karlsruhe für uns eine Wohnung, und als die Hochzeit näherrückte, stand sogar der Umzugstermin schon fest. Ich atmete auf. Endlich kam wieder Bewegung in unser Leben.

Wir heirateten am 14. September 1984. Am Morgen ließ ich mir vom Friseur die Haare schön machen und mich schminken. Ich trug ein hübsches Kleid in zartem Gelb mit durchbrochenem Dekolleté und einen passenden Hut. Zuerst ging es zum Standesamt, dann ließen wir uns in jener Kirche trauen, in der ich im Posaunenchor spielte.

Meine Eltern kamen zu unserer Hochzeit, und das war mir sehr wichtig. Ich glaube, es war eine Art Triumph für mich, meinem Vater zu zeigen, dass es einen Mann gab, der mich zur Frau nehmen wollte. Es war ein stolzer und glücklicher Tag für mich, ein lang gehegter Traum erfüllte sich mir.

Nach der Kirche gingen wir in der Nähe in ein Lokal zum Essen. Es war eine große Gesellschaft, und mein Vater bestand darauf, für alle Kosten aufzukommen, das ließ er sich nicht nehmen.

»Der Vater der Braut bezahlt!«, sagte er und ließ nicht mit sich verhandeln.

Von Jürgen sagte mein Vater stets, der habe es nur auf mein Geld abgesehen. Und als er von unseren Heiratsabsichten erfuhr, drängte er darauf, dass wir einen Ehevertrag mit Gütertrennung schlossen. Mich ärgerte es, dass er sich schon wieder einmischte, wo das doch mein ganz eigener Bereich war. Auch steckte in dem Vorwurf meines Vaters die beleidigende Annahme, Jürgen würde mich nicht um meiner selbst willen lieben. Ich war entschlossen, mir meine Brautzeit nicht verderben zu lassen. Jürgen ließ sich von den Unterstellungen meines Vaters nicht ärgern und war mit der Gütertrennung einverstanden, wie um zu beweisen, dass sein zukünftiger Schwiegervater ihn zu Unrecht verdächtigte.

Die Braut spielt selbst am Hochzeitstag

Ich fragte Sonja, mit der ich mich im Lauf meiner Zeit im Annastift mehr und mehr angefreundet hatte, ob sie meine Trauzeugin sein wollte. Sie sagte sofort zu. Zur Hochzeit kam mein Bruder und zu meiner großen Freude auch meine geliebte Omi. Gisela, meine Ziehmutter, reiste an, sowie Odette, einige Lehrer aus Friedehorst und viele andere mehr, es war ein großer Freudentag für uns alle. Im Foyer der Kirche spielte der Posaunenchor, und bei einem Musikstück blies sogar die Braut die Tuba.

Meine Eltern schenkten mir übrigens das komplette »Wildrose«-Geschirr von Villeroy & Boch, einschließlich Eierbecher, Kerzenhalter, Vasen – einfach mit allem, was man sich vorstellen konnte. Ich habe es bis heute, auch wenn ich es selten benutze.

Bemerkenswert fand ich, dass sich mein Vater im Laufe meiner Hochzeitsfeier betrank. Offenbar ging ihm das Ganze doch mehr an die Nieren, als er es jemals zugegeben hätte.

Mein Bruder saß bei der Heimfahrt am Steuer, während mein Vater auf der Rückbank schlief, und ich war erleichtert, dass er so vernünftig war, sich fahren zu lassen.

Es fällt mir schwer, im Nachhinein die Motive zu ergründen, die mich zu dieser Heirat geführt haben. War ich wirklich in Jürgen verliebt? Oder wünschte ich es mir nur und hoffte, dass mit der Zeit meine Gefühle für ihn noch wachsen würden? Nach mehr als dreißig Jahren ist es in der Rückschau nicht einfach, die Erfahrungen, die ich in den drei darauffolgenden Jahrzehnten gemacht habe, auszuklammern. Damals hoffte ich wie jede andere junge Frau, die vor den Altar tritt, dass unsere Beziehung und unsere Liebe ewig währen würden – bis dass der Tod uns scheidet. Vielleicht aber habe ich auch geheiratet, um mir, meinen Eltern und der ganzen Welt wieder einmal etwas zu beweisen: dass ich es schaffte, einen Ehepartner zu finden und eine ganz normale Ehe zu führen, etwas, das mir viele niemals zugetraut hatten. Doch das Beweisen kostet auch eine Menge Kraft. Ein paar Jahre, sogar Jahrzehnte kann man sie aufbringen und kann sich einreden, man sei glücklich. Doch irgendwann musste ich mir eingestehen, dass ich Jürgen im Grunde meines Herzens nicht wirklich liebte. Dass wir zu verschieden waren. Wie viele unerfahrene Frauen dachte ich eine Zeitlang, Jürgen würde sich mit der Zeit in den Belangen, die mir nicht behagten, ändern. Heute weiß ich, dass man einen anderen Menschen weder ändern kann noch darf. Ändern kann man nur sich selbst. Ohnehin entwickelt man sich im Lauf der Zeit unmerklich weiter. Und ich glaube, das steckt hinter der Aussage vieler Paare, wenn sie sagen: »Wir haben uns auseinandergelebt«. Vielleicht wäre es richtiger zu sagen: »Wir haben uns auseinanderentwickelt.«

Damals aber, nach unserer Hochzeit, waren wir voller Tatendrang. Vier Monate später, am 11. Januar 1985, zogen wir nach Karlsruhe um. Den ganzen Umzug organisierte Jürgen selbst, er mietete einen Transporter, und mithilfe eines Freundes, der Taxifahrer war, seines Trauzeugen und seines Bruders verfrachteten wir all unser Hab und Gut nach Karlsruhe. Wir hatten großes Glück und fanden eine Wohnung, die komplett barrierefrei und behindertengerecht war. Ohne jede Stufe konnte ich den Fahrstuhl erreichen, der sogar bis in das Tiefgeschoss hinunterfuhr, wo wir einen eigenen Autostellplatz hatten. Hier waren die Bedienungsknöpfe im Aufzug so angebracht, dass ich sie erreichen konnte. Außerdem war die Wohnung mit ihren fast 100 Quadratmetern viel größer als die in Bremen.

Leider durften wir Aleta nicht mit in diese Wohnung nehmen, Tiere waren dort generell nicht erlaubt. Wir suchten in Bremen ein neues Zuhause für sie und gaben sie schweren Herzens ab. Stoffel jedoch nahmen wir einfach mit nach Karlsruhe. Der Grund war einfach: Hunde bellen, müssen mehrmals täglich Gassi gehen, während Wohnungskatzen in der Regel kaum auffallen. Damit Stoffel, der Aleta schmerzlich vermisste, wieder Gesellschaft bekam, besorgten wir ihm einen Spielkameraden:

Rocca war neun Wochen alt, als er zu uns kam, und nicht mehr als Haut und Knochen. Man hatte ihm ausschließlich Milch zu trinken gegeben, und der Ärmste wäre fast verhungert. Ich werde nie vergessen, wie Jürgen mir den Kleinen in den Schoß legte. Das arme Tier zitterte vor Angst. Ich blieb einfach ganz still sitzen und wartete ab. Schließlich wurde er neugierig und sah sich vorsichtig um. Auch Stoffel begriff, dass dieses kleine Katzenkind Angst hatte. Irgendwann wagte es Rocca, sich umzuschauen, und sprang von meinen Schoß herunter, um die Wohnung zu erkunden. Wir zeigten ihm, wo das Katzenklo stand, und er war tatsächlich schon stubenrein.

Um ihn ein bisschen aufzupäppeln, weichten wir zuerst Brot und später Trockenfutter in Milch ein, und nach und nach gewöhnten wir ihm die Milch ab. Rocca blieb allerdings immer ein sehr schmächtiger Kater. Als Jürgen mit ihm zum Tierarzt ging, um ihn kastrieren zu lassen, sagte dieser: »Oh, das sollten Sie aber nicht tun. Der ist ein prachtvolles Rassetier.«

»Tatsächlich?«, antwortete Jürgen verblüfft.

»Ja«, meinte der Tierarzt. »Haben Sie noch nie die Whiskas-Werbung gesehen? Genau so ein Silver Tabby ist Ihr Rocca.«

Der Tierarzt hätte ihn gerne als Zuchtkater gehabt, doch das wollten wir nicht. Rocca sollte ein ganz normales Katzenleben führen. Und ich erfreute mich an seinem wunderbar flauschigen Fell und seiner schönen silbernen Tigerzeichnung.

Es gefiel mir in Karlsruhe. Und doch stellte ich nach wenigen Wochen fest, dass das Gefühl der Leere mit uns umgezogen war. Ich hatte gehofft, hier leichter eine Stelle in einem Büro finden zu können. Doch auch hier wurde ich zu keinem einzigen Gespräch auch nur eingeladen. Natürlich war in jedem meiner Bewerbungsschreiben meine Behinderung vermerkt, dazu war ich ja verpflichtet. Doch langsam wurde mir klar, dass ich auf diese Weise nie Arbeit finden würde.

Das frustrierte mich zutiefst. Mit der Zeit sah ich immer weniger Sinn darin, meine Zeit bei den Behörden zu verbringen. Ich musste zum Arbeitsamt, außerdem beim

Sozialamt Sozialhilfe, Wohn- und Pflegegeld beantragen. Das war eine Menge Papierkram, und doch hatte ich mir anderes vorgestellt, als von der Sozialhilfe zu leben. Wieder klang mir die Stimme meines Vaters im Ohr: »Du wirst nie eine Arbeitsstelle finden!« Zuerst machte mich das wütend. Doch mit der Zeit wurde ich immer niedergeschlagener. Meine Sachbearbeiterin beim Arbeitsamt hatte auch keine Lösung.

Es war in dieser Zeit, als mein Vater sich entschloss, den Familien-Verlag zu verkaufen und alle seine Kinder auszubezahlen. So erhielt ich eine schöne Summe, von der ich mir zuerst einmal eine Küche leistete, in der ich endlich auch selbst tätig werden konnte. Bei dieser behindertengerechten Küche waren die Möbel auf meine Höhe abgestimmt, unser Kühlschrank hatte verschiedene Schubladen, die ich von oben befüllte, und der Wasserhahn am Spültisch einen Hebel, der lang genug war, damit ich ihn problemlos erreichen konnte. Nun hinderte mich nichts mehr, mir selbst etwas zuzubereiten, was einen weiteren Schritt in Richtung Selbstständigkeit bedeutete.

Mit der restlichen Summe erfüllte ich mir einen weiteren Lebenstraum, nämlich ein Auto zu kaufen und den Führerschein zu machen.

Ich hatte erfahren, dass in England eine spezielle Lenkung entwickelt worden war, die sogenannte Linear-Hebel-Lenkung. Hierzu kam eine Technik aus der Raumfahrttechnologie zum Einsatz. Denn aufgrund der Kürze meiner Arme ist ein normales Lenkrad für mich nicht geeignet. Diese neue Lenktechnik funktioniert so ähnlich wie ein Joystick am Computer, und zwar als Doppel-Servolenkung, damit sie leichter anspricht. Dies allerdings war – jedenfalls

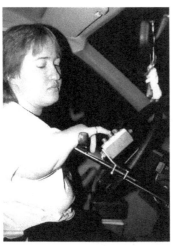
Autofahren – ein Stück Freiheit

zum damaligen Stand – nicht unproblematisch, denn jede Unebenheit, jedes Schlagloch übertrug sich auf meinen Joystick, und dadurch wurde meine Lenkung etwas unsicher. Deshalb erhielt ich ein u-förmiges Lenkstück, in das ich meine Hand hineinlegen konnte. Dies sollte helfen, die Handführung etwas ruhiger zu halten. Außerdem wurde mir nahegelegt, nicht schneller als 120 Stundenkilometer zu fahren, was ich nicht immer beachtete, zu sehr liebte ich hohe Geschwindigkeiten.

An der Lenkstange war ein Kästchen angebracht, und darauf befanden sich Knöpfe, auf die ich drücken konnte, um den Blinker und die verschiedenen Lichteinstellungen, Scheibenwischer usw. zu bedienen. Es gab sogar ein Knöpfchen für den Radiosuchlauf. Ich musste mir nur merken, welches Knöpfchen welche Funktion hatte. Alle waren sie rot, und eine Beschriftung gab es nicht.

Ein solches auf mich zugeschnittenes Fahrzeug konnte ich natürlich nicht in jedem x-beliebigen Autohaus kaufen. In Neckargemünd allerdings fand ich einen Händler, der auf Spezialanfertigungen für Behinderte spezialisiert war. Ich war sehr stolz darauf, die Erste in ganz Deutschland zu sein, die mit dieser neuen Lenktechnologie fahren lernte. Und tatsächlich waren meine Fahrstunden so eine Art Testlauf dafür, ob diese Technik in ganz Deutschland eingeführt werden würde oder nicht.

Da ich ja nur mit diesem auf meine Bedürfnisse hin umgerüsteten Fahrzeug fahren lernen konnte, musste ich zuerst das Auto kaufen. Auch die Fahrstunden und die praktische Prüfung konnte ich nur bei einem speziell ausgebildeten Lehrer ablegen. Ich werde nie vergessen, wie stolz ich war, als mein taubenblaues Auto mit Sonderausstattung geliefert wurde. Die Fußpedale mussten für mich höhergelegt werden. Damit auch Jürgen mit dem Wagen fahren konnte, waren die Verlängerungen herausnehmbar, so konnten wir uns bei längeren Fahrten abwechseln.

Die theoretische Prüfung legten Jürgen und ich in der Fahrschule in Karlsruhe ab. Wir lernten fleißig miteinander, und am Ende bestand ich die Theorie im ersten Anlauf, während Jürgen sie wiederholen musste. Umgekehrt sollte es sich dann später bei der praktischen Prüfung verhalten. Jürgen konnte seine Fahrstunden bei einem ganz normalen Fahrschulunternehmen in Karlsruhe absolvieren, während ich extra nach Neckargemünd gefahren werden musste. Ich werde nie vergessen, wie mir dieser »Spezialllehrer« einmal einen großen Schrecken einjagte: Mitten während meiner Fahrstunde trat er auf einmal ganz plötzlich auf das Gaspedal. Der Wagen machte einen Satz nach vorne, sodass mir Hören und Sehen verging.

»Wieso machen Sie denn so etwas?«, fragte ich empört.

»Ich wollte nur wissen«, erwiderte der Fahrlehrer, »wie Sie in einem solchen Fall reagieren.«

Ich war schrecklich sauer.

Noch bevor ich den Führerschein tatsächlich in der Tasche hatte, fand in Frankfurt die Internationale Automobilausstellung statt. Auch unser Händler, der die speziellen Ausstattungen für Behinderte anbot, hatte dort einen Stand und lud uns ein. Begeistert stellte uns der Automobilhändler der Presse vor: »Dies ist meine erste Kundin, die die Linear-Hebel-Lenkung nutzt.«

Sofort bekam ich Anfragen für Interviews, und ein Fernsehteam filmte mich, wie ich auf dem Parkplatz auf unserem umgerüsteten Wagen hin- und herfuhr – obwohl ich noch keinen Führerschein hatte.

Im Gegensatz zu Jürgen brauchte ich zwei Anläufe, um die Fahrprüfung zu schaffen. Es war tiefer Winter, als ich unter erschwerten Bedingungen meine Pappe endlich bekam.

Unsere erste weite Fahrt führte uns nach Österreich zu einer Ski-Freizeit, die der Karlsruher Ortsverband Contergangeschädigter organisierte. Ich konnte natürlich nicht Ski fahren, doch Jürgen liebte das, trotz seiner Beinprothese war er ein toller Skiläufer. Ich saß derweil auf der Sonnenterrasse und langweilte mich. Und doch war es gut, dass ich dabei war, denn wir mussten den Urlaub frühzeitig beenden und nach Hause fahren, weil Jürgen krank wurde, und so saß ich auf der Rückfahrt die ganze Zeit am Steuer. Dies war wie eine Feuertaufe für mich, und ich war stolz, dass ich die lange Strecke schaffte.

Eine Zeitlang beschäftigte mich das Auto und der Führerschein und lenkte mich davon ab, dass weder Jürgen noch ich Arbeit gefunden hatten. Dann änderte sich die Situation. Jürgen war handwerklich vielseitig begabt, seine Behinderung war nur geringfügig, und für ihn gab es deshalb mehr Möglichkeiten: Eines Tages erhielt er ein Stellenangebot als Hausmeister in einer Behörde.

Dunkle Jahre

Meine Tagebucheinträge aus meinen ersten Karlsruher Jahren zeugen von der tiefen Krise, die ich mit Mitte zwanzig durchlebte.

Natürlich war es zunächst einmal eine gute Nachricht, dass wenigstens einer von uns Arbeit hatte. Doch als Jürgen seine Stelle antrat, wurde mir mit aller Macht bewusst, was mir nun bevorstand: Von nun an war ich den ganzen Tag allein zuhause.

Am 17. November 1986 schrieb ich in mein Tagebuch:

»Nun ist es geschehen, Jürgen ist zur Arbeit gegangen. Und ich sitze hier und fühle mich völlig verlassen. Es ist sehr still in der Wohnung. Ich freue mich für Jürgen, dass er nach fünf Jahren Arbeitslosigkeit endlich eine Arbeit gefunden hat. Aber nun muss ich mich selbst beschäftigen und sehen, dass die Zeit herumgeht. Wahrscheinlich wäre es besser gewesen, ich hätte eine Stelle gefunden, denn Jürgen macht es weniger aus, die Zeit herumzukriegen. Heute Morgen merkte ich, dass er nicht gern zur Arbeit ging. Ich dagegen würde sehr gerne arbeiten gehen. Aber ich bin dazu verdammt, zuhause zu sitzen.«

Und ein paar Tage später schrieb ich:

»Gestern war Feiertag und Jürgen musste nicht arbeiten. Ich genoss diesen Tag sehr. Doch jetzt bin ich wieder allein. Mir ist zum Heulen zumute. Beim Frühstück musste

Bei der täglichen Hausarbeit

ich mich sehr zusammennehmen. Ich weiß nicht, wie lange ich das aushalten kann. Ich habe wieder schlimme Magenschmerzen. Was fang ich nur an mit meiner Zeit, die vor mir liegt. Ich sehe sie wie eine große schwarze Wolke auf mich zukommen. Die Wohnung ist so groß, so still. Warum habe ich keine Arbeit, die mich ausfüllt und ausgleicht und mir sagt, dass auch ich gebraucht werde?«

Obwohl Karlsruhe eine so offene Stadt ist, dauerte es lange, bis ich Anschluss fand. Ich sah mich nach einem Posaunenchor um, fand auch einen, doch dort wurde ich mit den anderen Musikern nicht wirklich warm. Nie hat mich jemand gefragt, ob ich Lust hätte, nach der Probe mitzukommen, um etwas trinken zu gehen. Vielleicht wussten meine Bläserkollegen einfach nicht, wie sie mit mir umgehen sollten, vielleicht hätte ich auch ihr Stammlokal gar nicht besuchen können, denn damals waren noch wenige Kneipen behindertengerecht eingerichtet. Sicherlich ist es auch so, dass man, wenn man sich einsam fühlt und unglücklich ist, etwas ausstrahlt, was andere Menschen unwillkürlich abschreckt.

Und tatsächlich rutschte ich in dem Jahr nach unserer Heirat in ein tiefes Loch. Ich stellte mir viele Fragen, die mit einem W begannen, und auf die ich keine Antworten hatte: Warum ist mein Leben so? Wozu bin ich überhaupt auf der Welt? Was kann ich nur tun? Werde ich immer nutzlos herumsitzen?

Denn genau so fühlte ich mich: nutzlos. Mein Leben fühlte sich an wie ein Albtraum, aus dem ich erwachen wollte. Ich war entsetzlich gelangweilt, wusste nichts mit mir anzufangen. »Früher sehnte ich mich nach mehr Zeit«, vertraute ich meinem Tagebuch an, »heute würde ich gerne anderen von meiner vielen nutzlosen Zeit etwas abgeben.«

Damals erhielt ich einen Anruf von meiner Schwester, der mich noch mehr deprimierte. Unter Tränen berichtete sie mir, dass Omi ins Pflegeheim musste. Sie hatte ja bis zuletzt im »alten Haus« gewohnt, doch inzwischen konnte sie die Treppen nicht mehr steigen. Meine geliebte Omi! Hätte meine Schwester mich nicht angerufen, wer weiß, wann ich von Omis Umzug ins Heim überhaupt erfahren hätte? Und plötzlich befiel mich die Sorge, meine Eltern würden mich auch nicht informieren, sollte es einmal mit Omi zu Ende gehen. Was, wenn man mir ihren Tod verschweigen würde?

Ich hatte das dringende Bedürfnis, Omi so schnell wie möglich zu besuchen. Jürgen nahm Urlaub und fuhr mit mir nach Ibbenbüren. Ich war sehr beruhigt, sie wohlauf und ziemlich fit anzutreffen.

»Mir geht es gut«, beteuerte sie. »Nur die Beine. Die wollen nicht mehr.«

Wir sprachen über alles Mögliche, auch über den Tod. Und dann erfuhr ich eine ganz außergewöhnliche Begebenheit aus ihrem Leben.

»Als ich noch jung war«, erzählte sie mir, »arbeitete ich als Krankenschwester. Einmal lag ein Mann im Sterben, wir konnten nichts mehr für ihn tun. Ich sah vorsichtig immer wieder nach ihm, ob er etwas brauchte. Irgendwann öffnete ich die Tür und bemerkte sofort, dass etwas Besonderes im Gange war. Es war mir, als wäre auf einmal viel Licht um sein Bett. Mir war klar, dass ich jetzt auf keinen Fall stören durfte. Also zog ich mich wieder zurück. Und als ich nach einer Weile wieder nach ihm sah, war der Mann verstorben.«

Wir schwiegen beide. Dann fragte ich:

»Glaubst du, dass da jemand aus dem Jenseits diesen Mann abholen kam?«

»Wer weiß«, meinte Omi, »vielleicht.«

»Dann musst du mir etwas versprechen«, fuhr ich fort.

»Ja, was denn, Steffi?«

»Wenn du tot bist, dann musst du mir ein Zeichen geben.«

»Wie meinst du das?«

»Naja«, versuchte ich mich zu erklären, »es wäre doch schön, wenn du zu mir kämst und mir ein Zeichen geben würdest, damit ich weiß, dass du gestorben bist. Falls Vati mich nicht informiert.«

»Ach so«, sagte sie lachend, »das meinst du. Naja, was soll ich denn dann tun? Welches Zeichen hättest du denn gern?«

Eine Weile überlegten wir gemeinsam und kamen auf die ulkigsten Ideen. Schließlich sagte ich:

»Na, dann mach doch einfach, dass die Tür zugeht.«

»Ist in Ordnung«, meinte Omi lächelnd, »wenn du das möchtest, Steffi, dann mach ich das.«

Und dann lachten wir beide bei der Vorstellung, Omi würde bei mir eine Tür zuknallen lassen, damit ich wüsste, dass sie unterwegs in die andere Welt wäre. Ich finde, diese Episode zeigt wie keine andere, dass Omi und mich neben unserer großen Zuneigung füreinander etwas ganz Besonderes verband: unser ungewöhnlicher Sinn für Humor.

Und den konnte ich in diesen Jahren auch wirklich gut gebrauchen.

Einige Zeit später allerdings wurde mir bewusst, wie unheimlich es doch wäre, wenn nach Omis Tod tatsächlich eine Tür ganz von alleine zugehen würde. Mit Sicherheit würde ich mich sehr erschrecken.

»Weißt du was, Omi«, sagte ich ihr bei unserem nächsten Telefongespräch, »das mit der Tür, das lass dann mal lieber sein.«

Zu meinem 27. Geburtstag sagten sich völlig überraschend meine Eltern an. Ich freute mich wahnsinnig auf ihren Besuch und war doch sehr nervös, wie ich ihnen begegnen sollte. Zwei Jahre waren seit unserer Hochzeit vergangen. Seither hatte ich sie nicht wieder gesehen. Ich war aufgeregt und freudig zugleich. Doch dann sagten sie im letzten Moment ab.

Meine Enttäuschung war riesengroß. Es war eines dieser Jahre, in denen es meinen Geburtstag offiziell überhaupt nicht gab. Wie immer zwischen den Schaltjahren feierte ich schon am 28. Februar. Jürgen und ich saßen gerade beim gemeinsamen Frühstück, als es plötzlich an der Tür klingelte. Wer das wohl sein konnte? Ich hatte schon so eine gewisse Ahnung, und dann hörte ich tatsächlich die Stimme meines Vaters im Treppenhaus.

Er kam alleine, ohne meine Mutter. Das »Geschäftliche«, weswegen er eigentlich abgesagt hatte, hätte sich zerschlagen, und da sei er kurzerhand einem Impuls gefolgt und nach Karlsruhe gekommen. Wie immer wusste ich nicht so genau, woran ich bei meinem Vater war, aber ich freute mich riesig über seinen spontanen Besuch.

Es sollte ein ganz besonderer Tag werden. Was so gut wie nie zuvor und auch später nicht wieder vorkam: Wir unterhielten uns einträchtig über die Vergangenheit und auch über die Zukunft. Nicht ein einziges Mal kam ein beklemmendes Gefühl in mir auf. Unsere Wohnung gefiel meinem Vater sehr. Richtiggehend begeistert war er von unserem Auto.

»Ich hatte mir überhaupt nicht vorstellen können«, gestand er mir, »dass du jemals in der Lage sein würdest, Auto zu fahren!«

»Und ob ich das kann!«, antwortete ich stolz. »Möchtest du eine kleine Fahrt mit mir unternehmen?«

»Aber unbedingt!«, sagte mein Vater lachend.

So gefiel er mir, so fühlte ich mich ihm nahe. Ich spürte etwas, was ich mir während meiner Kindheit unentwegt sehnlichst gewünscht hatte: dass er zufrieden mit mir war. Und wirklich fiel an jenem Tag auch der magische Satz: »Steffi, ich bin richtig stolz auf dich!«

Ich steuerte den Wagen durch die Stadt, während mein Vater seiner Begeisterung über diese neue Technologie Ausdruck verlieh, die es mir erlaubte, mobil zu sein. Dann fuhr ich auf die Autobahn, um ihm zu zeigen, was mein Wagen hergab. Ich fuhr ein Stück Richtung Bruchsal, bei der dortigen Raststätte wendeten wir. Dann gab ich so richtig Gas und beobachtete aus den Augenwinkeln entzückt, wie es meinem Vater ein wenig mulmig zu werden schien. Als ich sah, wie sich mein Vater mit der rechten Hand am Haltegriff festklammerte, musste ich schmunzeln.

Ich muss gestehen, das gefiel mir recht gut. Dass ich es einmal schaffen würde, ihm ein wenig Angst einzujagen, war ein kleiner Triumph. Zuhause tranken wir noch Kaffee miteinander und unterhielten uns. Dabei vertraute ich ihm sogar an, dass ich mir ein Kind wünschte.

»Könntest du dir Jürgen und mich als Eltern vorstellen?«, fragte ich ihn rundheraus. Und dabei sah ich ihm direkt in die Augen.

»Warum nicht?«, sagte er. »Das könnte ich mir gut vorstellen.«

Er wich meinem Blick aus, und ich war mir nicht sicher, ob er es wirklich ernst meinte. Ich kannte seine Meinung, sie war eher konservativ. Er hatte mir keine Ausbildung zugetraut. Ich rechnete es ihm hoch an, dass er während seines Besuchs keine Bemerkung darüber fallenließ, dass ich noch immer arbeitslos war nach all der Zeit. Und doch wusste ich, dass ihn dies in seiner Meinung, die er immer schon vertreten hatte, bestärkte. Dass er sich trotzdem auf ein Enkelkind zu freuen schien, machte mich dennoch glücklich.

Und so wurde mein 27. Geburtstag zu einem ganz besonderen Tag. Zu einem Tag, an dem mein Vater mich besuchte, ganz allein und ohne Zeitdruck. An diesem Tag war mein Vater offen wie selten, er interessierte sich für mein Leben, staunte über meine Erfolge. Es machte mich glücklich, ihm zeigen zu können, was ich alles erreicht hatte.

Bevor er ging, gab er mir Geld.

»Ich möchte«, sagte er, »dass du dir davon zu deinem Geburtstag schöne Ohrringe kaufst. Und bitte achte darauf, dass sie auch echt sind!«

Zu jenem Geburtstag schenkte mir Jürgen übrigens ein wunderschönes selbstgefertigtes Schmuckkästchen aus Holz mit Scharnieren zum Aufklappen. Er hatte es mit Rosen bemalt. Darin fand ich Ohrringe mit echten Diamantensplittern. Ich freute mich sehr. An jenem Tag, so hatte ich den Eindruck, versuchten Vater und Ehemann einander zu übertreffen. Statt Ohrringen kaufte ich mir allerdings vom Geld meines Vaters eine Halskette.

Ich weiß nicht mehr, wann ich die Hoffnung, Arbeit zu finden, mehr oder weniger aufgab. Der Gedanke, Mutter zu werden, trat an ihre Stelle. Ich besuchte eine Frauenklinik und ließ mich untersuchen. Die Antwort auf die Frage, ob ich schwanger werden könnte, war positiv. Ich freute mich außerordentlich, dass ich in der Lage war, ein Kind zu bekommen, und war ziemlich sicher, dass es bald klappen würde.

»Ich freu mich auf unser Kind«, vertraute ich meinem Tagebuch an. »Hoffentlich müssen wir auf unser Glück nicht zu lange warten. Werde ich mich verändern? Unser Leben wird sich sehr verändern. Doch wir wollen uns unserer Aufgabe stellen, sie bedeutet uns so unheimlich viel«.

Ein paar Monate später war ich fast sicher, schwanger zu sein. Ich kaufte einen Test, und der war positiv. Eine Woche lang wartete ich vergeblich auf meine Periode. Morgens war mir übel.

»Es ist ein wundervolles Gefühl, ich bin fähig, ein Wunder zu vollbringen, das Wunder, Leben zu schenken«, steht in meinem Tagebuch. Für mein ungeborenes Kind schrieb ich folgende Zeilen:

Du
wächst in mir.
Du
wirst ernährt durch mich.
Du
wirst behütet, umsorgt von mir.

Du.
Noch spür ich dich nicht, aber bald.
Du
wirst unser Kind.
Du
bist noch nicht zu spüren,
doch
Du –
Wir lieben dich schon jetzt.

Am selben Mittag hatte ich ein längeres Telefongespräch mit meiner Mutter. So, wie ich es erinnere, sagte sie zu mir, dass die ganze Familie sehr geschockt sei, dass wir jetzt tatsächlich ein Kind wollten.

»Auch Vati?«, fragte ich.

»Ja, auch er. Ihr denkt zu egoistisch«, sagte sie. »Das Kind wird später Probleme bekommen, mit einer Mutter wie dir.«

»Ich meine«, entgegnete ich verletzt, »das kommt auf die Erziehung an. Sicherlich werden Probleme auf uns zukommen. Probleme gibt es immer. Jürgen und ich stehen aber zu unserem Wunsch«.

Nun wusste ich also, wie meine Familie wirklich darüber dachte, auch wenn mir mein Vater ja etwas anderes vorgemacht hatte.

»Schade«, schrieb ich in mein Tagebuch, »dass es nicht so ist, wie ich es mir gewünscht habe. Schade, dass sich meine Familie über Familienzuwachs nicht freuen wird. Aber vielleicht ändert sich das, wenn das Kind erstmal da ist und sich alle darüber freuen. Sicher, ich kann alle Bedenken verstehen, die sie haben. Aber wie meine Mutter so schön sagte: Wir leben unser eigenes Leben. Und dieses Leben liebe ich und möchte es mit einem Kind vervollkommnen. Sollte ich doch jetzt schwanger sein, kann ich sowieso keinen Rückzieher machen. Ich weiß, dass ich bzw. wir es schaffen werden. Daran glaube ich und halte mich auch daran fest«.

Am nächsten Tag ging ich zum Arzt. Vollkommen niedergeschlagen kam ich nach Hause. Der Test fiel negativ aus. Auch ertasten konnte der Arzt nichts.

»Es ist noch zu früh«, sagte der Arzt, »erst eine Woche über der Zeit. Haben Sie noch etwas Geduld. In zwei, drei Wochen kann ich Ihnen mehr sagen«.

Die Zeit verging, und ein paar Wochen später bekam ich mit großer Verspätung wieder meine Tage. Was waren wir enttäuscht!

Wir versuchten es weiter, und während meine Familie mich »egoistisch« nannte, stürzte ich bei jeder wieder einsetzenden Monatsblutung in tiefe Traurigkeit. Vielleicht stimmte es ja, vielleicht dachte ich ja wirklich nur an mich? Vielleicht glaubte ich, dass mir ein Kind dabei helfen könnte, die Leere meiner Tage zu füllen und meinem Leben einen Sinn zu geben?

Ganz langsam glitt ich in jenen Jahren in einen Zustand, den ich »den Sumpf« nannte. Es war nichts anderes als eine tiefe Depression. ›Welchen Wert hat mein Leben?‹, war die ständige Frage, auf die ich keine Antwort wusste. Ich wollte arbeiten, doch man ließ mich nicht. Die einzigen Lichtblicke in jener Zeit waren die Besuche meiner Freunde. Sonja war inzwischen verheiratet und hatte eine kleine Tochter. Einmal im Jahr verbrachte sie ein Wochenende bei uns in Karlsruhe. Ich genoss jeden Augenblick. Umso schwerer fielen mir wie immer die Abschiede, und auch dafür versuchte ich Worte zu finden:

> Der Abschied drückt tief
> auf meine wunde einsame Seele
> und lässt mich leise
> in mein Schneckenhaus kriechen.
> Der Abschied lässt einen oft vieles sagen,
> was sich im Nachhinein irgendwie verloren anhört.
> Wie der Wind, der durch die Blätter rauscht,
> verrauschen auch die Wörter,
> die gerade noch gesagt wurden.

Nach solchen Wochenenden war der Montag immer besonders schwer, wenn Jürgen wieder zur Arbeit musste und ich ganz allein in unserer großen Wohnung zurückblieb.

Ich beneidete ihn darum. Und wenn es ihm anfangs auch schwerfiel, mich alleinzulassen und sich selbst an einen festen Rhythmus zu gewöhnen, so wurde ihm mit der Zeit doch bewusst, wie erfüllend es war, eine sinnvolle Aufgabe zu haben. Er verstand sich sehr gut mit seinem Kollegen, mit dem er zusammenarbeitete, die beiden waren ein gutes Team.

Wie in den meisten Krisenzeiten meines Lebens half mir das Schreiben. Mein Tagebuch war mein Vertrauter, auch schrieb ich Gedichte, in die all meine Empfindungen und Gedanken flossen. In diesen Texten arbeitete ich ein Stück weit meine Vergangenheit auf. Und ich begann, Zeitung zu lesen und mich darüber zu informieren, was in der Welt so geschah, damit ich mitreden konnte, wenn ich in Gesellschaft war. Ich hatte schon immer gerne gemalt und

Zeichnen als Ablenkung

habe durchaus ein zeichnerisches Talent, und so begann ich, wieder meine Farben herauszuholen. Ein paar Wochen verbrachte ich damit, völlig selbstvergessen ein wunderschönes Eulenbild zu malen. Überhaupt: die Eulen. Meine Freundin Sonja sammelte schon seit Jahren alle Arten von Eulen, klein, groß, dick, dünn, und weil ich sie damals im Annastift so bewunderte, begann ich auch eine Eulensammlung. Nun malte ich in Öl auf Pappe jede einzelne Eulenfeder so sorgfältig aus wie nur möglich, und während ich das tat, wurde mir bewusst, dass ich eigentlich längst aus dem Alter, in dem man das kopiert, was man an einem anderen Menschen bewundert, heraus war. Sonja war Mitarbeiterin im Internat gewesen, in dem ich Auszubildende war, und wenn ich sie auch recht bald als Freundin betrachtete und sie mich als solche behandelte, so befanden wir uns erst seit kurzer Zeit auf Augenhöhe miteinander. Oder etwa nicht? Und kaum war das Eulenbild fertig, kaum hatte Jürgen es schön gerahmt und an die Wand unseres Wohnzimmers gehängt, da packte ich alle anderen Eulen in einen Karton und stellte sie beim nächsten Sperrmüll vor die Tür.

Vielleicht war meine tiefe Depression so etwas wie eine Phase der Häutung, der Suche nach mir selbst, auch wenn ich noch kein Licht am anderen Ende des Tunnels entdecken konnte. Ich wollte »mein Eigenes« finden, wollte endlich auch mental erwachsen werden. So vieles hatte ich mir und anderen bewiesen: Ich hatte eine Ausbildung abgeschlossen, geheiratet, ich konnte Trompete und Tuba spielen und ein Auto fahren, doch noch immer hatte ich mich nicht selbst gefunden. So ganz langsam dämmerte es mir, dass man sich nur so lange alles Mögliche beweisen muss, solange man noch nicht an sich selbst glaubt. Aber wie sollte ich das auch, wo doch die ersten zwanzig Jahre meines Lebens die wichtigsten Menschen nicht an mich geglaubt hatten, es vielleicht heute noch nicht taten?

Nach der Eule nahm ich ein neues Motiv in Angriff, eines, das meinem eigenen täglichen Leben entstammte und mir im Grunde viel näher lag als Eulen. Es war eine Katze, und die versuchte ich noch naturgetreuer, noch genauer darzustellen. Dieses Bild nahm noch mehr Zeit in Anspruch, Stunden, während derer ich zur Ruhe kam und aus meinem unheilvollen Gedankenkarussell aussteigen konnte. Die Katzen waren es, die mich in dieser dunklen Phase meines Lebens hin und wieder zum Lachen brachten und mich von meinem Kummer ablenkten. Ansonsten fühlte ich mich in mir selbst gefangen, in meinem Sumpf, der mich in die Tiefe zu ziehen drohte.

Besonders förderlich für meine Stimmung war auch nicht, dass plötzlich eine »Ehemalige« von Jürgen auftauchte, mit der er befreundet gewesen war, bevor er ins Annastift kam und mich kennenlernte. Sie bat ihm, ihr dabei zu helfen, eine Arbeitsstelle in Karlsruhe zu finden, und er war so freundlich, es tatsächlich zu versuchen. »Eifersucht ist ein schreckliches Gefühl, vor allem, wenn man sich nicht dagegen wehren kann«, schrieb ich in mein Tagebuch, nachdem mir Jürgen erzählte, dass diese Frau ihm signalisiert hatte, wie gerne sie wieder mit ihm zusammen wäre. Dass er sofort erklärt hatte, sie brauche sich keine Hoffnungen zu machen, nahm meiner Eifersucht nicht den Stachel. Damals war mir nicht bewusst, dass man nur dann eifersüchtig ist, wenn man seinen eigenen Wert nicht erkannt hat. Wie sollte ich das damals auch, wo ich doch den ganzen Tag zuhause herumsaß, während sich Jürgen »in der Welt« bewegte, Begegnungen hatte und Bekanntschaften machte.

Einmal entdeckte ich in der Zeitung eine Kleinanzeige: Eine Journalistin suchte jemanden, der Tonaufnahmen mit Interviews abtippte. Ich bekam den Job und schrieb die Aufnahmen Wort für Wort ab. Das machte Spaß, aber es blieb bei diesem einen Auftrag, und ich versank wieder in Tatenlosigkeit und dem Einerlei meines Alltags.

Lichtblicke waren auch Ausflüge oder Freizeiten, die ich besuchte, und dies häufig allein. Es half, aus den vier Wänden, die mich trotz der Größe der Wohnung einzuengen schienen, herauszukommen, draußen in der Natur sein zu können und deren Wirkung zu genießen. Nie zuvor hatte ich eine solche Empfänglichkeit für die Schönheit und Heilkraft von Landschaften und Naturphänomenen verspürt. Ein Ausblick von einer Anhöhe oder in den Bergen konnte bewirken, dass sich mein Herz weit anfühlte und ich das Gefühl hatte, mich selbst zu verströmen und eins zu werden mit der Natur. Doch immer waren Begegnungen mit anderen Menschen und der Natur von kurzer Dauer, der Abschied, die altvertraute Bedrohung jeden Glücks, lauerte hinter jeder Freudenstunde.

»Die Zeit stellt Trennwände auf«

»Warum machst du nicht endlich bei uns mit?«, wollte Jörg wissen, Jürgens Freund aus Kindertagen und selbst contergangeschädigt. Im Lauf der Jahre war er auch für mich zu einer wichtigen Bezugsperson geworden, und bis heute verbindet uns eine tiefe Freundschaft.

Jörg hatte Recht. So lange schon kannte ich den Ortsverband Contergangeschädigter, mein halber Freundeskreis engagierte sich darin, doch manchmal ist einem das Naheliegende allzu fern. 1988 trat endlich auch ich in die Ortsgruppe Karlsruhe ein, und schon ein Jahr später wählte man mich als Kassiererin in den Vorstand. Dass dies ein wichtiger Schritt sein würde, der meinem Leben eine neue Richtung geben sollte, ahnte ich damals nicht, und doch holte mich diese verantwortungsvolle Aufgabe aus meinem tiefen Loch heraus. Endlich, nach vier langen Jahren, begann ich mich in Karlsruhe heimisch zu fühlen.

Im selben Jahr feierte unsere Ortsgruppe das fünfundzwanzigjährige Bestehen der Freundschaft mit dem Deutschen Evangelischen Frauenbund. Im Rahmen verschiedener Feierlichkeiten und Veranstaltungen plante man unter anderem eine Podiumsdiskussion zum Thema »Arbeitslosigkeit behinderter Menschen«. Es war Jörg, der dieses Thema vorschlug, denn außer mir kannte er natürlich noch viele andere behinderte Menschen, die von dieser Problematik betroffen waren.

»Das ist dein Thema«, sagte er zu mir, »und deswegen sitzt du mit auf dem Podium.«

»Ich?«, meinte ich erschrocken.

»Genau du«, sagte er schmunzelnd. »Ich kann mir keine bessere vorstellen.«

Als Diskussionspartner wurden unter anderem der Sozial- und Sportbürgermeister Norbert Vöhringer, ein Ansprechpartner vom Arbeitsamt und Frauen vom Deutschen Evangelischen Frauenbund eingeladen.

Ich war unglaublich nervös vor diesem Auftritt. Und doch, als ich einmal dort oben saß und die Gelegenheit erhielt, meine deprimierenden Erfahrungen darzulegen, vergaß ich meine Scheu. Ich dachte an all die anderen, denen es genauso ging wie mir. Dies war die Gelegenheit, deutlich zu machen, wie schwierig es speziell für Menschen im Rollstuhl ist, einen Arbeitsplatz zu finden. Viele Arbeitgeber fürchten den Aufwand, diesen behindertengerecht auszubauen. Sie entziehen sich lieber der gesetzlichen Beschäftigungspflicht durch Zahlung der Ausgleichsabgabe von damals 200 D-Mark pro nicht besetztem Pflichtplatz für einen behinderten Arbeitnehmer. Außer den Vorurteilen gegenüber der Leistungsfähigkeit behinderter Mitarbeiter schreckt viele Arbeitgeber auch der besondere Kündigungsschutz ab und die Furcht, einen behinderten Menschen, ist er erst einmal eingestellt, »nie wieder loszukriegen«.

»Ich habe hart dafür gekämpft«, erklärte ich während der Podiumsdiskussion, »meine Ausbildung zu machen. Und doch nützt sie mir rein gar nichts. Denn die Vorurteile scheinen in den Betrieben und Behörden einfach zu groß. Nicht zu einem einzigen Bewerbungsgespräch wurde ich auch nur eingeladen.«

Damals herrschte noch viel Unkenntnis, und viele Arbeitgeber wussten nicht, dass die Umbaumaßnahmen, die für die Einstellung von Rollstuhlfahrern beispielsweise notwendig sind, vom Arbeitsamt zu einem großen Teil bezuschusst werden.

»Ich suche nun schon seit sechs Jahren ohne Erfolg eine Stelle«, erklärte ich. »Stattdessen sitze ich tagein tagaus allein zuhause und bin sehr niedergeschlagen. Auch ich möchte einen sinnvollen Teil zu unserer Gesellschaft beitragen, doch man lässt mich einfach nicht.«

Und dann geschah etwas völlig Unerwartetes: »Frau Ritzmann«, sagte Norbert Vöhringer, den mein Statement offenbar bewegt hatte, »ich werde mich persönlich dafür einsetzen, dass Sie bei der Stadt Karlsruhe eine Stelle bekommen.«

Ich glaubte meinen Ohren nicht zu trauen.

»Werden Sie das wirklich tun?«, fragte ich ungläubig.

»Ich verspreche es Ihnen!«, erklärte er.

Eine Dame vom Deutschen Evangelischen Frauenbund, die sich sehr für Behinderte einsetzte, hakte in den folgenden Wochen und Monaten wohl immer wieder bei Norbert Vöhringer nach, ob schon eine Möglichkeit für mich gefunden worden sei. Und tatsächlich, im Mai 1989 hatte ich die Zusage, im Schreibbüro des Sozialamts beschäftigt zu werden. Nun musste »nur« noch eine behindertengerechte Toilette an meinem neuen Arbeitsplatz eingerichtet werden.

Mir ist bis heute bewusst, dass ich außerordentliches Glück hatte. Viele haben dies nicht. Doch in den Jahren, die folgen sollten, tat ich mein Bestes, damit sich die Situation für behinderte Menschen im öffentlichen Leben verbesserte.

»Ich werde im Schreibbüro im Sozialamt tätig sein«, notierte ich damals in meinem Tagebuch. »Hoffentlich brauchen die nicht so lange mit dem Toilettenumbau. Im Moment sieht mein Leben nicht schlecht aus und ich fühle mich auch ganz gut.«

Das klingt ein bisschen so, als konnte ich meinem Glück noch nicht so richtig glauben.

Am 1. Dezember war es schließlich soweit. Mein erster Arbeitstag allerdings fühlte sich schrecklich an. Ich war unglaublich nervös. So lange hatte ich darauf hingefiebert, und nun musste ich ins kalte Wasser springen. Jahrelang war ich die meiste Zeit für mich alleine gewesen, jetzt sollte ich täglich mit Menschen, die ich überhaupt nicht kannte, zusammenarbeiten. Was, wenn wir uns nicht verstanden? Der Gedanke erfüllte mich mit Schrecken. Vermutlich ist es für jeden Menschen ein aufregender Tag mit vielen Unbekannten, wenn er eine neue Stelle antritt. Für mich war es nach jahrelanger Wartestation noch extremer.

Im Vorgespräch fragte man mich, ob ich mir zutraute, als Sachbearbeiterin zu arbeiten, oder ob ich lieber ins Schreibbüro wollte. Ich entschied mich für das Schreibbüro, das schien mir sicherer. Ich hatte keine Ahnung, was ich als Sachbearbeiterin hätte tun müssen, alles war ja völlig neu für mich. Der Übungsbetrieb während meiner Ausbildung war meine einzige Erfahrung gewesen. Auf dem Terrain des Schreibdienstes fühlte ich mich sicher, und diese Entscheidung sollte ich auch nie bereuen. Und doch klopfte mein Herz, als ich im Aufzug zu dem Großraumbüro hinauffuhr, wo ich künftig arbeiten sollte.

Meine neue Chefin begrüßte mich freundlich und stellte mich den anderen Frauen im Schreibbüro vor.

»Hier ist Frau Ritzmann«, sagte sie, »sie wird ab heute bei uns arbeiten. Nehmen Sie sie bitte doch mit, wenn sie miteinander frühstücken gehen. Und kümmern Sie sich um sie, wenn sie Hilfe braucht.«

»Das mache ich nicht«, sagte eine Frau namens Ingeborg gleich nachdem die Chefin wieder gegangen war.

Zunächst bekam ich natürlich einen Schreck. Zugleich war ich aber auch zornig auf unsere Chefin. Es war ja klar, dass auf diese Weise Ablehnung und Feindseligkeit entstehen musste. Ich hatte sie nicht darum gebeten, den anderen zu verordnen, dass sie mir helfen sollten. Der Arbeitsplatz war so eingerichtet, dass ich mir selbst helfen konnte, schon immer hatte ich Wert auf meine Unabhängigkeit gelegt und wollte nicht eingeführt werden als jemand, um den sich die Kolleginnen neben ihrer Arbeit auch noch zu kümmern hatten. Natürlich klang Ingeborgs Reaktion, die rundheraus erklärte, sie würde mir nicht helfen, nicht besonders freundlich. Und doch kam ich gerade mit ihr von Anfang an am besten klar. Denn was sie offen aussprach, das dachten sich die anderen, und mir war es lieber, wenn klare Verhältnisse herrschten, und ich wusste, woran ich war.

Zunächst fand ich einen guten Draht zu einem jungen Mann, der stark stotterte, ich denke, es half, dass wir beide ein Handicap hatten. Durch ihn kam ich in Kontakt zu den anderen jüngeren Mitarbeitern, doch auch zu den Frauen meines Alters fand ich nach und nach einen Zugang. In diesem Großraumbüro arbeiteten an die zwanzig Menschen, Trennwände teilten die Arbeits-Kojen voneinander ab. Natürlich bildeten sich bei einer so großen Gemeinschaft einzelne Grüppchen. Recht bald jedoch ging ich einfach mit jenen mit, die am Vormittag immer in die Kantine zum Frühstücken gingen. Und eines Tages fragte mich ausgerechnet Ingeborg, mit der ich damals noch per Sie war: »Kann ich Ihnen helfen?« Da war ich überrascht und freute mich.

Ich gab mir große Mühe, »dazuzugehören« Wie immer war mein trockener Humor da sehr hilfreich. Einmal erzählte Ingeborg von tollen, neonfarbenen Schnürsenkeln, die sie sich gekauft hatte.

»Das brauch ich nie«, kommentierte ich das, »da spar ich viel Geld.«

Zunächst starrten mich alle für einen Moment lang an. Dann brach Ingeborg in schallendes Gelächter aus. Es gefiel meinen Kolleginnen, dass ich nicht alles so schwer nahm und über meine Behinderung sogar lachen konnte. Dabei gehört die Behinderung nun einmal zu mir, warum sollte ich mich von ihr ersticken lassen?

Was mir Respekt bei meinen Kolleginnen verschaffte war die Tatsache, dass ich bei jedem Wetter, bei Wind, Regen und Sturm ebenso wie bei Sonnenschein, mit meinem Elektrorollstuhl angefahren kam. Noch waren die öffentlichen Verkehrsmittel nicht für mich benutzbar. Inzwischen hatte ich einen neuen Elektrorollstuhl bekommen, mit einem größeren Motor, der immerhin zehn Kilometer in der Stunde fahren konnte. Da ich mir ja schon früher als »Elli Pirelli« einen Namen gemacht hatte, kam mir die »Aufrüstung« sehr gelegen, und ich fuhr gerne auf meinen eigenen vier Rädern zur Arbeit.

Doch wenn im Amt Stromausfall herrschte, der Aufzug nicht fahren konnte und ich nach Hause geschickt wurde, da waren sie alle neidisch auf mich: »Die Ritzmann hat frei und muss nicht einmal einen Urlaubstag dafür opfern.«

Das ärgerte mich, ja, es tat mir weh, schließlich konnte ich nichts dafür, ich hatte den Fahrstuhl ja nicht kaputtgemacht. Ich empfand es als unfair, mir das zu neiden, wo ich doch aufgrund meiner Behinderung nicht Treppensteigen konnte. Aber so gedankenlos sind die Menschen eben oft.

Meine Arbeit tat ich immer ausgesprochen gern. Als ich anfing, arbeiteten wir noch mit Bildschirmtext. Wenn ich morgens ins Büro kam, lag auf meinem Platz bereits eine Arbeitsmappe. Darin befanden sich die Bänder, die das Diktat enthielten und die dazugehörigen Angaben. Über Kopfhörer tippte ich die Diktate ab, druckte sie aus und gab sie ab. Natürlich waren meine Kollegen neugierig zu sehen, wie ich mit acht Fingern schaffte, was sie mit zehn taten. Da staunten sie nicht schlecht, wie ich das hinkriegte. Ich selbst war ja auch immer schon darauf aus gewesen, alles so gut zu machen wie meine nicht behinderte Umgebung. Einmal durfte ich im Schreibdienst einen Test machen, und ich gab mein Bestes, denn wieder einmal wollte ich mir selbst beweisen, dass ich so gut war wie alle anderen auch. Natürlich schaffte ich keine 100 Prozent, aber auf die 70 Prozent, die ich erreichte, war ich stolz.

Mit der Zeit merkten meine Kolleginnen, dass ich so gut wie alles selbst hinbekam und keine Hilfe benötigte, weder beim Umsetzen vom Rollstuhl auf den Schreibtischstuhl, noch beim An- und Ausschalten der Geräte, auch nicht beim Ausdrucken von Texten und auch nicht, wenn ich zur Toilette musste. Ich konnte förmlich spüren, wie erleichtert die anderen darüber waren.

Eines Tages starb die Mutter einer Kollegin. Für mich war es selbstverständlich, zur Beerdigung zu gehen. Schließlich verbrachten wir Tag für Tag zusammen, da nimmt man doch Anteil am Privatleben. Für jene Frau war dies allerdings fast so etwas wie ein Schlüsselerlebnis, als ich gemeinsam mit meiner Freundin Bettina zum Friedhof kam.

»Ich habe nicht erwartet«, sagte sie später, »dass überhaupt jemand von der Arbeit erscheinen würde. Und nun sind ausgerechnet Sie gekommen, wo es doch alles andere als einfach für Sie war.«

Bei der Arbeit

Mit dieser Kollegin stehe ich bis heute in Kontakt.

Ich war übrigens später die erste, die einen PC bekam und lernen musste, damit zu arbeiten. Als dann auch alle anderen Arbeitsplätze mit Computern ausgestattet wurden, kannte ich mich am besten damit aus und wurde gerufen, wo immer es Probleme gab. Ich hatte mich da schon gut eingearbeitet und konnte den anderen helfen.

Die Arbeit veränderte mein Leben von Grund auf. Nun verbrachte ich täglich viel mehr Stunden mit meinen Arbeitskolleginnen und -kollegen als mit meinem Mann. Tatsächlich kostete mich meine Arbeit auch eine Menge Kraft, am Abend war ich vollkommen fertig. Ich musste bereits um fünf Uhr in der Früh aufstehen, um bis zum Arbeitsbeginn fertig zu sein. Jürgen hatte seine eigene Arbeit. Da seine handwerklichen Fähigkeiten auch im Freundeskreis beliebt und begehrt waren, war er oft auch am Wochenende beschäftigt. Viel zu spät fiel uns auf, dass unsere Beziehung immer »stiller« wurde. Wir sprachen zu wenig miteinander, tauschten uns kaum mehr aus, und in unserer Freizeit trafen wir uns lieber mit unseren Freunden, als dass wir gemeinsam etwas unternommen hätten. Jedenfalls ging es mir so, Jürgen fühlte offenbar anders. Mir wurde es zu zweit schnell zu eng, auch war mein Bedürfnis nach Nähe und Zärtlichkeit weitaus weniger ausgeprägt als seines. Ich fühlte mich rasch eingeengt, bedrängt, während er nicht genug von mir bekam. Es gab oft Streit, und irgendwann war ich von all dem körperlichen und emotionalen Stress völlig überfordert.

Eines Morgens unter der Dusche geschah etwas mit mir, das ich nie erwartet hätte. Ich brach in Tränen aus und konnte einfach nicht mehr aufhören, zu weinen. Es war ein psychischer und physischer Zusammenbruch, und als Jürgen mich fand, mich aufhob und ins Bett trug, war mein Tränenstrom noch immer nicht versiegt. Ich weinte und weinte und war vollkommen unfähig, einen klaren Gedanken zu fassen. Die Arbeit, die ich so liebte, überforderte mich, einem Ganztagesjob war ich einfach nicht gewachsen. Und die ständigen Streitereien und Unstimmigkeiten in unserer Ehe taten das Übrige.

Jürgen verständigte den Hausarzt, der mir Ruhe verordnete. Heute ist mir klar, dass ich damals professionelle Hilfe benötigt hätte, einen Therapeuten, der mir hätte helfen können, zu begreifen, was da mit mir geschah, und das Durcheinander in meinem Kopf und meinem Herzen zu ordnen. Damals verstand ich einfach nicht, was mit mir los war. Ein paar Tage blieb ich zuhause, doch dann zog es mich wieder ins Büro. Meine Arbeitsstelle wollte ich auf keinen Fall gefährden, so lange hatte ich um sie gekämpft.

Ich suchte das Gespräch mit meiner Chefin und fragte, ob ich meine Arbeitsstunden nicht reduzieren könnte. Es war nicht nur wegen der psychischen Belastung, auch in körperlicher Hinsicht war ich einem Achtstundentag auf Dauer nicht gewachsen. So gerne ich auch an der Tastatur schrieb und so sehr ich stolz darauf war, ziemlich schnell zu sein, so war diese Arbeit doch eine extreme Belastung für meine Schulterpartie und den Nacken. Ich habe ja leider keine Ellbogen, kann den Arm folglich nie ablegen, was auf die Dauer sehr ermüdend ist. Zum Schreiben an der Tastatur muss ich meine kurzen Arme extrem nahe zusammenbringen, was eine ständige Überdehnung meiner Schulter mit sich bringt. Starke Schmerzen waren die Folge.

Meine Vorgesetzte verstand meine Situation, und ein langwieriger Prozess kam ins Rollen. Es sollte noch bis zum Jahresbeginn 1991 dauern, bis der Verwaltungsprozess durchgestanden war und ich halbtags arbeiten konnte.

Ende des Jahres 1990 wurde Jürgen dreißig Jahre alt, und zu diesem runden Geburtstag schenkte ich ihm eine Reise in die Karibik. Ich wusste, das war ein alter Traum von ihm, und wie es so ist in solchen Zeiten, versucht man alles Mögliche, um wieder ein bisschen Schwung in die Beziehung zu bekommen. Um an glücklichere Tage anzuknüpfen und das zu tun, was andere Paare auch tun – und was wäre da besser geeignet, als eine exotische Reise?

Diese Auszeit tat uns gut, wir genossen sie sehr. Es war mein erster Flug, und obwohl er so lange dauerte, überstand ich alles wunderbar. Es war schön zu sehen, wie glücklich Jürgen war, in diesen acht Tagen taten wir beide so, als wäre alles in Ordnung. Unser Wunsch, gemeinsam ein Kind zu bekommen, flackerte wieder auf, und wir erlebten so etwas wie zweite Flitterwochen.

Nach Hause zurückgekehrt, holten uns unsere Probleme wieder ein, leider hatten sie sich nicht in Luft aufgelöst. Sie hatten uns eine kleine Schonfrist gelassen, jetzt aber kehrten sie mit aller Macht zurück. Ich war wieder nicht schwanger geworden, und außerdem signalisierte mir ein Arzt, dass eine Schwangerschaft problematisch für mich werden könnte.

»Ihre Hüfte ist so schmal«, erklärte er mir, »eine normale Geburt wird kaum möglich sein.«

Also wäre ein Kaiserschnitt notwendig, und davor graute es mir, wie vor allem, was mit Krankenhaus und OP zu tun hatte. Davon hatte ich als Kind viel zu viel abbekommen. Und schließlich sah ich schweren Herzens ein, dass es besser war, wenn ich mich von dem Gedanken an ein Baby verabschiedete.

In jener Zeit schloss ich Freundschaften, die mir bis heute wichtig sind. Da sind zum Beispiel Bettina und Günther, die zwei Häuser weiter wohnten. Die beiden bekamen nach und nach zwei Kinder, und ich sah sie quasi aus nächster Nähe aufwachsen. Damals flammte in mir noch einmal kurz der Schmerz auf, selbst keine Kinder haben zu können. Umso mehr genoss ich das Zusammensein mit Bettinas und Günthers Söhnen. Bei Bettina konnte ich mich aussprechen und in Worte fassen, was für mich selbst so schwer zu begreifen war, und mir auf diese Weise ein bisschen mehr Klarheit im Durcheinander meiner Gefühle verschaffen.

Doch was sollte ich nur tun?

Um eine Antwort auf diese Frage zu finden, schlug ich irgendwann vor, eine Eheberatung aufzusuchen. Tatsächlich fuhren wir eines Tages zu einer Therapeutin, die auf mich einen guten Eindruck machte. Doch als sie zu Jürgen sagte: »Es wäre gut, wenn Sie Einzelsitzungen machen würden«, und Jürgen vorschlug, in eine Gruppenberatung zu kommen, um sich mit anderen auszutauschen, da lehnte Jürgen das ab.

Heute weiß ich, dass es vielen Paaren so geht wie uns damals. Meist sind die Frauen bemüht, eine Lösung zu finden und sich Rat zu holen, während dies den Männern unangenehm zu sein scheint. Jedenfalls wollte Jürgen keine Einzelgespräche mit der Therapeutin und hatte auch sonst keine Idee, wie er an unserem Problem, das für ihn gar keines war, arbeiten könnte. Ich ging noch eine Weile zu meinen Einzelsitzungen, bis ich keinen Sinn mehr darin sah, das alles allein zu tun.

›Warum mache ich das eigentlich?‹, fragte ich mich. ›Wenn ich mich weiterentwickle, und er dann doch auf der Strecke bleibt, wozu soll es dann gut sein?‹

»Ich liebe dich doch«, sagte er. »Du bist und bleibst meine große Liebe.«

Dann tat er mir leid. Und ich fühlte mich schlecht. Offenbar liebte ich ihn nicht so wie er mich? Vielleicht hatte ich mich verändert durch meine Arbeit und hatte erkannt, dass es außer Jürgen noch ein Leben gab? War ich undankbar? Jetzt, wo ich merkte, dass ich ihn nicht mehr unbedingt brauchte, ließen meine Gefühle für ihn nach?

Es war eine schwierige, verworrene Zeit. Je mehr ich mich ihm entzog, desto eifersüchtiger wurde mein Mann. Je größer mein Wunsch nach Abstand wurde, desto mehr klammerte er sich an mich, was mich noch mehr von ihm wegtrieb. Auch ich hatte meine Erfahrungen mit dem »Klammern« – als klammernder Partner. Ich wusste, wie schwer es ist, einen Menschen, den man gern hat oder sogar liebt, loszulassen, bis heute tue ich mich damit äußerst schwer. Nun lernte ich, wie abstoßend es wirkt, wenn jemand nicht in der Lage ist, einem den nötigen Abstand zu gewähren. Genau das Gegenteil von dem, was man sich wünscht, tritt ein. Diese Erkenntnis allein nützte mir damals allerdings nichts. Je mehr Jürgen an mir festhielt, desto mehr hatte ich den Wunsch, mich zu befreien.

Und auf einmal merkte ich, dass in mir ganz langsam der Wunsch aufkeimte, alleine zu leben. Noch nie in meinem Leben hatte ich das ausprobieren können, ja, noch nicht einmal für möglich gehalten. Auch jetzt jagte mir der Gedanke noch einen Schrecken ein – und war doch umso verlockender. Über die Jahre war ich tatsächlich immer selbstständiger geworden. Und doch bildeten Jürgen und ich ein aufeinander eingespieltes Team. Würde ich es schaffen, ganz allein? Systematisch begann ich, alle Verrichtungen, bei denen ich bislang auf Jürgen angewiesen war, selbst zu üben. Das begann mit dem Anziehen und endete mit der Hygiene.

»Zeit stellt Trennwände auf«, schrieb ich damals in mein Tagebuch. Wo gestern noch Nähe und Vertrautheit geherrscht hatten, waren unsichtbare Mauern gewachsen, direkt vor unseren Nasen, und wir hatten sie erst bemerkt, als es zu spät war. Und im selben Jahr, als ich im Karlsruher

Conterganverband zur zweiten Vorsitzenden gewählt wurde, beschloss ich, den Schritt zu wagen: Ich sagte Jürgen, dass ich mich von ihm trennen wollte.

Das war allerdings leichter gesagt als getan. Drei Monate lebten wir in ein und derselben Wohnung getrennt, sie war ja groß genug mit den vier Zimmern, zwei Bädern und drei Toiletten. Ich blieb im Schlafzimmer, während Jürgen das Gästezimmer bezog, wo bereits ein Bett war. So hatte jeder seinen eigenen Bereich, und selbst im Kühlschrank teilten wir die Fächer untereinander auf.

Natürlich klappte das nicht: So sehr wir darauf bedacht waren, unsere Leben zu trennen, so vermischten sie sich doch immer wieder. Wir schauten gemeinsam fern oder trafen uns in der Küche. Außerdem ertappte ich mich immer wieder dabei, wie ich Jürgen um Hilfe bat bei dieser oder jener Verrichtung. Er schlug es mir nie ab, doch ich begriff, dass ich auf diese Weise nie selbständig werden würde. Es fühlte sich an, als hingen wir beide an einem unsichtbaren Gummiband: Wir strebten auseinander, jedenfalls ich, und doch zog uns eine unsichtbare Kraft wieder zusammen.

Es heißt ja, dass man vor einer Scheidung ein Jahr lang »getrennt von Tisch und Bett« leben sollte. Aber wollte ich das wirklich? Nach einem Vierteljahr packte mich die Angst, ihn tatsächlich zu verlieren, den Fehler meines Lebens zu machen, schließlich waren wir inzwischen vierzehn Jahre zusammen. Das prägt, das bindet und es ist alles andere als leicht, sich voneinander frei zu machen. Also ging ich reumütig zu Jürgen zurück mit dem Vorsatz, es noch einmal mit ihm zu probieren.

Heute kann ich nicht fassen, dass Jürgen darauf einging und trotz allem geduldig und liebevoll mit mir war. Trotzdem war es natürlich ein Fehler. Schon in dem Moment, als ich zu ihm zurückging, fühlte es sich falsch an. In diesen ersten drei Monaten hatte ich bereits erahnen können, dass ich es wirklich schaffen würde, alleine zu leben. Und so war es nur noch eine Frage der Zeit, bis ich endlich den Mut dazu finden würde. Bereits ein, zwei Wochen später trennte ich mich endgültig von Jürgen.

Das alles machte es natürlich noch viel schwerer. Jetzt stritten wir uns noch mehr als zuvor. Ein ganzes Jahr lang hielten wir es tatsächlich aus, gemeinsam in der Wohnung zu leben. Dann bat ich Jürgen, endlich auszuziehen. Noch heute höre ich die Schreie unseres Katers Rocca, als Jürgen ihn und Stoffel aus der Wohnung trug. Der Kleine wusste ganz genau, dass er mich nie wiedersehen würde. Dass etwas für immer zerbrochen war. Als hinter Jürgen die Tür ins Schloss fiel, wurde mir erst so richtig bewusst, was ich da angerichtet hatte, und der Schmerz brach mit aller Macht über mich herein.

Es tut mir heute noch leid, wie das alles lief. Ich litt entsetzlich unter dieser Trennung. Doch bereut habe ich meinen Schritt nie.

Eine neue Epoche brach für mich an. Ich war zweiunddreißig Jahre alt, und zum allerersten Mal führte ich ein selbstbestimmtes und alleinverantwortliches Leben.

Auf eigenen Rädern

Schon im Jahr unserer Trennung hatte ich begonnen, sogenannte Info-Wochenenden der Evangelischen Landeskirche zu besuchen, die eine Frau namens Rosl Stiefel leitete. Dieser außergewöhnlichen Frau ging es um den Austausch zwischen Behinderten und Nichtbehinderten, um das gegenseitige Verständnis zu fördern. Besonders in Erinnerung ist mir ein Treffen, bei dem mir persönlich viel abverlangt wurde. Ein vielleicht achtzehn oder neunzehn Jahre altes Mädchen namens Sabrina sagte: »Ich komme überhaupt nicht klar mit so vielen Behinderten. Ich meine, wir Nichtbehinderten sind doch viel mehr wert als diese Behinderten hier.«

Und Rosl antwortete ganz ruhig: »Sabrina, sag das doch jetzt einfach der Stefanie ins Gesicht. Sag ihr: Du bist nichts wert, wir sind viel mehr wert.«

Und tatsächlich drehte sich das Mädchen zu mir um und sagte:

»Du bist nichts wert, Stefanie, ich bin viel mehr wert als du.«

In mir passierte ganz viel auf einmal, als sie das so sagte. Es tat weh, schlimmer als eine Ohrfeige. Und ich war empört und schockiert. Ich merkte, jetzt musste ich ganz schnell reagieren, sonst falle ich in etwas hinein, was nicht wirklich mir gilt. Dieses Mädchen kannte mich überhaupt nicht, sie konnte mich gar nicht meinen. Also holte ich tief Luft:

»Es tut sehr weh, so etwas gesagt zu bekommen«, antwortete ich. »Aber ich wünsche dir für deine Zukunft, dass du deine Ehrlichkeit behältst. Und dass du weiterhin Menschen triffst, die mit dieser Ehrlichkeit auch umgehen können. Ich persönlich könnte nicht sagen, ich bin wertvoller als andere. Denn ich denke, ich habe nicht das Recht dazu. Ich kann nur sagen: Schön, Sabrina, dass es dich gibt.«

Ich weiß nicht, woher ich die Worte und die Kraft nahm in jenem Moment. Sabrina kamen die Tränen, und ich bin mir sicher, dieser Prozess veränderte sie und ihre Haltung zu anderen Menschen, seien sie nun behindert oder nicht behindert.

An jenem Abend war auch ich völlig erschöpft und zitterte am ganzen Körper. Diese Gegenüberstellung war mir an die Substanz gegangen, in die Tiefe. Später, als ich allein in meinem Zimmer war, habe auch ich geweint. Doch dem Mädchen wollte ich das nicht zeigen.

Wie schwer es uns allen, nicht nur den Nichtbehinderten, fiel, einander wirklich anzunehmen, so wie wir waren – auch das wurde mir an diesen Wochenenden mit Rosl bewusst. Mein Gedicht »Matthias«, das stellvertretend allen Spastikern gewidmet ist, drückt auf drastische Weise dieses Unbehagen, das wir miteinander haben, aus:

Matthias

Matthias ist ein Spastiker,
keiner will ihn haben,
ich auch, du auch,
keiner will ihn haben.
Ich auch, du auch,
keiner will ihn haben.

Matthias's Glieder zucken stark,
alle nennen ihn »Zappler«,
ich auch, du auch,
alle nennen ihn »Zappler«.
Ich auch, du auch,
alle nennen ihn »Zappler«.

Der Speichel tropft ihn aus dem Mund,
deshalb heißt er »Sabbler«,
ich auch, du auch,
deshalb rufen wir »Sabbler«.
Ich auch, du auch,
deshalb rufen wir »Sabbler«.

Matthias ist ein einsamer Mensch,
er möchte gerne Freunde,
ich auch, du auch,
jeder möchte gern Freunde.
Ich auch, du auch,
wir sind seine Freunde!

Von diesem ersten Wochenende an holte mich Rosl oft in die »Arena«, wie ich diese Gegenüberstellungen von da an nannte. Auch wenn es jedesmal in die Tiefe ging, verdanke ich dieser Frau doch viel: Die Prozesse, die sie in Gang setzte und begleitete, sorgten dafür, dass ich mich selbst besser kennenlernen konnte. Mit der Zeit spürte ich, welche Stärke in mir steckte, wenn ich mutig genug war, den Schmerz zuzulassen, und wenn ich es wagte, sogar über ihn hinaus zu gehen. Und ich erkannte neue Kompetenzen an mir, zum Beispiel, dass ich gut mit Menschen umgehen kann, das war mir völlig neu. Außerdem machte ich die Erfahrung, dass es mir Freude macht, vor Menschen zu sprechen, auch wenn ich mir kurz davor fast in die Hose mache vor Aufregung.

Am intensivsten erlebte ich die Erfahrung, dass ich wertvoll bin. So wie jeder andere Mensch auch. Aber jeder einzelne ist auf seine besondere Art anders. Das war mir bis zu jenem Zusammentreffen mit Sabrina, die mir den Wert absprechen wollte, noch nie so bewusst gewesen.

An dem Tag, nachdem Jürgen endlich aus unserer gemeinsamen Wohnung ausgezogen war, stand eine Freizeit mit Rosl im Engadin an. Das war gut so. Statt in meinem Kummer zu zerfließen, musste ich meinen Koffer packen und mich auf die Reise vorbereiten.

An jenem Abend begann ich ein sehr spezielles Tagebuch zu schreiben, nämlich in Form eines langen Briefes. Ich schrieb all meine Gedanken und Erlebnisse für meine Freundin Bettina auf, die mich damals gemeinsam mit ihrem Mann und ihren Kindern auffing und in ihre Familie aufnahm. Wir sind bis heute eng befreundet, und erst vor kurzem, als sie von meinem Buchprojekt erfuhr, brachte sie mir das kleine, rote, ringgeheftete Büchlein mit meinen handschriftlichen Eintragungen.

»Weißt du noch?«, fragte sie. »Du hast damals alles für mich aufgeschrieben. Vielleicht kannst du das ja für dein Buch gebrauchen?«

Tatsächlich half es mir auf meiner Reise in die Vergangenheit. Die Erinnerung ist das eine, doch was ich damals alles notierte, hatte ich teilweise tatsächlich vergessen. Da steht ein Satz ganz zu Anfang, den ich noch

Nachdenklicher Blick aufs Wasser

zuhause vor meiner Abreise notierte, quasi ein »Prolog« für die bevorstehende Reise: »Ich bin mit meinem Leben unzufrieden«, lautet der Satz, den ich damals zwar nicht wagte, auszusprechen, doch ihn aufzuschreiben war mir möglich. Ich konnte mir nicht länger etwas vormachen: Ich war mit meinem Leben unzufrieden, und nun wollte ich herausfinden, warum, und was ich tun könnte, damit sich das änderte. War ich je zufrieden gewesen? Damals konnte ich es nicht sagen.

Es war ein regnerischer Oktobertag, als wir aufbrachen, und wenn ich auch mutig genug gewesen war, Jürgen wegzuschicken, so musste ich mich jetzt schwer zusammenreißen, um nicht einfach loszuheulen wie ein Kind. Doch spätestens als wir über den verschneiten Julierpass fuhren, wurde ich von meinen Sorgen abgelenkt. Der Bus hatte Mühe, den Pass zu erklimmen, geriet sogar ein-, zweimal ins Rutschen, und so geriet schon die Anfahrt zu einem kleinen Abenteuer.

Die Woche selbst wurde für mich zu einem Tor zu einer anderen Art und Weise, sich mit seinem Leben und seinen Problemen auseinanderzusetzen. Wir reflektierten verschiedene Themen, zum Beispiel, welchen Platz jeder von uns in seiner Familie einnahm. Meine Erkenntnis, dass ich in meiner Familie überhaupt keinen Platz hatte, war zwar niederschmetternd, doch auch nicht wirklich neu. Zuzuhören, wie andere ihre Rolle zuhause schilderten, tat weh. Doch immer wieder sorgten die herrliche Graubündner Landschaft am See von Silvaplana und der frühe Schneefall dafür, dass sich meine Stimmung aufhellen konnte, und ich nicht, wie sonst so oft, in ein tiefes Loch fiel.

Ein besonders schönes Erlebnis war die Bekanntschaft mit einer Ente. Wir machten einen Ausflug zum Comer See, und wir staunten, wie zahm die Enten dort waren. Sie ließen sich ohne Mühe anlocken und fraßen mir aus der Hand. Auf einmal nahm Rosl eine von ihnen einfach auf den Arm, als wäre sie eine Katze, und wollte sie mir in den Arm legen.

»Nein!«, wehrte ich erschrocken ab.

»Komm schon«, meinte Rosl lachend, »schau, es ist nichts dabei. Die Ente tut dir nichts.«

Ängstlich ließ ich es zu und schon hatte ich das Federtier im Arm. Sie fühlte sich so weich und lebendig an, so zerbrechlich unter ihren zarten Federn. Was für eine wunderschöne Begegnung, doch offenbar bekam die Ente Angst, und als Rosl sie wieder behutsam am Ufer absetzte, stellten wir fest, dass sie einen dicken, grünlichen Klecks auf meiner Hose hinterlassen hatte. Die konnte ich hinterher wegwerfen, denn diesen Fleck bekam ich nie wieder raus. Doch die Erfahrung war es mir wert.

In jenen Tagen wurde ich immer wieder mit dem Trauma meiner Kindheit konfrontiert, sanft und liebevoll durch Rosl begleitet. Das kostete mich viel Kraft, es war schmerzhaft und doch auch befreiend. In der Gemeinschaft mit den anderen, die ich vorher überhaupt nicht gekannt hatte, konnte ich schließlich meine Sorgen und Ängste loslassen und wenigstens für ein paar Tage Frieden empfinden und fand – tatsächlich: Zufriedenheit.

Dies zuhause in meinen Alltag zu integrieren war natürlich alles andere als einfach. Mit Macht brach die Realität über mich herein. Nun hatte ich, was ich so lange angestrebt hatte: Ich war allein. Allein mit meinen Zweifeln und Ängsten.

Rosl lud mich weiterhin zu ihren Info-Wochenenden ein. Der Name war eigentlich irreführend, die Prozesse gingen weit über bloße »Info« hinaus. Hinterher fühlte es sich tatsächlich jedesmal so an, als habe man in einer Arena um sein Leben gekämpft. Denn um nichts Geringeres ging es bei Rosl: um das Dasein, das Selbstverständnis und um den Umgang mit dem eigenen Leben.

Und das ging ja weiter, auch ohne Jürgen. Ich war nun allein, so wie ich es gewollt hatte, und musste sehen, wie ich zurechtkam.

Der emotionale Stress während der langen Phase der Trennung war nicht spurlos an mir vorübergegangen, er schlug sich vor allem auf meine Schwachstelle, den Magen nieder. Von meiner Chefin fühlte ich mich außerdem mehr und mehr unter Druck gesetzt, sie hatte die Angewohnheit, sich reihum jemanden aus unserem Schreibbüro herauszupicken, dem sie das Leben mit ihrer Genauigkeit und Strenge zur Hölle machte. Meine Kolleginnen und ich hielten zusammen, zwischen uns herrschte Solidarität, denn es war klar, dass es jede einmal treffen würde. Ich glaube, durch meine lange Zeit der Arbeitslosigkeit litt ich besonders unter ihrer Kritik, und oft fuhr ich weinend und mit Magenschmerzen nach Hause.

»Du musst etwas unternehmen«, sagte meine Freundin Bettina, »man kann ja nicht mit ansehen, wie du dich quälst.«

Irgendwann raffte ich meinen Mut zusammen und bat unseren Personalrat um ein Gespräch unter vier Augen. Ihm legte ich meine Situation dar und bat ihn, mit meiner Chefin zu sprechen.

»Wollen wir nicht lieber ein Gespräch zu dritt führen?«, fragte er.

»Nein, lieber nicht«, sagte ich, und schon kamen mir wieder die Tränen, »das schaffe ich psychisch einfach nicht.«

Und so führte er das Gespräch allein mit ihr.

Am nächsten Tag rief mich die Chefin in ihr Büro. Mein Herz fing wie wild an zu rasen. ›War es richtig, mit dem Personalrat zu sprechen?‹, fragte ich mich bang. ›Oder habe ich den Fehler meines Lebens gemacht?‹

»Frau Ritzmann«, begann sie in freundlichem Ton, was mich aufatmen ließ, »warum haben Sie denn nicht gleich mit mir gesprochen?«

»Ich hab es versucht, war ja ein paarmal bei Ihnen hier im Büro«, erklärte ich ihr, »aber ich habe nicht die richtigen Worte gefunden. Und wenn ich ehrlich sein darf: Ich hatte schlichtweg Angst.«

Sie reagierte voller Verständnis, plötzlich führten wir ein gutes Gespräch.

»Wenn in Zukunft etwas sein sollte«, schloss sie schließlich, »dann sprechen Sie mich bitte gleich darauf an.«

Ich war völlig überrascht, meine Chefin schien wie ausgewechselt. Auf einmal war ich eine Gesprächspartnerin für sie, und fortan behandelte sie mich respektvoll und fair.

Dieses Problem konnte also gelöst werden, und ich war froh, dass ich es gewagt hatte, mich zu wehren. Seelischen Stress hatte ich immer noch genügend, denn inzwischen war die Scheidung eingereicht.

Eines Tages wachte ich mit brennenden Magenschmerzen auf. Trotzdem machte ich mich fertig und ging zur Arbeit. Überhaupt fehlte ich krankheitshalber während all der Jahre meiner Berufstätigkeit nur wenige Male. Als Behinderte hatte ich ohnehin schon immer das Gefühl, ungewollt eine Sonderstellung einzunehmen. Da wollte ich mir nicht sagen lassen, dass ich auch noch viele Fehlzeiten hatte. Ich wollte »es« mal wieder allen zeigen, auch mir selbst.

An jenem Morgen ging es mir aber ganz besonders schlecht.

Als ich im Büro zur Toilette ging, entdeckte ich Blut in meinem Stuhl. Ich rief meinen Hausarzt an.

»Wie sieht der Stuhlgang aus?«, wollte er wissen.

»Ganz schwarz.«

»Dann müssen Sie sofort kommen, das klingt nach inneren Blutungen. Damit ist nicht zu spaßen.«

Ich sah mich um. Inzwischen war ich nicht mehr im Großraumbüro, sondern teilte mir den Raum mit zwei anderen Kolleginnen.

»Hören Sie, Frau Ritzmann?«, klang die Stimme meines Arztes aus dem Hörer. »Sie müssen sofort ins Krankenhaus.«

»Ja«, sagte ich. »Ich ruf Sie aber vorher nochmal an. Von zuhause.«

Ich wollte nicht einfach so vom Arbeitsplatz weg ins Krankenhaus transportiert werden. Stattdessen erklärte ich meiner Chefin, dass es mir schlecht ginge und ich zum Arzt müsse, sagte meinen Kolleginnen Bescheid, schaltete die Geräte ab und fuhr in meinem Rollstuhl quer durch die Stadt nach Hause.

Ich packte ein paar Sachen zusammen, dann rief ich den Arzt nochmals an. Der schickte einen Krankenwagen, der mich ins Krankenhaus brachte.

»Sie haben ein Magengeschwür«, erklärte mir der Arzt, nachdem ich eine Magenspiegelung über mich ergehen lassen musste. »Und das Geschwür ist aufgebrochen, daher das Blut in Ihrem Stuhl. Sie müssen erst einmal hierbleiben, damit wir das behandeln können.«

Eine Woche lang bekam ich Tabletten und stand unter Beobachtung. Langsam ließen die starken Schmerzen nach. Ich wurde nach Hause entlassen, musste mich aber noch eine Weile schonen, ehe ich wieder zur Arbeit gehen konnte.

Nach der Trennung war auf einmal ganz viel Stille um mich. Und um die zu verscheuchen, schaute ich viel fern. Es war seltsam: Oft schien es mir, als könnte ich mich von außen betrachten und wahrnehmen, was mit mir los war. In jener Zeit schaffte ich es hin und wieder, mein Tagebüchlein hervorzukramen und meine Gedanken in Worte zu fassen. Dabei suchte ich neue Ausdrucksformen, auch Gedichte entstanden:

Eigentlich ...

Eigentlich müsste ich
so viel machen,
doch ich kann ja noch nicht
mal lachen.

Eigentlich könnte ich
Briefe schreiben
und damit meine Langeweile
vertreiben.

Eigentlich könnte ich
spazieren gehen,
anstatt in die »Röhre«
zu sehen.

Eigentlich könnte ich
meinen Bleistift spitzen,
doch ich bleibe einfach
nur sitzen!

Ich brauchte lange, bis ich mich daran gewöhnte, ganz allein in meinen vier Wänden zu sein. Und doch hatte ich endlich den notwendigen Freiraum, um mehr auf meine eigene innere Stimme zu hören. Ruhe, um den Prozessen, die in Rosls »Arena« angestoßen wurden, nachzuspüren.

Mein Leben lang war ich damit beschäftigt gewesen, herauszufinden, was meine Umwelt von mir wollte, und entsprechend zu reagieren. Wie jeder andere Mensch wollte ich geliebt werden, und da ich von meiner Familie keine bedingungslose Liebe kannte, hatte ich viel zu lange geglaubt, ich müsse die Bedürfnisse der anderen befriedigen, um von ihnen im Gegenzug Liebe zu bekommen. Ganz langsam begriff ich jetzt, dass ich es wert war, um meiner selbst Willen geliebt zu werden. Tragisch an unserer Geschichte ist, dass Jürgen mich wohl auf diese Weise geliebt hatte, ich jedoch seine Liebe nicht erwidern konnte.

Warum war das so? Konnte ich nicht lieben, war ich dazu schlichtweg nicht in der Lage? Kann ein Mensch, der in seiner Kindheit keine Liebe erfahren hat, diese Fähigkeit nicht entwickeln? Solche Gedanken beunruhigten mich sehr. Und doch erlebte ich beispielsweise zwischen mir und meinen Freunden, besonders bei Bettina und ihren Kindern, tiefe Gefühle der Zuneigung. War das nicht auch eine Form von Liebe?

Bettina schöpfte ihre Liebe unter anderem aus ihrem Glauben zu Gott, zu dem sie ganz offen stand. Und in diese freundschaftliche Liebe gehüllt überstand ich jene schwere Zeit und öffnete mich selbst unmerklich und äußerst langsam dem Gedanken an eine göttliche Gegenwart.

Und dann kam unsere Scheidung. Eigentlich verlief sie ganz einfach. Ich musste nicht einmal vor Gericht erscheinen, mein Anwalt vertrat mich und übermittelte dann die Scheidungsurkunde. Da stand es schwarz auf weiß.

Wie fühlte sich das an? Wieder einmal recht widersprüchlich. Auf der einen Seite war ich erleichtert, dass das endlich hinter mir lag.

Ich fühlte mich befreit. Und erleichtert, dass ich nicht wieder schwach geworden und zu Jürgen zurückgegangen war, obwohl mir das oft als der leichtere Weg erschienen war. Nun gab es kein Zurück mehr, sondern nur noch ein Vorwärts.

Und doch hatte es auch etwas Trauriges. Niemand heiratet mit der Vorstellung, dass man sich eines Tages wieder scheiden lassen wird. Welche Schuld trug ich an dem Scheitern unserer Ehe? Oder war es ganz allein Jürgens Schuld? Hatten wir beide versagt? Oder war es falsch, überhaupt von Schuld zu sprechen?

Erst einige Jahre später fühlte ich so etwas wie ein Bedauern. Es war in einer Zeit, in der wir uns hin und wieder trafen, was wir in den ersten Jahren nach unserer Scheidung vermieden. Da fühlte ich, dass da doch sehr vieles war, was uns verband und uns immer verbinden wird. Sechzehn Jahre Beziehung tut man nicht einfach so ab. Man hat sich gemeinsam entwickelt und prägende Jahre miteinander verlebt. Auf eine gewisse Weise wird man immer miteinander verbunden bleiben, auch wenn man sich nicht mehr sieht und immer mehr aus den Augen verliert. Ich glaube, es ist wichtig, sich das einzugestehen. Und irgendwann auf die gemeinsame Zeit ohne Zorn und Vorwurf, aber auch ohne Bedauern und Reue zurückzublicken: auf einen wichtigen Teil des eigenen Lebens.

Im Sommer nach meiner Scheidung fuhr ich mit Rosl für eine dreiwöchige Freizeit nach Spanien. Das war aufregend, denn seit dem Monat in Dänemark im Alter von fünfzehn Jahren von Friedehorst aus war ich nicht mehr so lange von zuhause weggewesen.

Bettina brachte mich zusammen mit den Kindern zum Flughafen. Die Kleinen hatten mich dermaßen in ihr Herz geschlossen, dass Bettinas älterer Sohn, der damals fünf oder sechs Jahre alt war, tief traurig war bei unserem Abschied, was mich sehr berührte. Wie auch schon auf unserer Karibik-Reise konnte ich natürlich nicht meinen flotten Elektrorollstuhl mitnehmen, auch nicht die wendige Hebeldraisine, sondern war im Schieberollstuhl in allem abhängig von anderen Menschen.

Doch Rosl hatte alles gut organisiert, und ich wurde, einmal in Spanien angekommen, gemeinsam mit einer Pflegerin und einem anderen Behinderten in einer Wohnung untergebracht.

Es war wie immer intensiv und wichtig für mich. Wir wohnten direkt am Mittelmeer, und eines besonders schönen Tages verfiel Rosl auf die Idee, dass ich doch endlich auch einmal im Meer baden sollte. Das hatte ich bislang immer vermieden. Auch wenn ich gerne schwamm, so hatte ich doch Respekt vor den Wellen. Wer kurze Arme und Beine hat, kann sich nicht so leicht an die Wasseroberfläche strampeln, sollten die Wogen über ihm zusammenschlagen. Also legten mich meine Freunde auf ein großes Tuch, viele Hände packten die Enden, und so trugen sie mich hinein ins bewegte Nass. Vorsichtig ließen sie mich zu Wasser, und doch war ich froh, als ich wieder festen Grund unter mir fühlte.

Zum ersten Mal im Meer

Ein ganz besonderes Ereignis war für mich der Abend, an dem ich den anderen aus meiner inzwischen beträchtlich angewachsenen Gedichte-Sammlung vorlas, die ich unter dem Titel »Melodie des Lebens« zu einem Büchlein zusammengefasst hatte. Mir klopfte das Herz bis zum Halse, denn wenn man eigene Lyrik vorliest, entblößt man sich immer ein Stück weit vor seinem Publikum. Doch ich überwand meine Scheu.

Es war ein eigenartiges Gefühl, vor den anderen die Verse zu sprechen, die Worte, die ich in vielen einsamen Stunden für meine Empfindungen und Gedanken gefunden hatte. Und siehe da, es war so still, dass man eine Nadel hätte fallen hören können. Meine Worte erreichten offenbar die Herzen meiner Zuhörer, und das erfüllte mich mit einem tiefen Gefühl der Verbundenheit und des Glücks. Und als ich folgendes Gedicht laut vorlas, geschah etwas Wunderbares: Der Inhalt und das Gefühl, das mich im Moment des Lesens erfüllte, waren auf einmal deckungsgleich, sowohl bei mir, als auch bei jenen, denen ich meine geheimsten Gedanken anvertraute:

Glücksmomente

Wenn der Morgen erwacht
mit fröhlichem Vogelgezwitscher –
dann spüre ich »Glück«!

Wenn zarte Blumenknospen langsam
erwachen und den Frühling einläuten –
dann spüre ich »Glück«!

Wenn ich unter Freunden bin
und mit ihnen lache und rede –
dann spüre ich »Glück«!

Wenn es im Winter stürmt und schneit
und ich im Warmen bei einer Tasse Tee sitze –
dann spüre ich »Glück«!

Wenn eine Kerze brennt und mich
die wohltuende Stille »umarmt« –
dann spüre ich »Glück«!

Wenn meine Katze sich schnurrend auf
meinen Schoß legt und mich mit
treuen Augen anschaut –
dann spüre ich »Leben«!

Was wirklich zählt

Lange hatte ich wenig Kontakt zu meinen Geschwistern. Da rief mich eines Tages meine Schwester an. Ich hörte schon an ihrer Stimme, dass etwas geschehen sein musste, und dass sie sich schwer tat, mir davon zu berichten. Schließlich sagte sie:

»Vati will nicht, dass du es erfährst. Aber ich finde das nicht richtig. Du darfst mich nicht verraten, Steffi, das musst du mir versprechen.«

Ich war in großer Sorge und versprach es ihr natürlich.

»Vati ist krank«, brach es aus ihr heraus, »er hat Krebs. Und es sieht so aus, als könne man nichts mehr tun.«

Das war ein schwerer Schlag. Mir wurde bewusst, wie wenig Zeit wir gemeinsam verlebt hatten. Als junges Mädchen hatte ich manchmal gedacht, dass mich meine Eltern wohl erst dann verstehen würden, wenn sie älter und selbst gebrechlich würden. Ich hoffte so sehr, dass einmal eine Zeit kommen würde, in der ich mit meinen Eltern offen über unsere Gefühle und das, was uns bewegte, würde sprechen können. Dass das Lebensende für meinen Vater jetzt offenbar gekommen war, erschütterte mich. Ebenso sehr aber auch die Erkenntnis, dass er selbst jetzt nicht in der Lage war, sich mir zu öffnen. Im Weltbild meines Vaters war Gefühle zu zeigen gleichbedeutend mit Schwäche. Und aus diesem Grund, nahm ich an, wollte er nicht, dass ich von seiner Krankheit wusste.

Ich kann es schwer erklären, aber irgendwie verstand ich ihn. Schließlich waren wir vom selben Schlag, mein Vater und ich. Mir war klar, dass er Schwäche hasste, und eine Krankheit macht grundsätzlich schwach. So konnte er sich mir nicht zeigen. Oder vielleicht wollte er mich auch schonen? Was natürlich sehr kurz gedacht gewesen wäre, denn am Ende würde ich von seinem Tod doch erfahren müssen. Vielleicht dachte er aber auch, er könne die Krankheit besiegen. Oder er wollte schlichtweg nicht darüber reden. Alle möglichen Beweggründe verstand ich – wer hätte sie besser verstehen können als ich?

Und doch war es eine sehr schwere Zeit für mich. Ich hielt mein Versprechen, was aber dazu führte, dass ich mich für den Rest seiner Lebenszeit verstellen musste und so tun, als ob ich nichts wüsste. Auf die Idee, einfach hinzufahren, kam ich erst gar nicht. Zum einen, weil Reisen für mich damals ohnehin noch sehr schwierig war. Zum anderen, weil es keinerlei Anlass für einen Überraschungsbesuch gegeben hätte, so etwas tat ich einfach nie und das wäre per se schon verdächtig gewesen. Aber der eigentliche Grund war wohl, dass ich die Entscheidung meines Vaters, mir nichts davon zu erzählen, respektierte, auch wenn sie mir sehr wehtat. Zum Glück hielt mich wenigstens meine Schwester auf dem Laufenden, so dass ich nicht auf Spekulationen angewiesen war.

Im Alter von fünfzig Jahren hatte mein Vater Hautkrebs bekommen. Damals war alles entfernt worden, und zwölf Jahre lang ging alles gut. Als er seinen 61. Geburtstag feierte, hatte er bereits starke Schmerzen im Nacken, so dass er sich endlich untersuchen ließ. Schon zwei Tage später hatte er die niederschmetternde Diagnose. Sie lautete: Metastasen im Gehirn.

Mein Bruder Robert gab seine Arbeit auf, um unseren Vater zu pflegen, eine Entscheidung, für die ich ihn heute noch bewundere. Am 16. April 1998, gut vier Monate nach der Diagnose, starb mein Vater.

Ich erinnerte mich an die Abende, an denen er in der Tür meines Zimmers erschien, wenn ich auf Besuch zuhause war, und mich stumm betrachtete. Er dachte damals sicherlich, ich würde tief und fest schlafen. Was auch immer ihn dazu bewogen haben mochte, mir nachts beim Schlafen zuzusehen, ich hatte das Gefühl, dass er in jenen Momenten auf seine Weise Schwäche zeigte – dass ihn mein Schicksal, das mit seinem ja eng verwoben war, nicht so kalt ließ, wie er immer vorgab – dass er sich Gedanken, wahrscheinlich sogar Sorgen machte. So gesehen bedeuteten jene seltsamen, mir endlos erscheinenden Minuten, wenn ich ihn vor dem Licht im Flur wie einen schwarzen Schattenriss auf meiner Schwelle stehen sah, wahrscheinlich die größte Nähe, die er mir entgegenbringen konnte, in der Annahme, dass ich schlafe und nichts davon mitbekäme.

Das war unsagbar traurig. Und so starb mein Vater, ohne dass ich ihn wiedersah. Es war im Jahr 1998, und obwohl wir schon seit vier Jahren geschieden waren, bat ich Jürgen, mich zur Beerdigung zu fahren. Das tat er auch und dafür bin ich ihm bis heute dankbar.

Und so war ausgerechnet die Beerdigung meines Vaters das erste Familienfest – meine eigene Hochzeit ausgenommen, auf der ich ja schlecht hätte fehlen können – bei dem ich je anwesend war.

Viele Jahre lang quälte mich die Frage, von der ich damals dachte, dass ich nie mehr eine Antwort auf sie erhalten könnte, die Frage, ob mein Vater mich je geliebt hat. 2006 schließlich erhielt ich doch noch eine Antwort.

Ich träumte, ich saß am Fenster und wartete auf meinen Vater, gerade so, wie ich es in all den Jahren meiner Kindheit und Jugend getan hatte. Da sah ich, wie sein Wagen vorfuhr. Mein Vater stieg aus, auch meine Mutter und meine Geschwister waren mitgekommen. Meinen Vater und meinen Bruder sah ich klar und deutlich, Mutter und Schwester hingegen erkannte ich nur schemenhaft, sie erschienen mir milchig-durchscheinend, nicht wirklich da.

»Es kann nicht sein, dass du hier bist«, sagte ich im Traum zu meinem Vater, »denn du bist tot.«

Darauf reagierte er überhaupt nicht. Dann löste sich der Raum auf, und ich hatte das Gefühl, dass wir uns in einer offenen Landschaft befanden. Das ist die Gelegenheit, dachte ich.

»Hast du mich je geliebt?«, fragte ich meinen Vater.

Und tatsächlich, ich bekam eine Antwort.

»Alles, was früher war, ist nicht mehr wichtig«, sprach mein Vater. »Wichtig ist die Liebe, und die bleibt für immer. Was bleibt ist die Liebe, und das ist entscheidend.«

Mit einem sehr frohen, leichten Gefühl in meinem Herzen wachte ich auf. Und mir war klar, dass dieser Traum eine Botschaft war, mehr noch: Mein Vater war im Traum zu mir gekommen, um sich mit mir zu versöhnen. Ja, er hatte mich geliebt. Nach seinem Tod war alles, was ihn gehindert hatte, zu seinen Gefühlen zu stehen, von ihm abgefallen. Was bleibt, ist die Liebe. Und das machte mich zu einem glücklichen Menschen.

Doch ich greife vor. Damals, als mein Vater starb, konnte ich noch nicht ahnen, dass es einmal möglich sein sollte, auch nach seinem Tod eine Antwort auf meine brennende Frage zu erhalten. Ich fand Trost bei meinen Freunden, allen voran Bettina. Sie war sehr gläubig, und ich pflegte zu sagen: »Mich missionierst du aber nicht!« Worauf sie lachte und sagte: »Ich lebe meinen Glauben. Aber ich will dich keinesfalls überzeugen. Das ist ganz allein deine Entscheidung.« Und das machte sie mir nur noch sympathischer.

Die Sache war die: Bettina lebte ihren Glauben tatsächlich. Ich konnte aus nächster Nähe beobachten, wie sie in schwierigen Situationen auf Gott vertraute und die Sache tatsächlich gut ausging – hieß das, dass ihre Gebete erhört wurden? Das machte mich neugierig. Wie hing das wohl zusammen? Und ich dachte: ›Vielleicht sollte ich das auch mal ausprobieren?‹

Dass es dabei um etwas ging, was für mich mit das Schwierigste überhaupt war, nämlich um Urvertrauen, machte die Sache nicht gerade einfach. Denn Urvertrauen fehlte mir ja schon von klein auf.

Dennoch wollte ich gern herausfinden, ob da wirklich eine Instanz war, an die auch ich mich eventuell wenden konnte. Und so begann ich zu beten und machte eine erstaunliche Entdeckung: Wenn ich betete, wurde ich ruhiger. Außerdem erhielt ich Kraft, so als hätte ich mich an eine Energiequelle angeschlossen und mein innerer Akku wäre aufgeladen worden. Das Beten lenkte mich von meinen Problemen ab, es half mir, eine gewisse Distanz zu meinem eigenen Schicksal zu gewinnen und meine Probleme und Nöte in einem neuen Licht zu sehen.

Das war gut und hilfreich, und wenn meine Wünsche

auch nicht unbedingt in Erfüllung gingen, so fühlte ich mich besser, seit ich mich regelmäßig hinsetzte, die Augen schloss und Zwiesprache hielt mit diesem Wesen Gott, von dem ich noch nicht sicher wusste, ob es tatsächlich hörte, was ich ihm sagte, oder ob es überhaupt existierte.

Und dann geschah etwas sehr Eindrucksvolles: Ich fuhr damals gerne mit meinem Elektrorollstuhl zu einsamen, entlegenen Stellen draußen in der Natur. Ich mochte es, wenn es um mich herum still wurde. Ich hatte die Erfahrung gemacht, dass mir das Herz aufging und ich mich freier und gelöster erlebte, wenn ich Landschaft um mich hatte und möglichst wenige Menschen. Ich liebe das Rauschen der Blätter in den Bäumen, das Gurgeln eines Bächleins, das Zwitschern der Vögel. An jenem Tag führte mich mein Heimweg über eine ganz einsame Strecke, weit und breit war keine Menschenseele, und ich war glücklich.

Da plötzlich blieb mein Elektrorollstuhl stehen und machte keinen Mucks mehr. Es dauerte nicht lange und ich fand auch den Grund dafür: Die Batterie war leer.

»Was mach ich jetzt bloß?«, fuhr es mir durch den Kopf. Damals hatte man noch keine Handys, und ich hatte keine Möglichkeit, jemanden zu Hilfe zu rufen.

Wie das so ist mit zur Neige gehenden Batterien, geben sie noch ein wenig Saft ab, wenn man eine Weile wartet. Ich schöpfte Hoffnung – doch die währte nur kurz, dann war der Akku endgültig leer.

»Herr«, betete ich voller Verzweiflung, »wenn es dich wirklich gibt, dann schick mir jetzt einen Menschen.«

Und tatsächlich, der Herr hatte Humor und schickte mir gleich mehrere menschliche Wesen: Von der einen Seite näherte sich ein junger Mann, von der anderen eine Frau mit Kindern. Und damit nicht genug: Der Mann war früher Zivildienstleistender gewesen und kannte sich mit Rollstühlen bestens aus. Er wusste, wie man einen Elektrorollstuhl so einstellt, dass man ihn schieben kann, und brachte mich nach Hause. Dabei ist mein Rollstuhl sehr schwer, und der Weg war wirklich weit. Es gibt überhaupt keine Worte dafür, wie dankbar ich diesem jungen Mann war. Und nicht nur ihm. Diese Begebenheit war ein echtes Schlüsselerlebnis für mich. Früher hätte ich es vielleicht Zufall genannt. Doch jetzt war ich mir vollkommen sicher, dass mich mein Gott gehört und Hilfe geschickt hatte.

Ich bin zwar als Kind evangelisch getauft worden, doch da ich bei katholischen Schwestern aufgewachsen war und im St. Josef-Stift Sonntag für Sonntag den Gottesdienst miterlebt hatte, fühlte ich mich zum Katholizismus mehr hingezogen. Nach meinem Erlebnis mit dem Rollstuhl begann ich, die Gottesdienste der Gemeinde St. Stephan in Karlsruhe zu besuchen. Dieser eindrucksvolle Kirchenbau nach dem Vorbild des römischen Pantheon mit seinem einzigartigen Glockengeläut wurde für mich bald zu einer geistigen Heimat. Als ich gebeten wurde, beim Gottesdienst die Aufgabe einer Lektorin zu übernehmen, willigte ich freudig ein, die verschiedenen Stellen aus der Bibel, auf denen die Predigten basieren, vorzutragen.

Das bedeutete, dass ich ein richtiges Amt hatte und nicht nur dann zur Kirche gehen konnte, wann ich gerade Lust hatte. Bei Sonnenschein und Regen, Sturm und Wind fuhr ich mit meinem Elektrorollstuhl zu der Innenstadtkirche, um mein Amt zu versehen, den Elementen ziemlich schutzlos ausgesetzt. Doch fast immer fügte es sich, dass mir gerade dann, wenn ein Gewitter drohte oder schlimmeres, ein Gemeindemitglied schon die Tür geöffnet hatte. ›Einladender geht es nicht‹, dachte ich dann beglückt. Und da ich immer recht früh bei der Kirche ankam, um das Buch in Empfang zu nehmen und das Mikro zurechtrücken zu lassen, war das alles andere als selbstverständlich. Doch wenn auch die Tür mal nicht offenstand, dann kam garantiert gerade jemand heraus oder jemand musste hinein, und auch hierin sah ich eine Fürsorge Gottes für mich.

Früher hatte ich oft zu Bettina gesagt hatte: »Mich bekehrst du nicht!«, doch jetzt waren es meine eigenen Erfahrungen, die mich von einer göttlichen Gegenwart überzeugten. Und wunderbarerweise schöpfte ich daraus viel Kraft.

Schließlich kam der Tag, an dem ich Klarheit schaffen wollte. Ich fühlte mich in der Gemeinde so zuhause, dass ich beschloss, meinen neugewonnenen Glauben auch deutlich nach außen zu vertreten und zum Katholizismus zu konvertieren. Ich sprach den Dekan von St. Stefan darauf an.

»Aber Stefanie«, sagte der überrascht, »das brauchst du doch nicht. Wir nehmen doch alle, die zu uns kommen, dafür musst du doch nicht konvertieren!«

Diese Offenheit beeindruckte mich sehr. Und doch war es mein Wunsch. Ich wollte ja nicht wegen der Gemeinde konvertieren, sondern für mich selbst.

»Doch«, beharrte ich, »das ist mir wichtig. Denn eigentlich bin ich katholisch aufgewachsen und möchte für mich selbst ein Zeichen setzen.«

So kam es, dass ich im Januar 2000 meine Firmung feierte, mit Bettina als Firmpatin. Anschließend gab es im Gemeindehaus für alle einen Umtrunk, und das freute mich sehr, war es doch ein Zeichen für mich, dass die Gemeinde mich offiziell als vollwertiges Mitglied in ihren Reihen aufnahm. Dass dazu sogar einige meiner Arbeitskolleginnen kamen, war ein ganz besonderes Geschenk für mich.

An jenem Tag hatte ich das Gefühl, in einem neuen Leben angekommen zu sein, und nach dem Scheitern meiner Ehe trotz der vielen offenen Fragen, die mich lange gequält hatten, meinen Platz gefunden zu haben. Die Erfahrung, dass trotz allem, was geschieht, eine höhere Macht nach mir sieht und sich um mich kümmert, schenkte mir die Gewissheit, dass mein Leben einen Sinn hat. Das gab mir die Kraft, den Dingen mit Zuversicht und einer positiven Einstellung zu begegnen, und siehe da, alles wurde leichter, die Einzelteile meines Lebens fügten sich zu einem Ganzen, wo auch der Kummer seinen Platz haben durfte, jedoch nicht mehr übermächtig wurde. Das erst machte es mir möglich, das große Glück in all der Schwere zu erkennen, das mich von klein auf immer begleitet hatte und stets an meiner Seite war, bereit, mich zu beschenken, wann immer ich offen dafür war, seine Gaben anzunehmen.

Eines dieser Geschenke war meine liebe Omi, die Einzige in meiner Familie, von der ich mich immer angenommen gefühlt hatte. Anfang der 1990er-Jahre wuchs auf ihrer Nase eine Geschwulst. Sie stellte sich als bösartig heraus, und man musste ihr die Nase abnehmen. Von da an trug sie eine Prothese , die genauso aussah wie ihre eigene Nase.

Bei meinem ersten Besuch im Pflegeheim nach Omis Operation, bei dem mich meine Freundin Bettina begleitete, kam das Kind in mir wieder einmal durch und ich fragte sie:

»Wie fühlt sich das denn an?«

Omi und ich hatten immer viel Spaß

»Nur zu«, sagte Omi lächelnd, »fass meine Pappnase ruhig an, ist nichts Besonderes.«

Sie fühlte sich an wie Pappmaché, und vielleicht war sie auch aus einem ähnlichen Material gefertigt.

Omi klagte nicht über den Umstand, dass sie keine echte Nase mehr hatte. Nur die Tatsache, dass sie keine Brille mehr tragen und somit ihre geliebte Zeitung nicht mehr lesen konnte, bedauerte sie sehr. Ich überlegte, wie man ihr helfen könnte. Beim Einkaufen fanden Bettina und ich eine sogenannte Leuchtlupe, eine Lupe mit integriertem Licht.

»Schau, Omi«, sagte ich, als ich sie ihr brachte. »Damit kannst du wieder lesen.«

Und es war wunderbar zu sehen, wie sehr sie sich freute.

»Weißt du noch«, sagte Omi, »wie ich Weihnachten immer Harmonium spielte?«

»Natürlich«, antwortete ich, »wie könnte ich das vergessen.«

»Das einzige, was ich hier wirklich vermisse«, fuhr Omi fort, »ist das Klavierspielen.«

Es ging mir zu Herzen, wie unglaublich traurig sie dabei aussah. Ich dachte nach. Dann kam mir eine Idee. Im Aufenthaltsraum des Pflegeheims stand doch ein Klavier.

»Ich kann doch aber nicht mehr gehen«, wandte Omi ein.

»Na dann besorgen wir dir einen Rollstuhl«, schlug ich vor. »Dann sind wir schon zu zweit.«

Da musste auch Omi lachen, und Bettina sorgte dafür, dass wir für sie einen Rolli bekamen. Im Aufenthaltsraum strahlte Omi, als sie das Klavier sah. Bettina half ihr auf den Klavierstuhl, liebevoll strichen Omis Hände über die Tasten. Dies war ein kostbarer Anblick. Als sie jedoch ansetzte, »Am Brunnen vor dem Tore«, ihr Lieblingsstück, zu spielen, da fanden ihre Finger nicht mehr die richtigen Töne. Auch als wir Noten für sie holten, musste sie zu ihrer Verzweiflung feststellen, dass sie nicht mehr in der Lage war, die Noten zu lesen. Ihre Finger hatten die Fertigkeit verloren, und ihr Kopf hatte vergessen, wie das alles funktioniert.

»Ach Gott«, sagte sie wieder und wieder und versuchte es aufs Neue, »wie war das doch gleich noch?«

Das war so herzzerreißend, dass ich mich ein Stück wegsetzen musste, damit sie meine Tränen nicht sah.

»Es ist einfach weg«, sagte sie schließlich unendlich traurig. »Wie kann das sein? Ich konnte es doch immer. Und jetzt ist nichts mehr da in meinem Kopf.«

Als wir wieder in ihrem Zimmer waren, sagte sie zu mir.

»Hast du nicht immer gesagt, Steffi, dass du hundert Jahre alt werden willst?«

Ich nickte. Omi nahm meine Hand, drückte sanft meine Finger. Dann kam sie ganz nah zu mir heran und sagte:

»Ich rate dir davon ab, mein Kind.«

Nach diesem letzten Versuch, Klavier zu spielen, war Omi sehr erschöpft und schlief eine Weile. Als das Mittagessen gebracht wurde, sah ich ihr zu, wie sie das Essen mit der Gabel auf dem Teller herumschob. Sie hatte keinen Hunger und sagte schließlich:

»Jetzt tun wir einfach so, als hätten wir gegessen«, und schob den Teller von sich. Dabei zwinkerte sie mir zu. Ich musste lächeln und dachte an die vielen Mahlzeiten im St. Josef-Stift, bei denen es mir genauso ergangen war, und wie ich auch versucht hatte, so zu tun, als hätte ich schon gegessen. Und auch später, als ich wegen eines Schlaganfalls im Krankenhaus war, musste ich wieder an sie und diese Situation denken. Denn da ging es mir genauso. Da schob auch ich das Essen an den Rand des Tellers und sagte mir im Stillen: »Omi, jetzt tun wir mal so, als ob wir gegessen hätten.«

Einige Jahre später erfuhr ich von meinem Bruder, dass sie inzwischen Schwierigkeiten hatte, Menschen wiederzuerkennen – eine Altersdemenz hatte bei ihr offenbar eingesetzt. Immerhin war sie damals bereits 95 Jahre alt. Ich dachte, dass es an der Zeit sei, sie nochmal zu besuchen, und Bettina fuhr mit mir erneut nach Ibbenbüren, wofür ich ihr heute noch sehr dankbar bin. Es sollte mein letztes Wiedersehen mit meiner geliebten Omi sein.

Auf der Fahrt hatte ich große Angst, sie könnte mich womöglich nicht mehr erkennen. Als wir bei ihr ankamen, und Bettina für mich die Tür öffnete, saß Omi aufgerichtet im Bett mit dem Blick zur Tür, und als sie mich sah, ging ein Strahlen über ihr Gesicht. Ich war so erleichtert! Auch wenn sie nicht mehr sprechen konnte, war doch auch ohne Worte klar, dass sie mich erkannt hatte.

Ich fuhr ganz nah an ihr Bett heran und ergriff ihre Hand. Wir sprachen nicht, aber Worte waren auch nicht mehr nötig. Es war ein liebevolles Hinüberfühlen von ihr zu mir und wieder zurück. Mich erfüllte eine große Dankbarkeit, dass wir uns noch einmal begegnen konnten. Ich streichelte ihre Wangen, ihre Haut war so zart. ›Alles, was sie jetzt noch tun kann‹, ging es mir durch den Kopf, ›ist hier zu liegen‹. Und mir wurde klar: Ab einem gewissen Punkt im Leben gibt es nichts mehr zu tun. Das einzige, was du noch geben kannst, ist die Liebe, und die ist das Größte und Wichtigste überhaupt.

Später sagte meine Tante, dass Omi an meinem Besuchstag nochmals richtig »da« gewesen sei, es war einer ihrer besten Tage, und ich war sehr dankbar, dass es sich so fügte und ich diese Nähe zu ihr, die mich mein Leben lang genährt und getröstet hatte, noch einmal spüren durfte.

Wir blieben über Nacht, und am nächsten Tag ermutigte Bettina mich, noch einmal zu Omi ins Pflegeheim zu gehen. Ich zögerte. Eigentlich hatte ich bereits Abschied genommen. Irgendwie ahnte ich, dass es nie mehr so innig sein könnte, wie am Tag zuvor. Und dieses Gefühl der Nähe wollte ich mir nicht durch eine andere, möglicherweise weniger intensive Begegnung zerstören lassen. Dennoch gingen wir hin. Omi schlief.

»Soll ich sie aufwecken?«, fragte Bettina.

»Nein, lass sie schlafen«, antwortete ich.

»Aber dann kannst du dich doch gar nicht richtig verabschieden«, wandte sie ein. »Dafür sind wir doch extra gekommen.«

Mein Gefühl sagte: Lass es. Und doch tauchten gleichzeitig Zweifel auf. War ich egoistisch? Wollte ich mich drücken? Nein. Es war gut so, wie es war.

»Ich kann mich auch so von ihr verabschieden, ganz still und leise.«

Das tat ich. Und habe es bis heute nie bereut.

Ich wusste, es war ein Abschied für immer. Ein halbes Jahr später, im Januar 2001, starb meine Omi. Es war mir nicht möglich, zu ihrer Beerdigung zu kommen. Die fand an Mariä Lichtmess statt, und ich zündete zuhause eine Kerze an, legte meditative Musik auf und sang für meine Omi. Das war mein ganz persönlicher Gottesdienst für sie. Natürlich flossen meine Tränen reichlich. Mir wurde bewusst, dass nun eingetreten war, was ich seit meiner Jugend gefürchtet hatte: Dass Omi etwas passieren könnte und meine Eltern es mir nicht mitteilen würden. Tatsächlich hatte ich es auch nicht etwa von meiner Mutter erfahren. Es war meine Tante, die mich von Omis Tod unterrichtete. Ich war ihr und meinem Bruder so dankbar dafür, dass sie mich rechtzeitig über Omis schlechten Gesundheitszustand informiert hatten, so dass ich am normalen Prozess des Abschiednehmens wenigstens in diesem Fall hatte teilhaben dürfen. Sonst war ich ja immer von allem, was die Familie betraf, ausgeschlossen gewesen, sogar vom Sterbeprozess meines Vaters.

Mit Omis Tod ging ein wichtiger Abschnitt in meinem Leben zu Ende. Was andere vielleicht beim Sterben der Eltern erleben, empfand ich, als Omi gegangen war: Dass ich nun allein auf der Welt war und voll und ganz verantwortlich für mein eigenes Wohl und Wehe – und, wie ich bald lernen sollte, auch für das anderer Menschen.

Gemeinsam sind wir stärker

Bereits in den 1990er-Jahren rief die Stadt Karlsruhe eine Arbeitsgemeinschaft ins Leben, die AG Behindertenhilfe. Ziel war es, die unterschiedlichsten Initiativen von Menschen mit Behinderungen, wie Selbsthilfegruppen oder Vereine, unter einem Dach zusammenzufassen. Auch der Conterganverband wurde gefragt, ob er sich der AG anschließen wollte, und ich war sofort dafür. Ich fand es aufregend, neue Menschen, Gruppierungen und Initiativen kennenzulernen, und auch meinen Horizont zu erweitern, was andere Arten von Behinderungen anging. Wir versprachen uns von diesem Schritt, auf lange Sicht gemeinsam unsere Interessen gegenüber der Allgemeinheit besser vertreten zu können.

Als der Behinderten-Koordinator der Stadt Karlsruhe aus gesundheitlichen Gründen das Amt abgeben musste, führten wir die AG zunächst mit Unterstützung der Stadt weiter. Zwei Sprecher aus den eigenen Reihen wurden gewählt, und ich war eine davon. Da ich damals noch keinerlei Erfahrung in der Leitung von Gruppen hatte, war ich froh und dankbar, dass mein Kollege, der Pastor war, mehr oder weniger das Ruder übernahm.

Es ergab sich rein zufällig, dass ich durch meine Arbeit im Schreibbüro des Sozialamts Bekanntschaft mit der neuen Behindertenkoordinatorin machte. Eines Tages rief mich unsere Chefin zu sich.

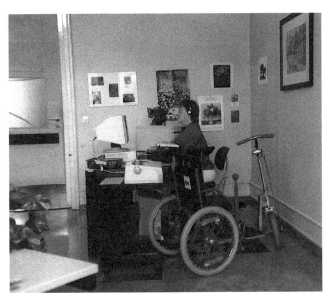

Büroarbeitsplatz mit Draisine

»Die neue Behindertenkoordinatorin braucht eine feste Schreibkraft«, sagte sie. »Und wir haben uns überlegt, dass es doch gut aussehen würde, wenn Sie diese Funktion übernehmen könnten und direkt bei Frau Warth-Loos im Zimmer sitzen würden. Das würde doch optisch schön passen. Was halten Sie davon?«

»Nichts«, sagte ich spontan.

»Aber warum denn nicht?«

»Weil ich nicht ›optisch‹ in eine Schublade gesteckt werden möchte. Ich möchte behandelt werden wie meine Kolleginnen auch, und nicht aufgrund meiner Behinderung eine Sonderrolle erhalten.«

Und so blieb ich weiterhin bei meinen Kolleginnen im Schreibbüro und schrieb dort für Martina Warth-Loos, die neue Behindertenkoordinatorin. Ich verstand mich von Anfang an ganz ausgezeichnet mit ihr.

Sie stellte sich als »Glücksfall« für unsere Arbeitsgemeinschaft und auch für mich ganz persönlich heraus. Als die SPD-Fraktion den Vorschlag einbrachte, einen Beirat von Menschen mit Behinderungen der Stadt Karlsruhe zu gründen, sprach Martina die AG Behindertenhilfe an. Sie fragte uns, ob wir bereit wären, bei der Vorbereitung dieses Schrittes mitzuhelfen, und für die Gründung eines solchen Beirats ein Papier zu entwerfen.

Wir waren damit mehr als einverstanden, denn wer könnte die Strukturen und Aufgaben eines solchen Beirats besser formulieren als wir Betroffenen selbst? Und obwohl ein Beirat per se keine Entscheidungsvollmacht hat, sondern lediglich – wie der Name schon sagt – beratend tätig ist, bedeutete die Gründung eines solchen doch einen enormen Schritt in die richtige Richtung. Was uns Menschen mit Behinderung damals noch fehlte, war eine reale Chance auf öffentliche Teilhabe.

Es ging – und geht noch immer – um die vielen kleinen Dinge im Alltag, die sich ein nicht behinderter Mensch gar nicht bewusst macht, so selbstverständlich sind sie für ihn. Tatsächlich blieben vor allem Rollstuhlfahrer in vielen Bereichen im wahrsten Sinn des Wortes ausgeschlossen. Sei es, dass es beispielsweise an öffentlichen Gebäuden wie Bahnhöfen, Behörden oder kulturellen Einrichtungen keine Rampen oder Aufzüge gibt und stattdessen unüberwindbare Stufen den Zugang blockieren, sei es, dass uns der Zutritt zu Hotels und Gastronomiebetrieben unmöglich war – das öffentliche Leben blieb für die meisten von uns zum großen Teil verschlossen. Dafür mussten wir, so unterschiedlich unsere Behinderungen auch waren, mit einer Stimme sprechen können, um von den Entscheidungsträgern gehört zu werden.

Ein Fundament für die Gründung eines Beirats zu entwerfen – dafür engagierte ich mich gemeinsam mit anderen gerne. Bis die Vorbedingungen geschaffen worden waren und der Sozialbürgermeister den Beirat einsetzen konnte, brauchte es insgesamt drei Jahre.

Während dieser Zeit erstellten wir eine Liste von verschiedenen Formen der Behinderungen (und ihren jeweiligen Interessensverbänden), damit die unterschiedlichen Interessen der Betroffenen optimal vertreten werden konnten.

So repräsentierte ich beispielsweise die Interessensgruppe »Frauen mit Behinderung«. Andere Gruppen waren Blinde, Sehbehinderte, Gehörlose, Schwerhörige, chronisch Kranke und psychisch Kranke. Außerdem behinderte Kinder und Jugendliche, Menschen mit kognitiven Einschränkungen und viele mehr.

Als dieser Prozess weitgehend abgeschlossen war, stellten sich die Repräsentanten zur Wahl. Diese gewählten Vertreter lud der Sozialbürgermeister zu einer ersten Zusammenkunft und feierlichen Vereidigung ein – damit wurde der Behindertenbeirat in Karlsruhe offiziell eingeführt, und zwar als erster seiner Art in Baden-Württemberg.

Es war ein weiteres bedeutsames Ereignis, als wir zu unserer ersten Sitzung zusammenkamen. Schon über die Wahl des Versammlungsorts gab es einige Diskussionen. Zunächst trafen wir uns in der Erich-Kästner-Schule für Gehörlose. Doch dann sagten wir: »Wenn die Stadt den Behindertenbeirat wirklich wünscht, dann gehören die

Sitzungen auch direkt ins Rathaus.« Und die Stadt machte auch dies möglich.

Gleich in der allerersten Sitzung wurde über den Vorstand abgestimmt – und zu meiner großen Überraschung wurde ich zur Ersten Vorsitzenden gewählt.

Nach der ersten Freude kamen aber auch bald große Zweifel. Würde ich das schaffen? Ich hatte weder jemals eine Gruppe geleitet, noch wusste ich, ob ich Führungsqualitäten besaß. Auf einmal fühlte ich mich der enormen Verantwortung nicht mehr gewachsen und hätte am liebsten alles sofort wieder hingeschmissen.

Bevor es soweit kam, beschloss ich, mit Martina Warth-Loos zu sprechen, die ich ja gut kannte. Ich lud Martina zu mir nach Hause ein und gestand ihr meine Ängste und Befürchtungen. Doch sie sah die Sache gelassen.

»Da musst du dir keine Sorgen machen«, sagte sie, »ich werde dir helfen, gemeinsam kriegen wir das schon hin. Probier es einfach mal aus. Und wenn etwas sein sollte – du kannst mich immer fragen.«

Das beruhigte mich ein wenig, und ich machte weiter. Und tatsächlich arbeiteten Martina und ich ausgezeichnet zusammen. Mit der Zeit bekam ich immer mehr Sicherheit, wuchs mit ihrer Hilfe in diese Aufgabe hinein und lernte ständig dazu. Auch wenn mich bis zuletzt – und ich hatte das Amt der ersten Vorsitzenden zehn Jahre lang inne – vor jeder Sitzung die Nervosität überfiel, so führte dies lediglich dazu, dass ich immer ausgezeichnet vorbereitet war. Auch das lernte ich von Martina. Ich gewöhnte mir an, den Sitzungsablauf zu gliedern und eine Liste der Tagesordnungspunkte zu machen.

Bei der Sitzung selbst gab es so vieles, was ich bedenken musste. Wir luden regelmäßig Vertreter der Fraktionen ein, und da stellten sich so profane Fragen wie zum Beispiel, wen man zuerst begrüßte, damit die Form gewahrt war. Oder da war beispielsweise die spezielle Höranlage für die Schwerhörigen, damit sie an der Diskussion teilhaben konnten. Die Hörgeräte waren an die Anlage gekoppelt, und je zwei von ihnen hatten ein Tischmikrophon, das aus- und eingeschaltet werden musste, wenn sie sich zu Wort meldeten. Auch dies zu beaufsichtigen gehörte zu meinen Aufgaben. Dann musste ich die Reihenfolge der Wortmeldungen im Auge behalten, damit kein Durcheinander entstand und auch die vorgegebene Zeit eingehalten wurde. Wenn es aber doch manchmal Sitzungen gab, bei denen wir die Zeit überziehen mussten, weil das Thema so brisant war und es viele Wortmeldungen gab, dann war ich hinterher völlig fertig – und dennoch beflügelt, weil ich spürte, dass die Gespräche wichtig und konstruktiv waren.

Ganz besonders anstrengend empfand ich die Pressekonferenzen und ich lernte, im Vorfeld sehr genau zu überlegen, was ich sagte. Schließlich stand das dann am nächsten Tag in der Zeitung. Und wenn ich eine Frage nicht beantworten konnte, dann gewöhnte ich mir an, ganz ruhig zu bleiben und zu sagen: »Am besten rufen Sie diesen oder jenen an, der kann Ihnen das genauer sagen.«

Für eine solche Auskunft waren die Journalisten dankbar, denn sie fanden dann direkt den richtigen Ansprechpartner und konnten sicher sein, die korrekte Auskunft zu erhalten. Zu meiner großen Überraschung und Freude fand ich übrigens heraus, dass ich richtig gut delegieren konnte.

Um die anderen im Beirat besser kennenzulernen, rief ich

einen Stammtisch ins Leben, der alle zwei Monate stattfand. Denn der Austausch kann im lockeren Beisammensein natürlich weit besser stattfinden, als wenn man sich nur zu Sitzungen trifft. Auf diese Weise fand ich heraus, welche Vorlieben und Fähigkeiten jeder einzelne von uns hatte. Einer unserer Mitstreiter war beispielsweise sehr an der Verkehrssituation in der Stadt interessiert. Er hatte einen guten Draht zu den öffentlichen Verkehrsbetrieben und engagierte sich bei Themen wie Behindertenparkplätze und die Situation bei der Bahn. So hatte jeder sein Spezialgebiet.

Mir persönlich gefielen die Ortsbegehungen gut, etwa als das Europabad geplant wurde. Hier und bei vielen anderen Projekten durften wir mitdenken und unsere Meinung einbringen. Auf diese Weise konnten wir entweder bestätigen, was bereits in Planung war, oder unsere Bedenken vortragen und Vorschläge machen, wenn wir eine Verbesserungsmöglichkeit sahen. Das machte mir ungeheure Freude. Endlich hatte mein Engagement einen echten, greifbaren Sinn.

Im Kontakt mit den Architekten der Stadt konnte ich genau verfolgen, wie sie immer besser verstanden, worauf es wirklich ankam bei öffentlichen Gebäuden: nämlich nicht ausschließlich auf die ästhetische Wahrnehmung, auf das Design, sondern darum, wie Menschen sich in den Gebäuden fühlen.

Erst nach einiger Zeit fand ich heraus, dass einer dieser Architekten selbst ein behindertes Kind hatte. Natürlich war er dadurch selbst viel stärker in unsere Thematik involviert als seine Kollegen.

Mir war es immer wichtig, deutlich zu machen, dass von den meisten Veränderungen zugunsten Menschen mit Behinderungen auch Nichtbehinderte einen Nutzen haben.

Von den Aufzügen in den Bahnhöfen, die den Zugang zu den Gleisen erleichtern, profitieren nicht nur wir, sondern auch ältere Menschen mit oder ohne Rollator bis hin zu jungen Reisenden mit schwerem Gepäck. Öffnen sich die Türen von Behörden oder Restaurants automatisch, so ist das auch eine große Erleichterung für junge Eltern mit Kinderwagen.

Ein großes Anliegen und ein bedeutsamer Schritt für eine größere Mobilität von Behinderten bedeutete die Einführung von Niederflurwagen bei der Straßenbahn. Dafür wurde der Bahnsteig der Haltestelle erhöht und somit dem Einstiegniveau der neuen Bahnen angepasst.

Natürlich war es nicht möglich, alle Haltestellen gleichzeitig umzugestalten, irgendwo musste ein Anfang gemacht werden. Wo damit am sinnvollsten zu beginnen war, dafür wurde der Beirat befragt.

Um den idealen Standort für den ersten barrierefreien Einstieg in die Straßenbahn zu finden, waren viele Begehungen notwendig. Auch die Medien nahmen an diesem Prozess regen Anteil, sogar Fernsehteams begleiteten uns. Die Wahl fiel schließlich auf die Haltestelle Herrenstraße, weil diese auch nach Baubeginn der neuen Karlsruher U-Strab noch am längsten Bestand haben sollte.

Gemeinsam schafften wir es, dass die barrierefreie Planung der Straßenbahnhaltestellen in Karlsruhe viel besser verlaufen ist als in anderen Städten, wo man auf elektronische Plattformen setzte, die man mit einem speziellen Schalter betätigt. Der Nachteil liegt auf der Hand: Wo Elektronik verwendet wird, kann sie ausfallen, und das passiert immer wieder. Bei einem Besuch in Bremen war ich selbst davon betroffen: Wir wollten die Bahn nehmen, doch die elektronische Plattform funktionierte nicht. Die Bahn fuhr ohne uns weiter, und wir hatten das Nachsehen.

In Karlsruhe kann das nicht passieren: Ist der Bahnsteig einmal erhöht, bleibt er es und ist für alle eine Einstiegserleichterung, nicht nur für Rollstuhlfahrer oder Gehbehinderte.

Mich persönlich freute am meisten das Beispiel der Sozial- und Jugendbehörde, bei der ich selbst dreizehn Jahre lang gearbeitet hatte, und die Zug um Zug barrierefreier wurde. Ursprünglich hatte man mit dem Rollstuhl nur durch den Keller Zugang zum Aufzug, und in der ersten Zeit war ich noch auf jemanden angewiesen gewesen, der mir die Tür aufhielt. Später wurde ein Druckschalter installiert, sodass ich die Tür von innen und von außen selbst öffnen konnte.

Der Beirat vertrat die Meinung, dass Behinderte nicht immer durch den Hinter- oder Kellereingang in ein öffentliches Gebäude gelangen sollten, sondern im besten Fall wie alle anderen auch durch den Haupteingang. Dies ist nicht in allen Fällen möglich. Manchmal lassen es die baulichen Gegebenheiten einfach nicht zu, oder der Denkmalschutz verbietet einen notwendigen Umbau. Für das Sozial- und Jugendamt fanden wir eine Lösung in der Nähe des Haupteingangs, und schließlich wurde ein gläserner Aufzug gebaut, der für alle gut zu erreichen und zu bedienen war, für Blinde sogar mit Sprachansage. Dies war ein Meilenstein für uns, ein gutes Zwischenergebnis, das auch für andere Gebäude und Institutionen Schule machen sollte. Dies alles waren zähe Prozesse, die einen langen Atem erforderten. Doch über den verfügten wir inzwischen.

Der erste Vorsitz unseres Beirats war eine arbeitsintensive Tätigkeit – und das im Ehrenamt. Wir schafften es, zu einer festen Institution in Karlsruhe zu werden, und wurden oft zu Rate gezogen. Auch brachten wir uns, wenn nötig, immer wieder in Erinnerung. Ich liebte diese Arbeit. Durch sie lernte ich zahlreiche Menschen kennen und konnte unglaublich viele Erfahrungen machen.

Im Jahr 2009 wurde die gute inklusive kommunale Zusammenarbeit der Stadt Karlsruhe mit behinderten Menschen mit dem »Bridge«-Preis ausgezeichnet. Es war für uns alle ein echter Höhepunkt und eine wunderbare Bestätigung unserer zähen Bemühungen. Gemeinsam mit Bürgermeister Klaus Stapf und Martina Warth-Loos als Behindertenkoordinatorin durfte ich mit meinen Mitstreitern vom Beirat Manfred Weber und Gabriele Becker den Preis entgegennehmen. Initiator des Preises war der in Stuttgart ansässige Landesverband Lebenshilfe, der diese Auszeichnung an jene Menschen verlieh, die Brücken zueinander bauten – daher der Name »Bridge«.

Nachdem wir uns alle mit der gläsernen »Brücke« fotografiert hatten, fiel Martina die Trophäe im Büro doch tatsächlich zu Boden und zersprang in tausend Stücke. Am Ende meiner Amtszeit besorgte ein Vertreter der Fraktion der Grünen denselben Preis nochmal und überraschte uns bei meiner letzten Sitzung als Erste Vorsitzende damit.

Der Beirat wurde mehr und mehr zu meinem Lebensinhalt. Eineinhalb Jahre vor seiner Gründung hatte ich schweren Herzens meine Arbeit aufgeben müssen, die Beschwerden aufgrund der einseitigen Belastung, die Schmerzen im Nacken und oberen Rücken wurden einfach unerträglich. Nach einer erfolglosen Kur wurde ich frühberentet, und so hatte ich alle meine Kräfte frei für den Beirat. Ich denke, in diesem

Kreis konnte ich viel mehr für die Allgemeinheit bewirken. Und im Gegensatz zu meiner Arbeit im Schreibbüro konnte ich mich im Beirat persönlich enorm weiterentwickeln. Ich durfte ganz viel dazulernen und gewann an Selbstbewusstsein.

Und doch beschloss ich im Dezember 2013, nach zehn Jahren im Amt, dass es genug war. Jetzt konnten andere meinen Posten übernehmen, fand ich, und ich habe es bis heute nicht bereut, meinen Platz geräumt zu haben. Führen ist anstrengend, und ich nahm meine Aufgabe ernst. Hat man eine Leitungsposition inne, trägt man Verantwortung und muss für die Entscheidungen geradestehen. Man sollte für die anderen da sein, jeden im Beirat auf seine Weise wahrnehmen und wertschätzen. Ich habe am eigenen Leib erfahren, wie wichtig das ist und wie gut es einem tut, wenn man gesehen und geachtet wird.

Ich war schon nicht mehr erste Vorsitzende des Beirats, als eine völlig unerwartete Ehrung auf mich zukam. Am 5. Mai 2014 wurde mir für mein soziales Engagement für behinderte Menschen der Landesverdienstorden Baden-Württemberg verliehen. Dafür hatte mich die SPD-Fraktion vorgeschlagen, die damals auch den Anstoß für die Gründung des Behindertenbeirats gegeben hatte.

Zwanzig Jahre lang war ich Zweite Vorsitzende des Verbands Contergangeschädigter in der Ortsgruppe Karlsruhe gewesen, zehn Jahre lang Erste Vorsitzende des Behindertenbeirats, und davor einige Jahre Sprecherin der Arbeitsgemeinschaft für Behinderte Karlsruhe. Kein Geringerer als Ministerpräsident Winfried Kretschmann verlieh mir den Orden im Ludwigsburger Schloss.

Mit Ministerpräsident Winfried Kretschmann bei der Überreichung des Landesverdienstordens Baden-Württemberg im Mai 2014

Niemals hätte ich geglaubt, einmal einen solchen roten Teppich ausgerollt zu bekommen. Und wenn ich zurückblicke, so erschien es mir lange als ziemlich unwahrscheinlich, dass ich einmal ein so erfülltes, reiches Leben würde führen können.

Was bleibt, ist Dankbarkeit. Dankbarkeit gegenüber all jenen, die an mich glaubten, mich förderten und ermutigten. Dankbarkeit meinem Schöpfer gegenüber, der mir so viel Kraft gab und der mir auch in Zeiten tiefster Verzweiflung die Gewissheit vermittelte, dass mein Da- und Sosein einen Sinn hat. Diesen Sinn konnte ich lange nicht erkennen. Doch als ich aus der Hand des Ministerpräsidenten die Urkunde entgegennehmen durfte, stand es mir überdeutlich vor Augen: Uns Contergan-Menschen musste es geben, damit sich auf dieser Welt etwas ändert – für Behinderte im täglichen Leben, für das Umdenken von Menschen ohne Behinderung. Dafür, dass im öffentlichen Leben der Begriff Inklusion eine tiefere und reale Bedeutung erfuhr. Und auch dafür, dass man der Technikgläubigkeit im Bereich der pharmazeutischen Forschung und dem Vertrieb von Medikamenten kritisch begegnet, zum Schutz der ganzen Menschheit.

Ich schrieb dieses Buch aus mehreren Gründen. Zum einen tat ich es für mich selbst, um meine Lebensreise bis heute besser verstehen zu können und um Frieden zu machen mit dem, was mich verletzte. Zum anderen möchte ich durch meine Geschichte anderen Menschen Mut machen, nicht aufzugeben, sich selbst nicht und auch nicht ihre Träume. Denn wenn eine Frau mit zwei ungleich kurzen Beinen, mit kurzen Armen ohne Ellbogen und mit Händen ohne Daumen es schaffen kann, ihrem Leben einen Sinn zu geben, wenn sie gemeinsam mit Weggefährten diese Welt ein Stück weit verändern kann, und sei es auch nur, dass in ihrer Wahlheimat mehr Menschen am öffentlichen Leben teilhaben können als zuvor, wie viel können dann andere erreichen?

Epilog
Wie Phönix aus der Asche

Es war in jener Zeit, als es mir richtig schlecht ging. Meine Ehe war zerbrochen, und ich wusste kaum, wie ich mich aus dem »Sumpf«, wie ich meine schweren Zeiten gerne nenne, wieder herausarbeiten könnte. Ich sah keine Perspektive für mich und zweifelte an mir selbst, vor allem an meiner Kraft, lieben zu können.

Es war die Zeit, als ich Kontakt zu Rosl Stiefel gefunden hatte und schon einige Runden in ihrer »Arena« hinter mir lagen. Da fragte sie mich eines Tages, ob ich sie zu einem Wochenend-Seminar für Jugendliche nach Ravensburg begleiten würde. Das Thema, das sie sich dieses Mal ausgesucht hatte, klang einmal mehr äußerst spannend. Es lautete: »Ich bin ein Sieger.«

»Wir machen eine Podiumsdiskussion«, erklärte mir Rosl wie immer voller Elan, »und da möchte ich dich gerne dabei haben. Ich fände es toll, wenn du den Jugendlichen aus deinem Leben erzählen würdest.«

»Warum gerade ich?«, fragte ich sie.

»Weil du ein echter Siegertyp bist!«, war ihre Antwort.

Wieder einmal hatte es Rosl geschafft, mich zu überraschen.

»Ich?«, fragte ich zurück, »ein Siegertyp? Wie meinst du denn das?«

»Das kannst du dir selbst überlegen«, gab Rosl lachend zur Antwort. »Es ist ja offensichtlich, dass du mit deiner Behinderung einen Sieg nach dem anderen errungen hast.«

»Meinst du das wirklich ernst?«, wollte ich wissen. Noch nie war ich auf den Gedanken gekommen, mich als »Siegertyp« zu sehen. Doch da ich Rosl kannte und ich die Erfahrung gemacht hatte, mit ihr jedesmal ein Stück gewachsen zu sein, sagte ich zu.

Erst als ich nach Ravensburg kam, wurde mir bewusst, dass ich vor rund zweihundert Jugendlichen sprechen würde. Das haute mich damals fast um, noch nie hatte ich vor so vielen Leuten gesprochen.

»Wenn ich das heil überstehe«, meinte ich lachend, »dann ist das schon ein Sieg.«

Ich bereitete mich gewissenhaft vor, aber dann sprach ich weitgehend frei. Ich erzählte, wie ich mir nach und nach ein eigenständiges Leben erkämpft hatte, und wie auch heute noch jeder einzelne Tag ein neuer Sieg für mich ist.

»Man hat mir so oft gesagt, das schaffst du nie. Wenn ich mich davon hätte beeindrucken lassen, dann säße ich jetzt in einem Heim für Behinderte in Bremen, so wie es mein Vater für mich vorgesehen hatte. Stattdessen bin ich berufstätig und wohne allein. Ich habe sogar den Führerschein gemacht und kann Auto fahren. Und das alles, weil ich mich nicht entmutigen ließ.«

Es war mucksmäuschenstill im Saal, während ich sprach. Aller Augen waren auf mich gerichtet. Und auf einmal fühlte es sich richtig gut an, vor diesen Menschen zu sprechen.

»Ich bin schwer behindert, wie ihr alle sehen könnt«, sagte ich. »Und doch genieße ich das Leben und finde es schön. Wäre es nicht schade gewesen, wenn meine Mutter mich abgetrieben hätte? Dann wäre ich heute nicht hier und könnte euch nicht von meinem Leben erzählen.

Und doch wäre das alles nicht notwendig gewesen. Hätte damals eine bestimmte Firma ein Medikament namens Contergan gründlicher getestet, bevor sie es als ›harmloser als Zuckerplätzchen‹ anpries, dann wäre ich heute nicht behindert. Daher halte ich es für wichtig, dass jeder von euch darauf achtet, welche Medikamente er zu sich nimmt. Medikamente sind nunmal keine Zuckerplätzchen, sie greifen in den Organismus ein, und das sollen sie ja auch. Sie sind dazu da, um Krankheiten zu heilen. Mitunter richten sie aber Schlimmes an.«

Ich merkte, dass ich nicht nur sehr gut in der Lage war, vor Menschen zu sprechen und sie mitzureißen, sondern dass es mir auch großen Spaß machte. Vielleicht hängt das eine ja mit dem anderen zusammen, vielleicht kann man andere nur mitreißen, wenn man selbst fühlt, wovon man spricht.

»Und dennoch«, fuhr ich fort, »habe ich keine bitteren Gefühle, weder meiner Mutter gegenüber, dass sie diese Tabletten nahm, noch jener Firma, die sie produzierte. Ich habe mein Leben angenommen, so wie es ist. Und so, wie es ist, genieße ich es und mache das Beste daraus. Das war es, was meine Omi, die ich sehr liebe, immer sagt: Mach das Beste draus, Steffi. Und das sage ich heute euch: Macht das Beste aus Eurem Leben. Dann gehört Ihr automatisch zu den Siegern.«

Es war, als ritte ich auf einer Welle der Begeisterung, meiner eigenen und der meiner Zuhörer. Und das genoss ich sehr.

Hinterher bekam ich viele positive Rückmeldungen. Jugendliche kamen zu mir und stellten mir Fragen. Manche kamen auch, um sich zu bedanken. Und andere nahmen mich einfach in den Arm.

Ich habe seither viel darüber nachgedacht, was einen Sieger ausmacht. Und bin zu dem Schluss gekommen, dass ein Sieger niemals bedauernd zurückschaut und sich nicht mit dem, was hinter ihm liegt, länger beschäftigt als notwendig. Weder mit seinen Siegen, noch mit seinen Niederlagen. Ein Sieger ist dankbar, so wie ich dankbar bin, dass ich überhaupt das Licht der Welt erblicken durfte. Dass Contergan mich im Mutterleib nicht umgebracht hat, dass ich nicht abgetrieben wurde. Damals gab es noch keine pränatale Diagnostik und damit keine Möglichkeiten, vor der Geburt zu erfahren, ob der Fötus behindert ist oder nicht. Und das war, wie ich stark annehme, mein Glück.

Auch bin ich froh, dass ich an den Heimsituationen, denen ich in meiner Kindheit ausgesetzt war, nicht zerbrach. Dass ich Menschen traf, die mir Liebe schenkten und mich förderten. Dass ich wie Phönix aus der Asche immer wieder aufsteigen konnte und genügend Kraft fand, meinen Weg zu gehen.

Dass ich eine der höchsten Auszeichnungen dieses Landes erhielt, den Landesverdienstorden – wer hätte das gedacht? So lange hatte ich geglaubt, mich beweisen zu müssen, meinem Vater und mir selbst vor allen Dingen. Heute brauche ich nichts mehr zu beweisen – denn ich habe gelernt, dass keine Leistung dieser Welt einem die Liebe anderer Menschen einbringen kann.

»Liebe deinen Nächsten wie dich selbst«, heißt es an mehreren Stellen in der Bibel. Das heißt, dass man zuerst mit sich selbst in Frieden sein muss, sich selbst lieben und achten muss, ehe man anderen Liebe schenken kann. Das ist nicht einfach, wenn man als Kind die Urerfahrung des Geliebtseins so schmerzlich vermisst. Und doch ist es möglich. Am Ende, so sagte mir mein Vater im Traum, ist es die Liebe allein, die zählt.

Ein Sieg ist auch, dass ich überhaupt so alt werden durfte. Meinem Vater sagte man nach meiner Geburt, ich würde vermutlich das fünfzigste Lebensjahr nicht erreichen. Mein Vater war dagegen überzeugt, dass ich ihn überleben würde, und das verstand ich immer so, dass er sich das wünschte, dass es ihm wichtig war. Und tatsächlich ist es ja auch so gekommen.

Und doch scheint für uns Contergangeschädigte das Leben ab einem gewissen Alter tatsächlich zerbrechlicher zu sein als für andere Menschen. Viele mit diesem Schicksal sind inzwischen verstorben. Auch ich erlitt vor gar nicht so langer Zeit einen leichten Schlaganfall, der sich jederzeit wiederholen kann. Hundert werden zu wollen, wie es als Kind mein Ziel war, ist vielleicht tatsächlich vermessen – und wie Omi meinte, nicht unbedingt erstrebenswert. Doch ich liebe das Leben, so wie es ist, trotz oder besser gesagt: mit Contergan.

Denn ich habe nunmal nur dieses eine Leben, und gemäß Omis Devise versuche ich jeden Tag aufs Neue, das Beste daraus zu machen. Und das Beste – das ist schon eine ganze Menge.

Dank

Aus tiefsten Herzen danke ich allen, denen ich auf meinem Lebensweg begegnet bin und die mich eine längere gemeinsame Strecke begleiten durften. Ohne eure große Unterstützung und Liebe hätte ich es alleine nicht geschafft.

Eine Person möchte ich allerdings namentlich nennen, denn sie hat mir geholfen, meinen größten Traum wahr werden zu lassen: Danke, liebe Beate Rygiert, dass Du mir geholfen hast, dieses Buch zu schreiben!

Bibliografische Information der Deutschen Nationalbibliothek
Die Deutsche Nationalbibliothek verzeichnet diese Publikation
in der Deutschen Nationalbibliografie; detaillierte bibliografische Daten sind im Internet über http://dnb.dnb.de abrufbar.

Hardcover-Originalausgabe 2018

© 2019 · Klöpfer, Narr GmbH
Dischingerweg 5 · D-72070 Tübingen

Das Werk einschließlich aller seiner Teile ist urheberrechtlich geschützt. Jede Verwertung außerhalb der engen Grenzen des Urheberrechtsgesetzes ist ohne Zustimmung des Verlages unzulässig und strafbar. Das gilt insbesondere für Vervielfältigungen, Übersetzungen, Mikroverfilmungen und die Einspeicherung und Verarbeitung in elektronischen Systemen.

Internet: www.kloepfer-narr.de
eMail: info@kloepfer-narr.de

CPI books GmbH, Leck

ISBN 978-3-7496-1014-3 (Print)
ISBN 978-3-7496-6014-8 (ePub)

**Nina Jäckle
Stillhalten
Roman**

3. Auflage 2018
190 Seiten und zwei Abbildungen
gebunden mit Schutzumschlag
farbiger Vor- und Nachsatz
auch als eBook erhältlich

Die bewegende Geschichte des verfehlten Lebens der Tänzerin Tamara Danischewski, der Großmutter Nina Jäckles, von Otto Dix 1933 in Dresden als junge Frau porträtiert.

»Große Prosakunst: ›Stillhalten‹ bewegt auf das Schönste.«
Frankfurter Allgemeine Zeitung

»Klar, deutlich, poetisch schön: stillhalten – und unbedingt lesen!« **Südwestrundfunk**

»Ein großer Möglichkeitsroman, die Geschichte eines vergebenen Lebens: Von Sehnsucht und der Sogkraft der Erinnerung.« **Süddeutsche Zeitung**

KLÖPFER&MEYER

**Maria Beig
Ein Lebensweg
Roman**

156 Seiten, Paperback

Ein faszinierendes Stück »Befreiungsliteratur«, ein wunderbares Stück später »Ichfindung«. Der Triumpf der Literatur über das Leben.

»Es ist ein Segen, dass sich Maria Beig bis heute nicht vom Schreiben abbringen ließ. Was für ein Lebensweg.«
Stuttgarter Zeitung

»Lakonisch und humorvoll erzählt.«
Frankfurter Rundschau

»Beim Lesen wird man weiser.« **Südkurier**